DE L'AMPHIBOLOGIE
DES CONCEPTS DE LA RÉFLEXION

DANS LA MÊME COLLECTION

D'ALEMBERT J., *Discours préliminaire sur l'Encyclopédie*, introduction et notes M. Malherbe, 208 p.

ALEXANDRE D'APHRODISE, *De l'âme*, introduction, texte grec, traduction et commentaire M. Bergeron, 416 p.

ESCHENMAYER C.A., *La philosophie dans son passage à la non-philosophie*, introduction, traduction et notes A. Roux, 320 p.

FICHTE J.G., *Nouvelle présentation de la doctrine de la science, 1797-1798*, introduction, traduction et notes I. Thomas-Fogiel, 192 p.

HEIDEGGER M., *Les conférences de Cassel, 1925*, introduction, texte allemand, traduction et notes J.-Cl. Gens, 224 p.

HERBART J.F., *Les points principaux de la métaphysique*, introduction, traduction et notes C. Maigné, 256 p.

INGARDEN R., *Husserl. La controverse Idéalisme-Réalisme (1918-1969)*, introduction, traduction et commentaire P. Limido-Heulot, 264 p.

JACOBI F.H., *David Hume et la croyance. Idéalisme et réalisme*, introduction, traduction et notes L. Guillermit, 320 p.

JACOBI F.H., *Des choses divines et de leur révélation*, introduction, traduction et notes P. Cerruti, 256 p.

JACOBI F.H., *Sur l'entreprise du criticisme de ramener la raison à l'entendement* suivi de la *Lettre à Fichte*, introduction, traduction et notes P. Cerruti, 192 p.

KANT E., *Histoire et politique. Idée pour une histoire universelle du point de vue cosmopolitique. Conjecture sur le commencement de l'histoire humaine. Le conflit des Facultés*, traduction G. Leroy, introduction et notes M. Castillo, 192 p.

KANT E., *L'argument possible d'une démonstration de l'existence de Dieu*, introduction, traduction et notes R. Theis, 240 p.

KANT E., *Qu'est-ce que s'orienter dans la pensée ?*, traduction et notes A. Philonenko, 112 p.

KANT E., *Réponse à Eberhard*, introduction, traduction et notes J. Benoist, 176 p.

KANT E., *Vers la paix perpétuelle. Un projet philosophique*, introduction, traduction et notes M. Marcuzzi, 272 p.

LAS CASAS B. (de), *La controverse entre Las Casas et Sepúlveda*, introduction, traduction et notes N. Capdevila, 320 p.

MARX K., *Les manuscrits économico-philosophiques de 1844*, introduction, traduction et notes F. Fischbach, 240 p.

RICKERT H., *Les deux voies de la théorie de la connaissance*, introduction, traduction et notes A. Dewalque, 192 p.

ROUSSEAU J.-J., *Discours sur l'économie politique*, , introduction, traduction et notes B. Bernardi (dir.), 224 p.

ROUSSEAU J.-J., *Principes du droit de la guerre. Écrits sur la paix perpétuelle*, introduction, traduction et notes Groupe Jean-Jacques Rousseau, 342 p.

SARTRE J.-P., *La transcendance de l'ego et autres textes phénoménologiques*, introduction et notes V. de Coorebyter, 224 p.

SCHELLING F.W.J., *Du rapport des arts plastiques avec la nature et autres textes*, introduction, traduction et notes P. Cerruti, 176 p.

SCHMITT C., *Ex captivitate salus. Expériences des années 1945-1947*, étude, traduction et notes A. Doremus, 400 p.

TEXTES & COMMENTAIRES
Directeur : Jean-François COURTINE

KANT

DE L'AMPHIBOLOGIE DES CONCEPTS DE LA RÉFLEXION

Introduit, traduit et annoté
par
Matthieu HAUMESSER

PARIS
LIBRAIRIE PHILOSOPHIQUE J. VRIN
6, place de la Sorbonne, Ve
2010

Imprimé en France

ISSN 1291-9683
ISBN 978-2-7116-2277-1

www.vrin.fr

INTRODUCTION

L'Amphibologie des concepts de la réflexion occupe incontestablement une place stratégique dans la *Critique de la raison pure*. Elle se situe en effet au point de jonction entre l'Analytique transcendantale et la Dialectique transcendantale, autrement dit, au moment où Kant passe de ce qu'il appelle lui-même la « logique de la vérité » (l'Analytique) à la « logique de l'apparence » (la Dialectique)[1].

Un des principaux enjeux de la *Critique* est, on le sait, de déterminer en quoi la pensée peut par elle-même fournir *a priori*, avant toute expérience et indépendamment de la sensibilité, des représentations qui fondent notre connaissance. Le résultat de cette recherche est qu'il y a effectivement de telles représentations intellectuelles, les « concepts purs de l'entendement », ou « catégories » – les concepts de cause ou de substance, par exemple –, qui précèdent l'expérience et qui la rendent possible. Kant montre cependant que ces représentations ne peuvent avoir de portée objective, précisément, que vis-à-vis de l'expérience, en relation avec les intuitions fournies par la sensibilité, dans l'espace et dans le temps. L'Analytique transcendantale étudie les conditions d'une telle connaissance tournée vers les objets de l'expérience, et c'est pourquoi Kant la décrit comme une « logique de la vérité ». Après quoi il pointe cependant,

1. *Critique de la raison pure*, A 61-62/B 86-87. Sauf indication contraire, nous traduisons dans notre présentation et plus loin dans notre commentaire les textes allemands de Kant que nous citons, à partir de l'édition des œuvres complètes par la *Preussischen Akademie der Wissenschaften* (29 tomes, Berlin, G. Reimer, 1902-1983). Nous renvoyons à la tomaison et à la pagination de cette édition, notée « AK ». Pour les citations de la *Critique de la raison pure*, nous indiquerons simplement, dans le corps du texte, la pagination de la seconde édition originale de 1787 (B), ou le cas échéant de la première édition de 1781 (A).

dans la Dialectique transcendantale, une « illusion inévitable » qui nous pousse à prétendre connaître par la seule pensée des objets qui dépassent toute expérience humaine : l'âme, le monde, et Dieu. C'est ce qui fait de cette Dialectique une « logique de l'apparence » (et de l'œuvre entière une « critique de la raison pure »).

L'Amphibologie conclut l'Analytique transcendantale, et semble donc faire transition entre ces deux « logiques », celle de la vérité et celle de l'apparence. Et, de fait, il y est déjà question d'une apparence, liée à un usage abusif de notre pensée. Kant y développe en effet une critique approfondie et systématique de la philosophie de Leibniz, en attaquant successivement ses thèses les plus célèbres : le principe des indiscernables, la compréhension du réel comme ensemble de monades, ou encore la doctrine de l'idéalité de l'espace et du temps. Surtout, Kant montre que ces différentes critiques peuvent être ramenées à un fil conducteur, à une « cause trompeuse » (B 336) qui aurait égaré Leibniz dans les différentes parties de son système.

Cette cause trompeuse est l'« amphibologie des concepts de la réflexion », qui donne son titre au chapitre. Kant y introduit en effet – et pour la première fois dans la *Critique* – les « concepts de la réflexion », regroupés en quatre couples (correspondant aux quatre titres de la table des catégories) : *identité* et *différence*, *accord* et *opposition*, *intérieur* et *extérieur*, *matière* et *forme*. Contrairement aux catégories, les concepts de la réflexion ne sont pas des représentations purement intellectuelles servant de *principes*; ils sont liés à la réflexion sur *l'usage* de nos facultés dans l'expérience; et comme tels, ils renvoient de manière problématique à la *dualité irréductible des sources de la connaissance*, telles qu'elles se *conjuguent* justement dans cet usage – seule la sensibilité pouvant nous donner une intuition des objets, tandis que seul l'entendement peut les penser.

Kant montre ainsi dans l'Amphibologie que chacun des concepts de la réflexion se prête à une *double interprétation* : par exemple, le concept d'« intérieur » peut être pris en une signification intellectuelle (ce qui est logiquement pensé « dans » un concept, ou encore l'intériorité intelligible d'une monade), mais il peut *aussi* être pris en une signification sensible (ce qui se situe « dans » un espace donné). De même, le concept de « forme » recouvre aussi bien les « formes » logiques du jugement, que l'espace et le temps, « formes » de notre sensibilité. Kant n'hésite pas à parler d'« équivocité » (B 337) à propos de ces concepts; c'est en cela qu'ils rendent possible une amphibologie, c'est-à-dire une indécision, ou même une confusion produite par ce double sens [1].

C'est sur cette base qu'est formulée la critique de Leibniz : abusé par cette amphibologie de la réflexion, il aurait indûment réduit ces concepts à leur signification intellectuelle. N'ayant dès lors pas saisi l'intuition sensible comme condition proprement originaire de donation des objets, il aurait donné aux exigences logiques de notre pensée, qui sont comme telles de simples conditions *subjectives*, une portée objective qu'elles ne peuvent avoir. Il aurait ainsi « intellectualisé les phénomènes », et construit un « prétendu système intellectuel du monde » (B 326-327).

Cette erreur conduit Kant à définir dans l'Amphibologie la « réflexion transcendantale » comme l'action qui consiste à identifier et à distinguer le lieu d'origine de nos différentes représentations, selon qu'elles viennent de l'entendement ou de la sensibilité (B 317). La réflexion transcendantale doit ainsi aboutir à la mise en place d'une « topique transcendantale » (B 324), qui préviendrait toute confusion amphibologique, en maîtrisant l'équivocité des concepts de la réflexion.

*

Cette critique de Leibniz semble donc bien annoncer la Dialectique transcendantale, dans la mesure où s'y jouerait déjà la dénonciation d'une prétention injustifiée de la pensée, et d'une certaine négligence vis-à-vis de l'exigence d'une donation sensible des objets de la connaissance. Mais pourquoi alors Kant a-t-il malgré tout placé l'Amphibologie dans l'Analytique transcendantale, c'est-à-dire dans la « logique de la vérité » ? Cette question entraîne avec elle une série de difficultés qui rendent ce texte peu aisé à comprendre et à situer, en dépit (ou en vertu ?) de sa place centrale dans la *Critique*.

1. Le terme d'« amphibologie » désigne plus généralement l'ambiguïté produite par le fait qu'un mot ou une proposition peut prendre dans une même phrase plusieurs significations, souvent à cause d'un agencement syntaxique maladroit (par exemple : « le portail de Mr le maire que j'ai repeint en vert »). Ce n'est pas tant le sens des mots eux-mêmes qui est alors en cause qu'une indécision sur leur fonction grammaticale dans la phrase. De manière analogue, pour Kant, l'équivocité des concepts de la réflexion réside avant tout dans le double *usage* (sensible ou intellectuel, empirique ou transcendantal) qui peut en être fait. Dans les *Réfutations sophistiques*, Aristote rangeait déjà l'amphibologie parmi les causes de paralogisme (c'est-à-dire, de la fausse apparence d'un argument, *cf.* 165a15 *sq.*).

Il faut d'abord remarquer que Kant reproche à Leibniz, non pas tant d'avoir visé des objets au-delà de l'expérience, que d'avoir bien plutôt *perverti l'expérience elle-même*. Ce sont bien les *phénomènes* que Leibniz a intellectualisés, c'est-à-dire abusivement pensés selon la seule forme logique. Il aurait, plus précisément, « confondu » (B 326) les phénomènes et les noumènes, c'est-à-dire les objets tels qu'ils peuvent nous être donnés par la sensibilité, et les choses telles qu'en elles-mêmes, dans leur dimension proprement intelligible. Bref, Kant critique dans l'Amphibologie une tendance de l'entendement à viser l'intelligible *à même le sensible*, le nouménal *à même le phénoménal*. On peut comprendre alors en quoi l'Amphibologie appartient à l'Analytique : elle a trait, non pas à ce qui prétend dépasser l'expérience, mais plutôt à une *vision erronée de l'expérience elle-même* – favorisée par l'équivocité des concepts de la réflexion. C'est ce qu'indique clairement son titre : « De l'amphibologie des concepts de la réflexion *issue de la confusion entre l'usage empirique de l'entendement et son usage transcendantal* » (B 316, nous soulignons). Autrement dit, Kant vise bien dans l'Amphibologie un aspect problématique de l'usage *empirique* de l'entendement, tourné vers les phénomènes, en tant qu'il peut être confondu avec un usage transcendantal, par lequel nous aurions quelque connaissance des choses telles qu'en elles-mêmes.

Mais, pour cette raison précisément, le statut de l'Amphibologie pose problème, au sens où s'y trouve remis en question, d'une manière inattendue, et quelque peu abrupte, le statut de l'expérience et du phénomène eux-mêmes. Dès lors, si l'Amphibologie n'appartient pas à la Dialectique, elle ne semble pas non plus appartenir complètement ou sans réserve à l'Analytique, comme « logique de la vérité ». Voilà peut-être pourquoi Kant lui a donné le simple statut d'« appendice ».

Comme Michel Fichant l'a fait remarquer, Kant n'a d'ailleurs pas pris la peine de préciser *de quoi* elle est l'appendice : de l'Analytique transcendantale tout entière ? Ou simplement du dernier chapitre de celle-ci, consacré à la distinction des phénomènes et des noumènes[1] ? En laissant

1. M. Fichant, « L'idée critique et l'histoire de la raison », *Revue de métaphysique et de morale*, octobre-décembre 1999, n° 4, p. 531, note : « L'Amphibologie des concepts de la réflexion, qui clôt l'Analytique transcendantale, peut être lue comme un prolongement du seul chap. III de l'Analytique des principes, traitant "de la distinction de tous les objets en général en phénomènes et noumènes", dont elle apporterait une illustration ; mais on peut aussi en faire la conclusion générale de l'ensemble de l'Analytique des principes [...], voire même le point d'orgue de toute l'Analytique ». Sur la situation de l'Amphibologie dans la *Critique*, voir aussi R. Malter, « Logische und transzendantale Reflexion. Zu Kants

cela dans l'ombre, Kant a lui-même créé, dans la structure de la *Critique*, une autre « amphibologie »... Or, selon que l'on opte pour l'une ou l'autre de ces interprétations, la portée du texte n'est évidemment pas la même. En effet, dans l'hypothèse où il s'agirait d'un appendice à l'Analytique tout entière, ce texte pourrait bien apporter un éclairage singulier et problématique sur la compréhension kantienne de l'expérience, et de ses limites, en montrant à quel point la distinction entre phénomènes et noumènes ne va pas de soi.

À travers le reproche adressé à Leibniz, nous l'avons dit, Kant vise une dimension problématique de *l'expérience comme telle* : il ne s'agit pas ici de déjouer, comme dans la Dialectique, des tentatives illusoires de la raison pour transgresser les limites de l'expérience vers des objets qui sont complètement hors de notre portée. Au contraire, il s'agit d'interpréter et de déjouer une tentative illusoire *de l'entendement*, visant à connaître les noumènes *à même l'expérience*, en « intellectualisant les phénomènes ». Cette confusion n'est directement thématisée comme telle à aucun autre endroit de la *Critique*. L'entendement a auparavant été considéré principalement comme *source* de concepts rendant possible l'expérience (en fournissant *a priori* les conditions de son unité). Mais que cela puisse avoir précisément pour conséquence, au niveau de son *usage*, une confusion du phénomène avec le noumène, du sensible avec l'intelligible, voilà qui constitue un problème nouveau, et évidemment tout à fait crucial.

*

On pourrait alors comprendre du même coup que ce soit avec l'Amphibologie – et seulement avec elle – qu'arrive au premier plan le problème de la *réflexion*. Ce n'est pas que ce problème ait été absent des développements précédents – mais il restait en quelque sorte au second plan, dans une démarche qui partait des sources, ou des facultés, prises isolément dans leur pureté (la sensibilité dans l'Esthétique, l'entendement dans la Logique transcendantale) pour aller progressivement, tout au long de l'Analytique, vers leur réunion dans l'expérience et donc vers leur usage. À l'inverse, la réflexion, telle que la présente l'Amphibologie, se comprend justement d'abord *en référence à l'usage*, dans la mesure où

Bestimmung des philosophiegeschichtlichen Orts der Kritik der reinen Vernunft», *Revue internationale de philosophie*, 35 (1981), p. 284-301.

il faut distinguer en lui ce qui relève de la sensibilité et ce qui relève de l'entendement.

Or, il se pourrait bien qu'il y ait là quelque chose d'irréductible au point de vue des sources qui a prévalu jusqu'alors. Dans l'usage empirique de nos facultés, l'entendement est *de fait* et *à tout moment* lié à la sensibilité, les représentations des deux sources sont étroitement entremêlées – ainsi que les deux significations de l'objet, en tant d'une part qu'il est donné dans l'intuition sensible comme phénomène, et en tant d'autre part qu'il est pensé (et non pas connu) par l'entendement comme noumène. Comme telle, la même expérience qui donne à nos facultés leur usage légitime comporte *aussi* une tendance abusive à ignorer ses propres limites, à confondre les phénomènes et les noumènes. Kant peut ainsi affirmer, quelques pages avant l'Amphibologie :

> L'entendement qui est absorbé seulement par son usage empirique, et qui ne réfléchit pas aux sources de sa propre connaissance, peut certes fort bien aller de l'avant, mais il y a une chose cependant dont il n'est vraiment pas capable : se fixer lui-même les limites de son usage, et savoir ce qui peut bien se situer à l'intérieur ou à l'extérieur de sa sphère tout entière ; car, pour cela sont requises, précisément, les profondes recherches que nous avons mises en œuvre. (B 297)

L'usage empirique ne peut se fixer à lui-même ses propres limites, et l'entendement peut ainsi demander trop à l'expérience elle-même – lui demander qu'elle le conduise jusqu'aux noumènes. C'est bien ce qui semble être reproché à Leibniz, coupable d'avoir « détourné l'usage empirique de sa destination » pour le convertir en un prétendu « usage transcendantal », tourné vers les choses telles qu'en elles-mêmes (B 345).

Ce problème de l'usage empirique, porté à confondre le sensible et l'intelligible, est en fait sous-jacent dans toute la *Critique*. Si « l'analyse du métaphysicien » consiste à « séparer la connaissance pure *a priori* en deux catégories d'éléments très hétérogènes, à savoir les éléments des choses comme phénomènes, et d'autre part les éléments des choses telles qu'en elles-mêmes » (B XXI, note), si les sources de notre connaissance doivent être *isolées*, c'est bien parce que Kant a en vue dès le départ le *problème* que peut poser leur réunion dans l'expérience :

> Ce n'est que lorsque [l'entendement et la sensibilité] se réunissent que peut jaillir la connaissance. Mais on ne doit pas pour autant *confondre ce qui leur revient ; bien au contraire, il y a là une solide raison de les isoler et de les distinguer soigneusement l'un de l'autre*. (B 76, nous soulignons)

Kant suggère bien ici que la réunion des deux sources dans l'expérience est tout à la fois la condition de toute connaissance et, pour cette raison précisément, le lieu d'une confusion possible quant à « ce qui leur revient » – autrement dit, une confusion du phénomène (l'objet tel qu'il est intuitionné) et du noumène (l'objet tel qu'il est pensé). Tel est le problème, inhérent à l'usage empirique de nos facultés, qui, à l'issue de l'Analytique, revient au premier plan avec l'Amphibologie, et qui rend nécessaire le recours à la notion de « réflexion ».

*

Ainsi considéré, ce chapitre pourrait décidément avoir plus d'importance que ne le laisse deviner au premier abord son statut d'appendice. Surtout, on voit qu'il pourrait apporter quelque éclairage sur la *démarche même* de la *Critique*. De fait, lorsque Kant définit au début du texte la « réflexion transcendantale » comme l'action qui consiste à discriminer les deux sources de la connaissance et ce qui relève en propre de chacune d'elle, il est difficile de ne pas y voir un retour réflexif sur l'« analyse de métaphysicien » qu'il a lui-même menée.

Dans cette perspective, l'Amphibologie des concepts de la réflexion ne se limiterait pas au seul enjeu de la confrontation polémique avec Leibniz (celle-ci n'intervient d'ailleurs que dans ce qui est déjà un second temps, une « remarque sur l'Amphibologie des concepts de la réflexion ») : elle donnerait bien plutôt accès au point de vue à partir duquel a été écrite la *Critique* elle-même, en tant qu'elle arbitre le rapport entre sensibilité et entendement.

L'Amphibologie a souvent suscité cette attente, en particulier chez les premiers interprètes de Kant. Isabelle Thomas-Fogiel a bien montré[1] à quel point le statut des concepts de la réflexion est très vite venu au centre des lectures et relectures de la *Critique* par Schulze (dans l'*Enésidème*), par Reinhold (dans l'*Essai d'une nouvelle théorie de la faculté humaine de représentation*), par Maïmon (dans l'*Essai sur la philosophie transcendantale*), puis par Fichte et par Hegel. Maïmon, notamment, a clairement entrepris de relire toute la problématique transcendantale à partir des concepts de la réflexion, dont il peut dire qu'ils sont « les formes les plus

1. I. Thomas-Fogiel, *Critique de la représentation. Étude sur Fichte*, Paris, Vrin, 2000, en particulier p. 34-52.

élevées de la pensée »[1] et que leur usage est « plus général que celui des catégories »[2]. Isabelle Thomas-Fogiel montre ainsi que « les concepts de la réflexion sont, aux yeux de Maïmon, les concepts à partir desquels est écrite la *Critique de la raison pure* »[3].

Force est de constater que ces concepts, qui ne sont exposés comme tels que dans l'Amphibologie, ont pourtant joué un rôle central dès le début de la *Critique*. C'est particulièrement net, par exemple, pour le concept de *forme*, qui intervient dès l'Esthétique transcendantale pour qualifier l'espace et le temps (qui sont les *formes* de notre intuition sensible). Les concepts de la réflexion seraient ainsi en quelque sorte les concepts fondamentaux pour l'énonciation même de la *Critique* et seraient constamment présupposés par elle – pour finalement arriver au premier plan à la fin de l'Analytique. On comprend dès lors que Isabelle Thomas-Fogiel, souscrivant elle-même à l'interprétation que donne Maïmon de Kant, affirme en fin de compte que « la faculté qui écrit la *Critique* est donc bien la réflexion transcendantale », et que « de problématique appendice, le chapitre sur l'amphibologie devient la pièce maîtresse de l'édifice critique, puisqu'aussi bien c'est sur lui que repose la possibilité de son énonciation »[4].

Cependant, une telle reconnaissance du rôle central que jouent les concepts de la réflexion dans la *Critique* rend d'autant plus étonnant que Kant les ait cantonnés précisément à un « problématique appendice ». Pourquoi a-t-il ainsi marginalisé la « réflexion », s'il est vrai qu'elle joue un rôle aussi central ? C'est cela qui rend le texte de l'Amphibologie si déroutant et si difficile à situer : il semble à la fois donner une clef essentielle de la *Critique*, et en même temps en relativiser immédiatement l'importance. Loin de fournir un point de vue surplombant sur le rapport entre sensibilité et entendement, les concepts de la réflexion expriment bien plutôt une *hésitation* entre les deux sources, ainsi que le risque que représente leur *confusion*. Bref, la réflexion transcendantale, loin d'accomplir quelque fondation réflexive ultime, semble bien plutôt confirmer la théorie,

1. Maïmon, *Essai sur la philosophie transcendantale*, trad. fr. J.-B. Scherrer, Paris, Vrin, 1995, p. 100.

2. *Ibid.*, p. 90.

3. *Critique de la représentation*, *op. cit.*, p. 40.

4. *Ibid.*, p. 41. Sur la capacité du discours critique à prendre en charge réflexivement les conditions de sa propre énonciation, on lira aussi avec profit la riche étude d'A. Grandjean, *Critique et réflexion. Essai sur le discours kantien*, Paris, Vrin, 2009.

formulée dès l'introduction de la *Critique*, selon laquelle notre connaissance dépend de « deux souches », que nous ne pouvons ramener à aucune « racine commune » (B 29). En s'en tenant à signaler l'équivocité des concepts de la réflexion, en ne situant pas très clairement leur statut par rapport aux catégories, l'Amphibologie ne peut donc que décevoir le lecteur, et nourrir le sentiment que le rapport entre la sensibilité et l'entendement, n'étant référé à aucune racine commune ou à aucun point de vue surplombant, reste un rapport fondamentalement *empirique*, même si chacune des deux sources prises isolément fournit des représentations *a priori*.

On retrouve ici une des critiques les plus célèbres que Hegel a adressée à Kant. Dans *Foi et savoir*, il décrit la philosophie kantienne comme une « philosophie réflexive de la subjectivité »[1] : Kant aurait fait de « l'unité de la réflexion » son principe suprême[2]. La cause de ce subjectivisme réside selon Hegel en ce que Kant conçoit la tâche de la philosophie, non comme la mise en œuvre d'une « identité absolue », mais comme la mise en œuvre d'une « identité *finie* » : la réunion, *dans l'expérience*, de ces deux « opposés » que sont la sensibilité et l'entendement. Le mérite de Kant serait d'avoir vu que ces deux opposés, par eux-mêmes, ne sont rien, que les concepts sans intuitions sont vides, et que les intuitions sans concepts sont aveugles. Bref, « la philosophie kantienne a le mérite d'être idéaliste », dans la mesure où elle montre l'interdépendance entre le réel et le rationnel. Mais Kant aurait manqué de radicalité en considérant la résolution empirique de cette opposition comme la seule possible, en situant en elle « tout le positif ». C'est que, pour Hegel, la « vraie philosophie » ne peut pas et ne doit pas se contenter de viser la résolution des « oppositions qui se présentent »; elle a pour tâche, au contraire, la « suppression absolue de l'opposition »[3].

Kant, malgré ses prétentions transcendantales, serait donc resté au fond *un empiriste*, parce qu'il n'a pas su considérer l'opposition fondamentale qui se présentait à lui, celle du concept et de l'intuition sensible, autrement que comme une opposition qui, précisément, *se présentait* empiriquement, tout comme d'ailleurs elle se *résolvait* empiriquement. Et c'est pourquoi

1. *Glauben und Wissen*, dans *Sämtliche Werke*, H. Glockner (ed.) (Jubiläumausgabe), Stuttgart, Friedrich Fromann Verlag, 1965, p. 277.

2. *Ibid.*, p. 294.

3. *Ibid.*, p. 295.

Hegel insiste autant sur la « réflexion » comme point de vue suprême, et limitant, de la philosophie kantienne : « sûre de son point de vue, qui place plus haut que tout l'unité de la réflexion, [la pensée de Kant] révèle dans le récit le plus désinvolte ce qu'elle est et ce qu'elle veut » [1]. Kant aurait donc manqué l'Absolu, pour « retomber » dans une forme élaborée d'empirisme.

On comprend alors que l'Amphibologie des concepts de la réflexion ait pu apparaître, à Hegel, et à bien d'autres lecteurs, comme le lieu le plus problématique de la *Critique*, comme un texte où Kant hésite au sujet de sa « réflexion », qui reste bien au fond une réflexion empirique, une réflexion qui ne peut s'abstraire de l'expérience. À lire Hegel, il faudrait donc bien conclure que le point de vue de l'expérience et de l'usage conserve dans la *Critique* quelque chose d'irréductible au questionnement transcendantal sur les sources – ne serait-ce que parce que seule l'expérience réunit en fin de compte les deux sources. Mais faut-il pour autant faire de Kant un « empiriste » ?

Pour mesurer la pertinence de ce reproche (et pour peu qu'il s'agisse vraiment d'un reproche...), il faut comprendre ce qui a conduit Kant à donner ce statut si ambigu à la réflexion ; et pour cela, il faut garder à l'esprit qu'elle reste avant tout associée dans l'Amphibologie à *l'erreur* de Leibniz, et à la tendance à confondre le phénomène et le noumène – confusion qui caractérise, comme nous l'avons dit, l'usage empirique de l'entendement. Corrélativement, les concepts de la réflexion témoignent d'une irréductible et dangereuse *équivocité*, d'une double signification, phénoménale et nouménale. Leur généralité pourrait donc bien être trompeuse, et c'est sans doute pourquoi Kant ne leur a pas donné le statut fondamental qu'ils prennent par exemple chez Maïmon.

*

Il y a encore une autre raison pour laquelle la réflexion – même transcendantale – ne paraît pas fournir un point de vue véritablement surplombant sur le rapport entre les deux sources : c'est qu'elle reste plutôt associée *à l'entendement*. D'ailleurs, la « réflexion » peut apparaître chez Kant comme une caractérisation du concept en tant que tel. Ainsi, dans la *Logique* : « L'intuition est une représentation singulière [...], le concept est une représentation générale [...] ou *réfléchie* (*repraesentatio*

1. *Glauben und Wissen*, dans *Sämtliche Werke*, *op. cit.*, p. 294.

discursiva) »[1]. Ou encore : « Tous les concepts sont des représentations réfléchies »[2].

Cette caractérisation de l'entendement comme pouvoir de réflexion est très ambiguë. D'un côté, elle exprime bien en quoi l'entendement est *source* : en effet, comme il se caractérise par sa spontanéité, il n'a besoin que de faire retour sur lui-même pour isoler certaines représentations qui sont complètement indépendantes de la sensibilité et de l'expérience. L'entendement est « le pouvoir de produire soi-même des représentations » (B 75). En cela, Kant retient quelque chose de Leibniz, qui affirmait : « par la connaissance des vérités nécessaires, et par leurs abstractions, [...] nous sommes élevés aux *Actes réflexifs*, qui nous font penser à ce qui s'appelle moi et à considérer que ceci ou cela est en nous »[3]. Dans la réflexion, la pensée reconnaît que certaines représentations viennent *d'elle-même*, et peut donc se reconnaître comme source.

Mais d'un autre côté, si Kant associe la pensée à la « réflexion », c'est aussi par opposition à l'immédiateté de l'intuition sensible. En effet, si le concept est une représentation réfléchie, c'est bien aux yeux de Kant parce qu'il ne représente jamais directement un objet, mais toujours déjà *une autre représentation*. C'est ce qui apparaît notamment au début de l'Analytique des concepts : « puisqu'aucune représentation ne se rapporte immédiatement à l'objet, si ce n'est l'intuition, *un concept n'est jamais rapporté immédiatement à un objet, mais toujours à une autre représentation de celui-ci* (qu'elle soit intuition ou elle-même déjà concept) » (B 93, nous soulignons). Parce que les concepts sont des représentations *médiates*, l'entendement dépend de la donation de l'objet dans une intuition, qui ne peut lui venir que de la sensibilité. La caractérisation de la pensée par la « réflexion » exprime donc *aussi* cette dépendance de l'entendement vis-à-vis de la sensibilité – et Kant s'oppose en cela à Leibniz. La « réflexion transcendantale » qui est mise en place dans l'Amphibologie doit arbitrer entre la sensibilité et l'entendement – mais, comme on le voit, cela doit sans doute se comprendre à partir de la caractérisation initiale de l'entendement lui-même comme faculté de « réfléchir » – caractérisation qui exprime déjà de manière très problématique à la fois son caractère de source et sa nécessaire dépendance vis-à-vis de la sensibilité.

1. *Logique*, § 1, AK IX, 91.

2. *Réflexion* 5051, AK XVIII, 73.

3. *Monadologie*, § 30. Nous suivons l'édition établie, présentée et annotée par M. Fichant, *Discours de métaphysique. Monadologie*, Paris, Gallimard, 2004, p. 227.

Selon l'Amphibologie, la réflexion « n'a pas affaire aux objets eux-mêmes », mais plutôt aux « conditions subjectives sous lesquelles nous pouvons parvenir à des concepts » (B 316). Elle apparaît donc bien ici comme une opération intellectuelle, liée à une exigence de conceptualisation. À quoi correspond le fait que les concepts de la réflexion sont bien avant tout des *concepts*. La réflexion transcendantale semble donc relever de l'entendement plutôt que de la sensibilité, et ce serait de ce point de vue – forcément partial, en quelque sorte – qu'elle pose le problème de l'arbitrage entre les deux sources. On peut en trouver une confirmation dans le fait que l'Amphibologie appartient, en tout état de cause, à la Logique transcendantale.

*

La « réflexion » pose ainsi le problème des sources de la connaissance de manière *immanente*, elle semble émaner de l'entendement tel qu'il pense et se pense lui-même, dans l'expérience, en rapport avec la sensibilité. En cela, Kant semble *volontairement* décevoir les attentes que peut susciter sa notion de réflexion – et qu'elle n'a pas manqué de susciter. Mais cette réserve est sans doute ce qui fait paradoxalement tout l'intérêt de l'Amphibologie.

Il faut donc comprendre ce texte à partir de ce qui s'y trouve rejeté ou délaissé, autant qu'à partir de ce qui s'y trouve positivement affirmé : et de ce point de vue simplement négatif (proprement « critique » en quelque sorte), l'enjeu n'est pas mince. En effet, ce qui se joue pour Kant dans ce rejet de toute fondation réflexive ultime de son propre discours, dans cette référence tenace à l'expérience comme ce qui seul réunit les éléments fondamentalement hétérogènes de notre connaissance, c'est aussi bien et sans doute avant tout son refus d'une certaine *ontologie*. C'est pourquoi la critique de Leibniz est aussi importante : il représente aux yeux de Kant l'accomplissement d'une métaphysique cherchant à s'ancrer – et à ancrer l'expérience – dans une connaissance purement intellectuelle de l'être en tant que tel[1].

1. Sur ce point en particulier, voir l'étude décisive de M. Fichant, « L'Amphibologie des concepts de la réflexion : la fin de l'ontologie », dans *Recht und Frieden in der Philosophie Kants – Akten des X. Internationalen Kant-Congresses*, V. Rohden, R. Terra, G. de Almeida et M. Ruffing (eds.), Berlin, de Gruyter, 2008, Bd. 1, p. 71-93.

Dans un passage célèbre du chapitre traitant de la « distinction de tous les objets en général en phénomènes et noumènes », Kant a affirmé vouloir substituer au « nom prétentieux d'une ontologie » le nom plus « modeste » d'une « simple analytique de l'entendement pur » (B 303). C'est bien une telle substitution qui semble s'opérer, à peine quelques pages plus loin, dans l'Amphibologie : le « système intellectuel » de Leibniz correspond effectivement pour Kant à une ontologie, visant à produire purement *a priori*, par la seule pensée, une connaissance des choses telles qu'en elles-mêmes. À cela, Kant oppose la réflexion transcendantale, qui ne renvoie en fin de compte qu'aux conditions *subjectives* – intellectuelles *et* sensibles – qui rendent possible notre connaissance des choses, tout en la limitant du même coup aux choses *telles qu'elles nous apparaissent*. Les principes de l'entendement ne sont plus, alors, que « les principes de l'exposition des phénomènes » (B 303).

Vus sous cet angle, la réserve qui caractérise l'Amphibologie, et son statut de simple appendice, pourraient bien se révéler par eux-mêmes signifiants. Il est permis de se demander en effet si Kant ne met pas précisément en scène dans ce texte, et à travers la critique de Leibniz, un certain *effacement de l'ontologie*, rendue en quelque sorte superflue, ou facultative, par tout ce qui a été dit dans l'Analytique. Il est à cet égard significatif que Kant ait placé, à la fin de l'Amphibologie (ou à sa suite, comme une sorte d'appendice à l'appendice – la structure du texte laissant là aussi planer quelque ambiguïté) le célèbre développement sur les concepts les plus généraux qui soient, ceux de « Quelque chose » et de « Rien » ; et ce développement – qui serait central dans une ontologie – est ajouté comme à regret : « Avant de quitter l'Analytique transcendantale, il nous faut encore ajouter quelque chose, qui certes n'est pas en soi d'une importance considérable, mais qui pourrait cependant sembler nécessaire pour que le système soit complet » (B 346). Le questionnement ontologique apparaît ainsi dans les toutes dernières lignes de l'Analytique, mais il est comme immédiatement neutralisé ou relativisé. Il l'est au profit d'une réflexion transcendantale, immanente à l'usage empirique de nos facultés, qui ne prétend précisément pas pouvoir s'émanciper de la dualité proprement radicale des sources de la connaissance, et de la distinction entre les phénomènes et les noumènes, pour pouvoir viser quelque connaissance unifiante de l'être (ou du néant) en tant que tel.

Voilà donc ce qui semble se jouer dans l'Amphibologie, et voilà sans doute ce qui lui donne son statut si particulier dans la *Critique*. C'est pour toutes ces raisons qu'il nous a semblé intéressant d'en donner une traduction nouvelle, et séparée, dans le présent volume. Il nous a aussi semblé souhaitable de lui joindre un choix de textes extérieurs à la *Critique*, qui permettent de mieux apprécier ses enjeux propres, et le point de vue tout à fait singulier qu'elle développe sur l'œuvre entière dont elle est extraite. Ces textes complémentaires sont pour la plupart tirés des cours de logique, où Kant traite de la « réflexion » d'une manière qui peut grandement contribuer à éclairer le sens qu'il donne à cette notion. Surtout, ils montrent que le problème de la *confusion* du sensible et de l'intelligible, liée à l'équivocité des concepts de la réflexion – problème qui n'apparaît que furtivement ou souterrainement dans le reste de la *Critique* – est un thème récurrent dans la pensée de Kant. C'est aussi ce thème qui est au centre de l'étude sur l'Amphibologie, et sur la signification de la « réflexion » chez Kant, que nous proposons ci-dessous à la suite de ces textes.

Remerciements

Le présent volume est l'aboutissement d'un travail de recherche ayant eu initialement pour cadre une thèse de doctorat soutenue à l'Université de Nantes en décembre 2005. Je voudrais remercier ici Jean-Michel Vienne, qui a dirigé ce travail avec disponibilité et attention. Je remercie également Jocelyn Benoist pour ses encouragements, et pour ce qu'il m'a appris, sur Kant et sur bien d'autres aspects de la philosophie ; je remercie Didier Deleule et André Stanguennec, pour leurs remarques en soutenance, qui m'ont aidé pour la présente publication, ainsi que Jean-François Courtine, qui a accepté de l'accueillir dans la collection « Textes et commentaires ».

Ce travail doit aussi beaucoup à Michel Fichant, dont l'enseignement m'a suggéré plusieurs éléments importants de mon interprétation. De manière un peu plus lointaine mais bien réelle, l'enseignement de Bernard Baas, reçu en khâgne au lycée Fustel de Coulanges à Strasbourg, est encore présent dans mes recherches. Je voudrais leur exprimer ici ma gratitude.

Je remercie enfin l'ensemble du département de philosophie de l'Université de Nantes pour son hospitalité, et en particulier Denis Moreau, pour ses conseils et son aide toujours généreuse.

NOTE SUR LE TEXTE

Nous suivons pour notre traduction le texte de l'édition de l'Académie de Berlin (AK III 214-233). Nous indiquons dans la marge la pagination de la seconde édition originale (dite B) de 1787 (Riga, J.H. Hartnock). Les modifications par rapport à la première édition sont, pour ce chapitre, tout à fait mineures (nous les signalons le cas échéant).

Les notes de bas de page ont pour fonction soit de souligner certains problèmes de traduction, soit d'éclairer les remarques critiques de Kant, en renvoyant à des textes précis de Leibniz ou de la *Schulphilosophie* du XVIIIe siècle qui peuvent leur correspondre – sans prétendre toutefois à l'exhaustivité. Les notes de Kant sont appelées par une astérisque.

On trouvera ensuite une série de textes dans lesquels Kant traite de la « réflexion », tirés de ses notes de cours, de la *Logique*, de la *Critique de la faculté de juger*, et du *Handschriftlicher Nachlass*. Pour les extraits de la *Logique* et de la *Première introduction de la Critique de la faculté de juger*, nous reprenons les excellentes traductions réalisées par Louis Guillermit et publiées aux éditions Vrin.

| DE L'AMPHIBOLOGIE DES CONCEPTS DE LA RÉFLEXION ISSUE DE LA CONFUSION ENTRE L'USAGE EMPIRIQUE DE L'ENTENDEMENT ET SON USAGE TRANSCENDANTAL B 316

La *réflexion* (*reflexio*) n'a pas affaire aux objets eux-mêmes, pour en obtenir directement des concepts, mais est plutôt l'état de l'esprit, dans lequel nous nous disposons tout d'abord à mettre au jour les conditions subjectives sous lesquelles nous pouvons parvenir à des concepts. Elle est la conscience du rapport de représentations données à nos différentes sources de connaissance, qui seule permet de bien déterminer le rapport de ces représentations entre elles. La première question qui se pose, préalablement à toute étude de nos représentations, est celle-ci : dans quel pouvoir de connaissance se rapportent-elles les unes aux autres ? Est-ce du point de vue de l'entendement, ou du point de vue des sens, qu'elles sont reliées ou comparées ? Bien souvent, un jugement est admis par habitude, ou formé sous l'influence d'une inclination; mais comme aucune réflexion ne le précède, ou du moins n'y revient de manière critique, il passe pour un jugement qui a trouvé son origine dans l'entendement. Les jugements n'appellent pas tous une *vérification*, c'est-à-dire un examen attentif des fondements de la vérité; car, lorsqu'ils sont immédiatement | certains B 317
– comme par exemple : entre deux points il ne peut y avoir qu'une seule ligne droite –, on ne peut indiquer aucune marque de la vérité qui serait encore plus probante que celle qu'ils exhibent eux-mêmes. Cependant, tous les jugements, et même toutes les comparaisons, appellent une *réflexion*, c'est-à-dire un examen par lequel on distingue la faculté de connaissance dont relèvent les concepts donnés. L'action par laquelle je rapproche la comparaison des représentations en général de la faculté de connaître dans laquelle elle a lieu, et par laquelle je distingue si c'est comme relevant de

l'entendement pur ou de l'intuition sensible qu'elles sont comparées les unes aux autres, est ce que j'appelle la *réflexion transcendantale*. Cela étant, le rapport dans lequel les concepts peuvent se trouver les uns avec les autres dans un état d'esprit consiste dans l'*identité* et la *différence*, l'*accord* et l'*opposition*, l'*intérieur* et l'*extérieur*, et enfin le *déterminable* et la *détermination* (matière et forme). La juste détermination de ce rapport suppose que l'on sache dans quelle faculté de connaître ils se rapportent *subjectivement* les uns aux autres, si c'est dans la sensibilité ou dans l'entendement. En effet, la différence entre ces deux facultés fait une grande différence dans la façon dont on doit penser ces concepts.

Préalablement à tous les jugements objectifs, nous comparons les concepts en vue de l'*identité* (de multiples représentations sous un concept) requise pour les jugements *universels*, ou de leur *différence*,
B 318 pour | produire des jugements *particuliers*; en vue de leur *accord*, d'où viennent les jugements *affirmatifs*, et de leur *opposition*, ce qui permet de former les jugements *négatifs*, et ainsi de suite. Pour cette raison, nous devrions selon toute apparence appeler les concepts que nous venons d'énumérer concepts de la comparaison (*conceptus comparationis*). Pourtant, quand il ne s'agit pas de la forme logique mais plutôt du contenu des concepts, autrement dit quand il s'agit de savoir si les choses elles-mêmes sont identiques ou différentes, en accord ou en opposition, etc., les choses peuvent avoir un double rapport à notre faculté de connaître – à l'entendement et à la sensibilité –, et de cette place qu'elles occupent dépend cependant la manière dont elles se rapportent les unes aux autres; or pour cette raison, seule la réflexion transcendantale, c'est-à-dire la mise en rapport de représentations données avec l'un ou l'autre de ces modes de connaissance, pourra déterminer le rapport qu'elles entretiennent entre elles; quant à savoir si les choses sont identiques ou différentes, en accord ou en opposition, etc., cela ne se fera pas directement à partir des concepts eux-mêmes par une simple comparaison (*comparatio*), mais c'est bien plutôt en distinguant avant tout le mode de connaissance dont elles relèvent, au moyen d'une réflexion transcendantale (*reflexio*), qu'on pourra en décider. Aussi pourrait-on certainement dire que la *réflexion logique* est une simple comparaison, dans la mesure où il y est fait totalement abstraction de la faculté de connaître dont relèvent les représentations données, de sorte qu'elles doivent être traitées, pour ce qui est de leur place dans
B 319 l'esprit, | comme homogènes; la *réflexion transcendantale*, au contraire (en tant qu'elle porte sur les objets eux-mêmes), contient le fondement de la possibilité de la comparaison objective des représentations les unes avec les autres, et est donc vraiment très différente de la réflexion logique, car la

faculté de connaître dont elles relèvent n'est précisément pas la même. Cette réflexion transcendantale est un devoir, auquel ne peut échapper quiconque veut porter *a priori* quelque jugement sur des choses. Nous voulons à présent nous en acquitter, et nous en recevrons un éclairage non négligeable pour la détermination du véritable rôle de l'entendement.

1. *Identité* et *différence*. Lorsqu'un objet se présente à nous plusieurs fois, mais à chaque fois avec exactement les mêmes déterminations intérieures (*qualitas* et *quantitas*), il est le même – lorsqu'il vaut comme objet de l'entendement pur, toujours précisément le même, non pas plusieurs, mais bien seulement Une chose[1] (*numerica identitas*); par contre, s'il est un phénomène, alors cela ne dépend vraiment plus du tout d'une comparaison de concepts, mais au contraire, tout fût-il aussi identique qu'on voudra du point de vue des concepts, la différence des lieux dans lesquels ce phénomène apparaît au même moment constitue un fondement suffisant de la *différence numérique* de l'objet (des sens) lui-même. Ainsi, dans deux gouttes d'eau, on peut faire complètement abstraction de toute différence intérieure (de qualité et de quantité), et il suffit qu'elles soient intuitionnées toutes les deux au même moment en des lieux différents pour qu'on les considère | comme numériquement différentes. Leibniz prenait les phéno- **B 320**
mènes pour des choses telles qu'en elles-mêmes, donc pour des *intelligibilia*, c'est-à-dire des objets de l'entendement pur (même s'il leur attribuait en même temps le nom de phénomène, à cause de la confusion de leurs représentations), et à partir de là son principe des *indiscernables* (*principium identitatis indiscernibilium*) ne pouvait guère être contesté; seulement, dès lors que ce sont des objets des sens, et que l'entendement est à leur égard d'un usage non pas pur, mais simplement empirique, la multiplicité et la différence numérique sont déjà fournies par l'espace lui-même comme condition des phénomènes extérieurs. En effet, une partie de l'espace, quand bien même elle serait entièrement semblable et égale à une autre, se situe néanmoins en-dehors de celle-ci, et est précisément de ce fait une partie différente de la première, qui s'ajoute à elle, pour constituer un espace plus grand; et cela doit valoir dès lors de toutes les choses qui se situent au même moment dans les multiples lieux de l'espace, si parfaitement semblables et égales que ces choses puissent être par ailleurs.

2. *Accord* et *opposition*. Lorsque la réalité n'est représentée que par le biais de l'entendement pur (*realitas noumenon*), il ne se peut penser aucune

1. Kant écrit « Ein Ding », avec un E majuscule, pour marquer plus fortement l'identité de l'objet intelligible.

B 321 opposition entre les réalités, | c'est-à-dire un rapport tel qu'étant liées dans un sujet elles suppriment réciproquement leur conséquences, de telle sorte que 3−3=0. En revanche, le réel dans le phénomène (*realitas phaenomenon*) peut assurément être en opposition réciproque, et un réel peut détruire entièrement ou partiellement la conséquence d'un autre réel lorqu'ils sont unis dans le même sujet, comme deux forces motrices sur la même ligne droite, dès lors que l'une tire et l'autre pousse un point dans des directions opposées, ou encore, comme un plaisir qui vient contrebalancer la douleur.

3. L'*intérieur* et l'*extérieur*. Dans un objet de l'entendement pur, n'est intérieur que ce qui n'entretient vraiment aucune relation (quant à l'existence) avec quelque chose qui est différent de lui. En revanche, les déterminations intérieures d'une *substantia phaenomenon* dans l'espace ne sont rien d'autre que des rapports, et elle-même n'est de part en part qu'un ensemble de pures relations. Nous ne connaissons la substance dans l'espace qu'à travers des forces, qui agissent dans cet espace, soit pour y attirer d'autres substances (attraction), soit pour les empêcher d'y pénétrer (répulsion et impénétrabilité); nous ne connaissons rien des autres propriétés qui constituent le concept de la substance qui apparaît dans l'espace, et que nous nommons matière. Comme objet de l'entendement pur, toute substance doit au contraire posséder des déterminations et des forces intérieures, qui relèvent de la réalité intérieure. Seulement, que puis-je me donner à penser, comme accidents intérieurs, sinon ceux que mon sens interne me présente comme tels – à savoir, ou bien ce qui est soi-même une *pensée*, ou bien ce qui lui est analogue? C'est à partir de là que Leibniz
B 322 faisait de toutes les substances, | parce qu'il se les représentait comme noumènes, et même des parties constitutives de la matière, dès lors qu'il avait retiré en pensée tout ce qui en elles pouvait signifier une relation extérieure – donc aussi la *composition* –, des sujets simples doués de facultés de représentation, en un mot, des *monades*[1].

4. *Matière* et *forme*. Voilà deux concepts qui sont placés au fondement de toute autre réflexion, tant ils sont indissolublement liés à tout usage de

1. Cf. *Monadologie*, § 11-14 (*op. cit.*, p. 221-222) : « les changements naturels des Monades viennent d'un *principe interne*, puisqu'une cause externe ne saurait influer dans son intérieur. […] Mais il faut aussi qu'outre le principe du changement, il y ait un *détail de ce qui change*, qui fasse pour ainsi dire la spécification et la variété des substances simples. […] Ce détail doit envelopper une multitude dans l'unité ou dans le simple. […] L'état passager qui enveloppe et représente une multitude dans l'unité, ou dans la substance simple, n'est autre chose que ce qu'on appelle la *Perception*, qu'on doit bien distinguer de l'aperception ou de la conscience […] ».

l'entendement. Le premier signifie le déterminable en général, et le second la détermination de ce déterminable (tous deux en un sens transcendantal, dans la mesure où l'on fait abstraction de toute différenciation quant à ce qui est donné, et quant à la manière dont cela est déterminé). Autrefois, les logiciens nommaient le général matière, et c'est la différence spécifique qu'ils nommaient forme. Dans tout jugement on peut appeler matière logique (pour le jugement) les concepts donnés, et forme du jugement leur rapport (au moyen de la copule). Dans tout être, les éléments qui le constituent (*essentiala*) sont la matière; la manière dont ils sont liés en une chose est la forme essentielle. Relativement aux choses en général, la réalité illimitée était aussi considérée comme la matière de toute possibilité, tandis que sa limitation (la négation) était considérée comme la forme, par laquelle une chose se distingue d'une autre selon des concepts transcendantaux. En effet, l'entendement exige d'abord que quelque chose soit donné (au moins | dans le concept), pour pouvoir le déterminer d'une **B 323**
certaine manière. Dès lors, dans le concept de l'entendement pur, la matière précède la forme, et c'est pour cette raison que Leibniz commença par admettre des choses, et à l'intérieur d'elles une faculté de représentation, pour ensuite fonder là-dessus leur rapport extérieur et la communauté de leurs états (c'est-à-dire des représentations). Dès lors, l'espace et le temps n'étaient possibles, l'un que par le rapport des substances, l'autre que par la liaison des déterminations de ces substances entre elles, comme principes et conséquences[1]. Et il devrait effectivement en être ainsi, si l'entendement pur pouvait être directement mis en rapport avec des objets, et si l'espace et le temps étaient des déterminations des choses telles qu'en elles-mêmes. Mais comme ce ne sont que des intuitions sensibles, dans lesquelles nous déterminons tous les objets simplement comme phénomènes, la forme de l'intuition (comme constitution subjective de la sensibilité) précède toute matière (les sensations), et donc l'espace et le temps précèdent tous les phénomènes et toutes les données de l'expérience, et les rendent bien plutôt en premier lieu possibles. Le philosophe intellectualiste ne pouvait supporter que la forme dût précéder les choses elles-mêmes, et dût en déter-

1. Voir sur ce point la polémique entre Leibniz et Clarke : « j'ai marqué plus d'une fois que je tenais l'espace pour quelque chose de purement relatif, comme le temps ; pour un ordre des coexistences, comme le temps est un ordre de successions. Car l'espace marque en termes de possibilité un ordre des choses qui existent en même temps, en tant qu'elles existent ensemble, sans entrer dans leurs manières d'exister particulières ; et lorsqu'on voit plusieurs choses ensemble, on s'aperçoit de cet ordre des choses entre elles » (*Die philosophischen Schriften*, 7 vols., C.J. Gerhardt (ed.), Berlin, 1890, réimp. Darmstadt, Olms, 1978, vol. VII, p. 363, dorénavant noté GP).

miner la possibilité; c'était un interdit parfaitement justifié, dès lors qu'il admettait que nous intuitionnons les choses telles qu'elles sont (quoique par une représentation confuse). Mais comme l'intuition sensible est
B 324 une condition | subjective tout à fait particulière, qui se trouve *a priori* au fondement de toute perception, et dont la forme est originaire, la forme est dès lors donnée pour elle-même et, loin que la matière (autrement dit les choses elles-mêmes qui apparaissent) doive se trouver au fondement (comme on devrait en juger d'après de simples concepts), la possibilité de ces choses présuppose une intuition formelle (espace et temps) comme donnée.

REMARQUE SUR L'AMPHIBOLOGIE DES CONCEPTS DE LA RÉFLEXION

Qu'il me soit permis d'appeler *lieu transcendantal* la place que nous attribuons à un concept, soit dans la sensibilité, soit dans l'entendement pur. De la même manière, l'appréciation de cette place, qui revient à chaque concept en fonction de la diversité de son usage, et les indications pour déterminer, selon des règles, ce lieu pour tous les concepts, constitueraient la *topique transcendantale* – doctrine qui préviendrait à la source les subreptions de l'entendement pur et les illusions qu'elles font naître, dans la mesure où elle distinguerait toujours de quelle faculté de connaître les concepts relèvent véritablement. Tout concept, tout titre sous lequel sont rassemblées de multiples connaissances, peut être appelé un *lieu logique*. C'est là-dessus que se fondait la *topique logique* d'Aristote, dont les chefs d'écoles et les orateurs pouvaient se servir pour aller chercher sous certains
B 325 titres de la pensée | ce qui s'adaptait le mieux à la matière à laquelle ils avaient affaire, pour produire à son sujet de beaux raisonnements ou d'éloquents bavardages, avec toute l'apparence de la profondeur[1].

1. Voici comment Aristote introduit les *Topiques* : « le présent traité se propose de trouver une méthode qui nous rendra capables de raisonner déductivement, en prenant appui sur des idées admises, sur tous les sujets qui peuvent se présenter » (*Topiques*, 100a, J. Brunschwig (éd.), Paris, Les Belles Lettres, 1967, p. 1). Dans la *Logique ou l'art de penser*, Arnauld et Nicole critiquaient déjà (comme La Ramée avant eux) la méthode des lieux : « il ne faut pas, lorsqu'on traite une matière, aller frapper à la porte de tous ces lieux pour en tirer des arguments et des preuves. [...] On peut bien former des règles en observant ce que la nature nous fait faire ; mais on ne fait jamais ces actions par le secours de ces règles. Ainsi l'on traite tous les lieux dans les discours les plus ordinaires, et l'on ne saurait rien dire qui ne s'y

La topique transcendantale, au contraire, ne contient rien d'autre que les quatre titres de toute comparaison et de toute distinction que nous avons passés en revue, et qui se distinguent des catégories, en ceci qu'à travers eux, ce n'est pas l'objet qui est présenté, selon ce qui constitue son concept (grandeur, réalité), mais seulement la comparaison des représentations qui précède le concept des choses, dans toute sa diversité. Cependant, cette comparaison appelle tout d'abord une réflexion, c'est-à-dire une détermination du lieu qui doit être attribué aux représentations des choses qui sont comparées, selon que c'est l'entendement qui les pense, ou la sensibilité qui les donne dans le phénomène.

Les concepts peuvent être comparés logiquement, sans que l'on se préoccupe pour autant de savoir où leurs objets doivent être situés, s'ils sont considérés comme noumènes pour l'entendement ou comme phénomènes [*Phänomena*[1]] pour la sensibilité. Mais lorsque l'on veut avec ces concepts parvenir aux objets, alors la réflexion transcendantale est préalablement nécessaire, afin de savoir pour quelle faculté de connaissance ils doivent être objets, si c'est pour l'entendement pur ou pour la sensibilité. Sans cette réflexion, je ne peux faire qu'un usage très incertain de ces concepts, et il en découle de prétendus | principes synthétiques, que la raison critique ne peut **B 326**
pas considérer comme légitimes, et qui ont pour seul fondement une amphibologie transcendantale, c'est-à-dire une confusion de l'objet de l'entendement pur avec le phénomène.

Parce qu'il ne disposait pas d'une telle topique transcendantale, et qu'il se laissait dès lors abuser par l'amphibologie des concepts de la réflexion,

rapporte ; mais ce n'est point en y faisant une réflexion expresse que l'on produit ces pensées, cette réflexion ne pouvant servir qu'à ralentir la chaleur de l'esprit, et à l'empêcher de trouver les raisons vives et naturelles qui sont les vrais ornements de toute sorte de discours » (*La Logique ou l'art de penser*, P. Clair et F. Girbal (éds.), Paris, Vrin, 1981, p. 234-235).

1. Sauf précision contraire entre crochets (comme c'est le cas ici), *phénomène* traduit *Erscheinung*. Kant fait dans la *Critique* un usage différencié des termes *Erscheinung* et *Phänomen*, *Erscheinung* désignant « l'objet indéterminé d'une intuition empirique » (B 34), tandis que les *Phaenomena* désignent les *Erscheinungen*, « en tant qu'elles sont pensées selon l'unité des catégories » (A 248). *Phänomen* se comprend aussi par opposition à *noumène* (B 251). On pourra également se référer à la *Réflexion* 4999, qui appelle vraiment une traduction différenciée : « L'apparition <Erscheinung> et l'illusion <Schein> sont distinctes. La première dépend de la manière dont l'objet est donné, la seconde, de la manière dont il est pensé. L'apparence <Apparenz> dans une apparition <Erscheinung> dépend du jugement porté sur l'affection du sens, et lorsque ce jugement est correct, c'est le *phaenomenon* qui reste » (AK XVIII, 56). Il est cependant difficile de rendre cette différence de manière convaincante en français, notamment s'agissant de l'Amphibologie, où l'*Erscheinung* est précisément pensée dans le cadre de la distinction entre les *phénomènes* et les *noumènes*.

le célèbre Leibniz érigea un *système intellectuel du monde*, ou bien plutôt il crut connaître la constitution intérieure des choses, dans la mesure où il comparait tous les objets seulement avec l'entendement et les concepts formels abstraits de sa pensée. Notre table des concepts de la réflexion nous offre l'avantage inattendu de dévoiler ce qui distingue sa doctrine en toutes ses parties, et du même coup le principe directeur de ce mode de pensée singulier, principe qui reposait, purement et simplement, sur un malentendu. Il comparait les choses entre elles seulement à partir de concepts, et naturellement il ne trouvait aucune autre différence que celles par lesquelles l'entendement distingue ses concepts purs les uns des autres. Quant aux conditions de l'intuition sensible, qui véhiculent leurs propres différences, il ne les considérait pas comme originaires; car la sensibilité n'était pour lui qu'un mode de représentation confus, et non pas une source particulière de représentations; le phénomène était pour lui la représentation de la *chose telle qu'en elle-même*, bien que différent quant à la forme
B 327 logique | de la connaissance par l'entendement, dans la mesure où, par le défaut d'analyse qui le caractérise habituellement, il fait entrer dans le concept de la chose un certain mélange de représentations adjacentes, que l'entendement sait en écarter. En un mot: Leibniz *intellectualisait* les phénomènes, tout comme Locke, par son système de *noogonie* (s'il m'est permis de me servir de ces expressions) avait *sensualisé* en bloc les concepts de l'entendement, c'est-à-dire les avait fait passer pour de simples concepts de la réflexion empiriques ou abstraits. Plutôt que de rechercher dans l'entendement et dans la sensibilité deux sources complètement différentes de représentations, qui ne pourraient cependant juger objectivement des choses qu'en *liaison*, chacun de ces grands hommes s'en tenait à l'une des deux seulement, qui à son avis se rapportait immédiatement aux choses telles qu'en elles-mêmes, tandis que l'autre ne faisait rien, sinon confondre ou mettre en ordre les représentations de la première.

Leibniz comparait dès lors les objets de sens entre eux comme des choses en général, simplement dans l'entendement. *Premièrement*, dans la mesure où ils doivent être jugés identiques ou différents par celui-ci. Mais comme il n'avait alors d'yeux que pour leurs concepts, et non pour leur place dans l'intuition, là où seulement les objets peuvent être donnés, et comme il ne prêtait pas du tout attention au lieu transcendantal de ces concepts (pour se demander si l'objet était à compter parmi les phénomènes, ou parmi les choses telles qu'en elles-mêmes), il n'y avait qu'une seule issue possible, à savoir qu'il étendît son principe des indiscernables, qui ne vaut que pour les concepts des choses en général, aussi aux objets des sens (*mundus phaenomenon*), | et qu'il crût avoir apporté ainsi à la connaissance de la nature un élargissement non négligeable[1]. Certes, si je connais une goutte d'eau comme une chose telle qu'en elle-même, selon toutes ses déterminations internes, alors je ne peux en tenir aucune pour différente d'une autre, si tout le concept de celle-ci est identique à celle-là. Mais si elle est un phénomène dans l'espace, alors elle a son lieu non pas simplement dans l'entendement (sous des concepts), mais plutôt dans l'intuition sensible externe (dans l'espace); et en ce cas les lieux physiques sont, au regard des déterminations internes des choses, tout à fait équivalents, et un lieu =b peut accueillir une chose qui est entièrement semblable et égale à une autre qui se trouve en un lieu =a, tout aussi bien que si elle était en outre encore très différente intérieurement de celle-ci. La différence des lieux rend déjà par elle-même, sans conditions supplémentaires, la multiplicité et la différenciation des objets comme phénomènes, non seulement possibles, mais bien plutôt nécessaires. Dès lors cette apparente loi n'est pas une loi de la nature. Il s'agit simplement d'une règle analytique pour la comparaison des choses à partir de simples concepts. B 328

Deuxièmement, le principe selon lequel des réalités (comme simples affirmations) ne peuvent jamais entrer logiquement en opposition réciproque, est une proposition on ne peut plus vraie s'agissant des rapports
| entre concepts, mais, lorsqu'il s'agit, soit de la nature, soit en général de B 329
quelque chose telle qu'en elle-même (de laquelle nous n'avons aucun concept[2]), elle n'a pas la moindre signification. En effet, l'opposition réelle a lieu partout où l'on a A–B=0, c'est-à-dire, là où une réalité étant réunie avec une autre en un sujet, chacune supprime l'effet de l'autre; c'est ce que montrent sans arrêt les obstacles et les réactions dans la nature, et ceux-ci doivent bien dès lors, puisqu'ils reposent sur des forces, être appelés *realitates phaenomena*. La mécanique générale peut même fournir *a priori* dans une règle la condition empirique de cette opposition, dans la mesure où elle prend en considération l'opposition des directions – condition dont le concept transcendantal de réalité ne sait vraiment rien. Bien que Monsieur de Leibniz ait avancé cette proposition sans la célébrer, justement, comme un principe nouveau, il s'en est cependant servi pour produire des affirmations nouvelles, et ses successeurs l'ont inscrite explicite-

1. Cf. *Monadologie*, § 9 (*op. cit.*, p. 221) : « Il faut même que chaque monade soit différente de chaque autre. Car il n'y a jamais dans la nature deux êtres qui soient parfaitement l'un comme l'autre, et où il ne soit possible de trouver une différence interne ou fondée sur une dénomination intrinsèque ».

2. Première édition : « *absolument* aucun concept ».

ment dans leur doctrine leibnizo-wolffienne[1]. Selon ce principe, tous les maux, par exemple, ne sont rien d'autre que des conséquences des bornes des créatures, c'est-à-dire des négations, car il n'y a que ces dernières pour s'opposer à la réalité (ce qui est effectivement le cas dans le simple concept d'une chose en général, mais non pas dans les choses en tant que phénomènes). De la même manière, les successeurs de Leibniz trouvent non seulement possible, mais même naturel, de réunir toute la réalité en un
B 330 seul être, sans qu'il y ait à se soucier de la moindre opposition, | car ils ne

1. *Cf.* par exemple le paragraphe 701 de la *Métaphysique allemande* de Wolff, qui fait suite à l'analyse du mouvement, et qui élargit le propos pour traiter de la perfection du monde considéré dans son ensemble : « Il resterait encore beaucoup de difficultés au sujet du mouvement, que je me propose cependant de résoudre à un autre moment. Pour l'heure, je vais donc de l'avant, pour montrer en quoi réside la perfection du monde, et où l'imperfection dans un monde prend sa source. J'ai montré plus haut que la perfection est, de manière générale, un accord du divers. Étant donné que le monde est composé d'une multitude de corps, et que chacun d'eux est composé à son tour de corps plus petits, étant donné en outre que leur état change à tout instant, ou, pour le dire en général, que le monde est une suite de choses changeantes, qui sont les unes à côté des autres et qui se suivent les unes les autres, mais qui sont cependant dans leur ensemble liées les unes aux autres; dès lors, la perfection du monde réside en ceci, que tout ce qui est simultané ou successif est en accord réciproque, c'est-à-dire que les fondements particuliers qu'a chaque chose, se peuvent toujours ramener ultimement à des fondements généraux uniques. Plus est grand cet accord, plus grande aussi est la perfection du monde » (*Métaphysique allemande*, § 701, *Gesammelte Werke*, Hildesheim, Olms, 1962-..., vol. I.2, p. 436). Les paragraphes suivants prolongent cette idée en montrant que c'est dans la limitation de notre aperception que l'opposition entre les choses, et donc, selon Wolff, leur imperfection, peut sembler prendre le pas sur la perfection inhérente au monde dans son ensemble.

Sur l'application d'un tel principe au problème du mal, on peut penser notamment au paragraphe 20 de la *Théodicée* de Leibniz : « [...] nous qui dérivons tout être de Dieu, où trouverons-nous la source du mal ? La réponse est qu'elle doit être cherchée dans la nature idéale de la créature, autant que cette nature est renfermée dans les vérités éternelles qui sont dans l'entendement de Dieu indépendamment de sa volonté. Car il faut considérer qu'il y a une *imperfection originale dans la créature* avant le péché, parce que la créature est limitée essentiellement, d'où vient qu'elle ne saurait tout savoir, et qu'elle peut se tromper et faire d'autres fautes. Platon a dit dans le *Timée* que le monde avait son origine de l'entendement joint à la nécessité. D'autres ont joint Dieu et la nature. On y peut donner un bon sens. Dieu sera l'entendement, et la nécessité, c'est-à-dire la nature essentielle des choses, sera l'objet de l'entendement, en tant qu'il consiste dans les vérités éternelles. Mais cet objet est interne et se trouve dans l'entendement divin. Et c'est là-dedans que se trouve non seulement la forme primitive du bien, mais encore l'origine du mal : c'est la région des vérités éternelles qu'il faut mettre à la place de la matière, quand il s'agit de chercher la source des choses. Cette région est la *cause idéale* du mal, pour ainsi dire, aussi bien que du bien ; mais, à proprement parler, le formel du mal n'en a point d'*efficiente*, car il consiste dans la privation [...], c'est-à-dire, dans ce que la cause efficiente ne fait point. C'est pourquoi les scolastiques ont coutume d'appeler la cause du mal *déficiente* » (GP VI, 114-115).

connaissent nulle autre opposition que celle de la contradiction (par laquelle le concept de la chose lui-même est supprimé)[1] ; ils ne connaissent pas l'opposition de la destruction réciproque, dès lors qu'un fondement réel y supprime l'effet d'un autre, et que ce n'est que dans la sensibilité que nous rencontrons les conditions pour nous représenter une telle opposition.

Troisièmement, la monadologie leibnizienne n'a vraiment pas d'autre principe que la manière dont ce philosophe se représentait la différence entre l'intérieur et l'extérieur simplement en relation avec l'entendement. Les substances en général doivent avoir quelque chose d'intérieur, quelque chose, donc, qui est indépendant de tous les rapports extérieurs et par conséquent de toute composition. Le simple est ainsi le fondement de l'intériorité de la chose telle qu'en elle-même[2]. Ce qu'il y a d'intérieur dans son état, cependant, ne peut pas non plus consister en lieu, forme, repos ou mouvement (déterminations qui sont toutes des rapports extérieurs) et dès lors nous ne pouvons attribuer aux substances aucun autre état intérieur que celui par lequel nous déterminons intérieurement notre sens lui-même, à savoir, l'*état des représentations*. Et ainsi, il ne manquait plus rien aux monades, lesquelles doivent constituer la matière fondamentale de tout l'univers, bien que leur force active ne consiste qu'en représentations, par lesquelles elles ne sont véritablement agissantes qu'en elles-mêmes[3].

1. *Cf.* par exemple les paragraphes 945 et 977 de la *Métaphysique allemande*, où Dieu est caractérisée comme la source de toute réalité, et où la réalité est identifiée à la perfection. On trouve déjà ce thème chez Leibniz : « On peut aussi juger que cette Substance Suprême qui est unique, universelle et nécessaire, n'ayant rien hors d'elle qui en soit indépendant, et étant une suite simple de l'être possible, doit être incapable de limites et contenir tout autant de réalité qu'il est possible. [...] D'où il s'ensuit que Dieu est absolument parfait; la perfection n'étant autre chose que la grandeur de la réalité positive prise précisément, en mettant à part les limites ou bornes dans les choses qui en ont. Et là où il n'y a point de bornes, c'est-à-dire en Dieu, la perfection est absolument infinie » (*Monadologie*, § 40 et 41, *op. cit.*, p. 229).

2. *Cf.* le paragraphe 1 de la *Monadologie* (*op. cit.*, p. 219 et 220) : « La *Monade*, dont nous parlerons ici, n'est autre chose qu'une substance simple, qui entre dans les composés; simple, c'est-à-dire sans parties ». Le paragraphe 7 associe simplicité et intériorité intelligible : « Il n'y a pas moyen aussi d'expliquer comment une Monade puisse être altérée ou changée dans son intérieur par quelque autre créature; puisqu'on n'y saurait rien transposer, ni concevoir en elle aucun mouvement interne qui puisse être excité, dirigé, augmenté ou diminué là-dedans; comme cela se peut dans les composés, où il y a des changements entre les parties. Les Monades n'ont point de fenêtres, par lesquelles quelque chose y puisse entrer ou sortir. Les accidents ne sauraient se détacher, ni se promener hors des substances, comme faisaient autrefois les espèces sensibles des scolastiques. Ainsi ni substance, ni accident ne peut entrer du dehors dans une monade ».

3. Cf. *Monadologie*, § 17 (*op. cit.*, p. 223) : « On est obligé d'ailleurs de confesser que la *perception* et ce qui en dépend est inexplicable par des raisons mécaniques, c'est-à-dire par

C'est aussi pour cela, précisément, que son principe de la possible B 331 *communauté des substances* les unes avec les autres devait être | une *harmonie préétablie*, et ne pouvait pas consister en une influence physique. En effet, dès lors que toute chose n'est tournée que vers l'intérieur, c'est-à-dire vers ses représentations, l'état des représentations d'une substance ne pouvait en aucun cas entretenir un lien agissant avec l'état des représentations d'une autre substance, mais il devait bien plutôt y avoir une tierce cause, exerçant son influence en elles toutes à la fois, pour faire correspondre les états des unes et des autres, non pas bien sûr par une assistance apportée occasionnellement et spécifique à chaque cas particulier (*systema assistentiae*), mais plutôt par l'unité de l'Idée d'une cause valable pour toutes les substances, de laquelle elles doivent toutes tenir leur existence et leur permanence, et donc aussi leur correspondance réciproque, selon des lois universelles.

Quatrièmement, la célèbre *doctrine de l'espace et du temps* professée par Leibniz, dans laquelle il intellectualisait ces formes de la sensibilité, trouvait là encore sa source exclusivement dans cette même illusion de la réflexion transcendantale. Lorsque je veux me représenter les rapports extérieurs des choses par le simple entendement, cela ne peut se faire qu'au moyen d'un concept de leur action réciproque, et si je dois relier précisément l'état d'une de ces mêmes choses à l'état d'une autre, cela ne peut se faire que selon l'ordre des principes et des conséquences. C'est ainsi que Leibniz se donnait à penser l'espace comme un certain ordre dans la communauté des substances, et le temps comme la suite dynamique de B 332 leurs états. Ce qui semble leur appartenir à tous deux en propre, | et qui est indépendant des choses, il l'attribuait à la *confusion* de ces concepts, qui faisait qu'on prenait ce qui est une simple forme des rapports dynamiques pour une intuition ayant par elle-même sa propre consistance, et précédant les choses elles-mêmes. Ainsi l'espace et le temps étaient-ils la forme intelligible de la liaison des choses (des substances et de leurs états) telles qu'en elles-mêmes. Les choses, cependant, étaient des substance intelligibles (*substantiae noumena*). Il voulait néanmoins faire valoir ces

les figures et par les mouvements. Et feignant qu'il y ait une Machine dont la structure fasse penser, sentir, avoir perception, on pourra la concevoir agrandie en conservant les mêmes proportions, en sorte qu'on puisse y entrer, comme dans un moulin. Et cela posé, on ne trouvera en la visitant au dedans que des pièces qui se poussent les unes les autres et jamais de quoi expliquer une perception. Ainsi c'est dans la substance simple, et non dans le composé ou dans la machine qu'il la faut chercher. Aussi n'y a-t-il que cela qu'on puisse trouver dans la substance simple, c'est-à-dire les perceptions et leurs changements. C'est en cela seul aussi que peuvent consister toutes les *Actions internes* des substances simples.

concepts pour les phénomènes, parce qu'il ne concédait à la sensibilité aucun mode propre d'intuition, mais plutôt cherchait tout dans l'entendement, y compris la représentation empirique des objets, et ne laissait rien d'autre aux sens que le rôle méprisable d'introduire de la confusion et du désordre dans les représentations de l'entendement.

Cependant, même si nous pouvions, par l'entendement pur, dire quelque chose synthétiquement *des choses telles qu'en elles-mêmes* (ce qui est pourtant impossible), il n'y aurait là vraiment rien qui pourrait être rapporté aux phénomènes, qui ne représentent pas les choses telles qu'en elles-mêmes. Dans ce dernier cas, je devrai donc toujours comparer mes concepts, dans la réflexion transcendantale, uniquement sous les conditions de la sensibilité, et ainsi l'espace et le temps ne seront pas des déterminations des choses telles qu'en elles-mêmes, mais plutôt des déterminations des phénomènes : ce que peut bien être la chose en elle-même, je ne le sais pas, et d'ailleurs je n'ai pas besoin | de le savoir, car une chose ne peut **B 333**
jamais se présenter à moi autrement que dans le phénomène.

Je procède de la même façon avec les autres concepts de la réflexion. La matière est *substantia phaenomenon*. Ce qui peut lui appartenir intérieurement, je le cherche dans toutes les parties de l'espace qu'elle occupe, dans toutes les actions qu'elle exerce et qui bien sûr ne peuvent jamais être que des phénomènes des sens externes. Dès lors, je n'ai certes rien qui soit absolument intérieur, mais plutôt une intériorité simplement relative, qui est elle-même constituée à son tour de rapports extérieurs. Cela étant, l'intériorité absolue de la matière – telle que la recherche l'entendement – est une simple chimère; car il n'y a là, où que l'on se situe, aucun objet pour l'entendement pur; pour ce qui est de l'objet transcendantal, cet objet qui pourrait être le fondement de ce phénomène que nous appelons matière, il s'agit d'un simple quelque chose, dont nous ne pourrions même pas comprendre ce qu'il peut bien être, même s'il se trouvait quelqu'un qui soit capable de nous le dire. En effet, nous pouvons comprendre uniquement ce qui véhicule quelque chose, dans notre intuition, qui corresponde à nos mots. Lorsque nous nous plaignons de *ne pas du tout arriver à pénétrer l'intériorité des choses*, si cela ne signifie rien de plus que ceci, à savoir que par l'entendement pur, nous ne concevons pas ce que les choses qui nous apparaissent peuvent bien être en elles-mêmes, alors ces plaintes sont totalement injustifiées et irrationnelles; car on exigerait par là que, sans les sens, on connaisse pourtant les choses, et donc qu'on puisse les intuitionner, et par conséquent que nous ayons un pouvoir de connaître qui soit entièrement différent de celui de l'homme, non pas simplement selon le degré, mais même selon l'intuition | et selon son espèce; on exigerait donc **B 334** que nous soyons, non pas des hommes, mais des êtres dont nous ne pouvons pas nous-mêmes indiquer s'ils sont seulement possibles, et bien moins encore comment ils sont constitués. L'observation et l'analyse des phénomènes percent jusqu'à l'intérieur de la nature, et nul ne peut savoir jusqu'où cela va aller avec le temps. Pourtant, ces questions transcendantales, qui dépassent la nature, nous ne pourrions jamais avec tout cela leur trouver de réponse, quand bien même la nature tout entière nous serait découverte, puisqu'il[1] ne nous est pas le moins du monde donné d'observer notre propre esprit avec une autre intuition que celle de notre sens interne. En effet, c'est en lui que réside le secret de l'origine de notre sensibilité. La relation de celle-ci avec un objet, et ce que peut être le fondement transcendantal de cette unité, voilà qui reste sans doute trop profondément caché, pour que nous, qui ne nous connaissons même pas nous-mêmes autrement que par le sens interne, et donc comme phénomène, nous puissions obtenir d'un instrument aussi inadapté pour notre recherche autre chose que de découvrir toujours à nouveau des phénomènes, dont nous voudrions bien pourtant mettre au jour la cause non sensible.

Ce qui rend par-dessus tout utile cette critique des raisonnements tirés des simples actes de la réflexion[2], c'est qu'elle permet de démontrer clairement l'inanité de tous les raisonnements sur des objets que l'on compare les uns avec les autres simplement dans l'entendement, et en même temps elle
B 335 confirme ce sur quoi nous avons | insisté au premier chef : bien que les phénomènes ne soient pas compris comme des choses telles qu'en elles-mêmes parmi les objets de l'entendement pur, ils sont cependant les seuls objets vis-à-vis desquels notre connaissance peut trouver de la réalité objective, c'est-à-dire pour lesquels une intuition correspond aux concepts.

Quand nous réfléchissons simplement de manière logique, nous comparons nos concepts entre eux uniquement dans l'entendement, pour savoir si deux d'entre eux contiennent la même chose, s'ils se contredisent ou non, si quelque chose est contenu à l'intérieur du concept ou bien si cela s'ajoute à lui, et pour savoir, de deux concepts, lequel est donné, lequel au contraire ne doit valoir que comme une manière de penser le concept

1. Première édition : « et il » au lieu de « puisqu'il ».

2. Cf. *Monadologie*, § 30 (*op. cit.*, p. 227) : « C'est aussi par la connaissance des vérités nécessaires et par leurs abstractions que nous sommes élevés aux *Actes réflexifs*, qui nous font penser à ce qui s'appelle *Moi*, et à considérer que ceci ou cela est en nous : et c'est ainsi qu'en pensant à nous, nous pensons à l'Être et à la Substance, au simple et au composé, à l'immatériel et à Dieu même ; en concevant que ce qui est borné en nous est en lui sans bornes. Et ces Actes réflexifs fournissent les objets principaux de nos raisonnements ».

donné. Mais si j'applique ces concepts à un objet en général (en un sens transcendantal) sans déterminer plus avant s'il s'agit d'un objet de l'intuition sensible ou de l'intuition intellectuelle, apparaissent immédiatement des limitations (interdisant de sortir de ce concept), qui en pervertissent tout usage empirique, et qui du même coup démontrent que la représentation d'un objet comme chose en général, plutôt que simplement *insuffisante*, est, sans détermination sensible de cette représentation, et indépendamment d'une condition empirique, en elle-même *contradictoire*; que l'on doit dès lors soit faire abstraction de tout objet (dans la logique), soit, si l'on en admet un, le penser sous les conditions de l'intuition sensible; et que par conséquent l'intelligible exigerait une intuition tout à fait particulière, que nous | n'avons pas, et en l'absence de laquelle il n'est rien *pour nous*, tandis B 336
qu'à l'inverse les phénomènes ne peuvent pas davantage être des objets tels qu'en eux-mêmes. En effet, si je me donne à penser de simples choses en général, alors, assurément, la différence des rapports extérieurs ne peut pas constituer une différence des choses elles-mêmes, mais présuppose bien plutôt celle-ci, et si le concept de l'une ne diffère en rien, intérieurement, du concept de l'autre, c'est simplement une seule et même chose que je place dans des rapports divers. En outre, par l'ajout d'une simple affirmation (réalité) à une autre, le positif est bien augmenté, et rien ne lui est retiré, ou n'y est supprimé; dès lors le réel dans les choses en général ne peut pas entrer en opposition réciproque, etc.

* * *

Comme nous l'avons montré, les concepts de la réflexion ont, en raison d'une certaine équivoque, une telle influence sur l'usage de l'entendement, qu'ils ont été jusqu'à conduire un des philosophes les plus pénétrants qui soient à un prétendu système de connaissance intellectuelle, qui entreprend de déterminer ses objets sans l'intervention des sens. C'est précisément pour cette raison qu'il est de la plus haute importance de mettre au jour la cause trompeuse de l'amphibologie de ces concepts, en tant qu'elle suit de faux principes, afin de déterminer et d'assurer de manière fiable les limites de l'entendement.

| Assurément, il faut dire: ce qui se rapporte universellement à un B 337
concept – ou ce qui le contredit –, cela se rapporte aussi à tout le particulier qui est compris sous ce concept – ou cela le contredit – (*dictum de omni et*

nullo)[1]; il serait cependant absurde de transformer ce principe logique pour lui faire dire : ce qui n'est pas contenu dans un concept universel, cela n'est pas non plus contenu dans les concepts particuliers qui se situent sous lui; car c'est précisément en cela qu'ils sont des concepts particuliers – ils contiennent plus en eux que ce qui est pensé dans le concept universel. Et pourtant, c'est bien sur ce dernier principe qu'est bâti tout le système intellectuel de Leibniz; celui-ci s'écroule donc avec celui-là, en même temps que toute l'équivocité qu'il suscite dans l'usage de l'entendement.

Le principe des indiscernables était vraiment fondé sur la présupposition selon laquelle, si l'on ne rencontre pas une certaine différence dans le concept d'une chose en général, alors on ne la rencontrera pas non plus dans les choses elles-mêmes; et par conséquent, sont entièrement identiques (*numero eadem*) toutes les choses qui ne se différencient pas les unes des autres déjà dans leur concept (selon la qualité ou selon la quantité). Mais comme avec le simple concept d'une chose quelconque, il est fait abstraction de maintes conditions nécessaires d'une intuition, on en vient par une étrange précipitation à prendre ce dont on fait abstraction pour quelque
B 338 chose qui ne pourra | être rencontré nulle part; et la place que l'on fait à la chose se réduit à ce qui est contenu dans son concept.

Le concept d'un pied cube d'espace, aussi souvent et où qu'il me plaira de le penser, sera toujours en lui-même entièrement identique. Et pourtant, deux pieds cubes se distinguent dans l'espace simplement par leurs lieux; ces lieux sont des conditions de l'intuition dans laquelle l'objet de ce concept est donné, et, si ces conditions ne valent pas pour le concept, elles valent bien pour la sensibilité tout entière. De la même manière, il n'y a dans le concept d'une chose vraiment aucune opposition, quand rien de négatif n'a été lié à quelque chose d'affirmatif, et des concepts simplement affirmatifs ne peuvent pas produire, par leur liaison, la moindre suppression. Mais dans l'intuition sensible, où une réalité (par exemple un mouvement) est donnée, se trouvent des conditions (des directions opposées) dont il a été fait abstraction dans le concept du mouvement en général, et qui rendent possible une opposition, qui assurément n'est pas logique, c'est-à-dire où du purement positif donne zéro=0; dès lors, on ne pouvait pas dire que toutes les réalités sont réciproquement en accord pour la simple raison qu'il ne se rencontre aucune opposition parmi nos concepts*. Selon de simples

* Si l'on voulait ici utiliser l'échappatoire habituelle – en disant que du moins les *realitates noumena* ne peuvent pas agir les unes contre les autres –, il faudrait bien pourtant

1. *Cf.* Aristote, *Premiers Analytiques*, 24b28-30.

concepts, l'intérieur est | le substrat de tous les rapports ou de toutes les déterminations extérieures. Dès lors, si je fais abstraction de toutes les conditions de l'intuition, et si je m'en tiens simplement au concept d'une chose en général, je peux donc faire abstraction de tout rapport extérieur, et il doit rester pourtant un concept de ce qui ne signifie vraiment aucun rapport, mais plutôt de simples déterminations intérieures. Mais il semble alors s'ensuivre que dans chaque chose (dans chaque substance), il y ait un quelque chose qui soit absolument intérieur, et qui précède toutes les déterminations extérieures, dans la mesure où il les rend en premier lieu possibles; et dès lors ce substrat serait quelque chose de tel, qu'aucun rapport extérieur ne serait plus contenu en lui, et par conséquent quelque chose de *simple* (car effectivement les choses corporelles ne sont jamais que des rapports, ne serait-ce que les rapports de leurs parties entre elles); et parce que nous ne connaissons aucune détermination absolument intérieure, sinon celles auxquelles nous donne accès notre sens interne, ce substrat serait donc non seulement simple, mais aussi (selon l'analogie avec notre sens interne) déterminé par des *représentations*, ce qui revient à dire que toutes les choses seraient | véritablement des *monades*, en d'autres termes des êtres simples dotés de représentations. Tout cela d'ailleurs ne serait pas sans justesse, s'il n'y avait pas quelque chose de plus que le concept d'une chose en général dans les conditions sous lesquelles seulement des objets de l'intuition extérieure peuvent nous être donnés, et desquelles le concept pur fait abstraction. Car il apparaît bien là qu'un phénomène permanent dans l'espace (une étendue impénétrable) peut contenir exclusivement des rapports, et vraiment aucune intériorité absolue, tout en étant pourtant le substrat de toute perception extérieure. Assurément ne puis-je par de simples concepts penser rien d'extérieur sans quelque chose d'intérieur, pour la bonne et simple raison que les concepts de rapports présupposent forcément des choses données absolument, et qu'ils ne sont pas possibles sans elles. Mais comme est contenu dans l'intuition quelque chose qui ne se trouve pas du tout dans le simple concept d'une chose en général, et comme cela nous met entre les mains un substrat qui ne pourrait pas du tout être connu par simples concepts, à savoir, un

B 339

B 340

alors produire un exemple de cette réalité pure et indépendante des sens, afin que l'on comprenne si une telle réalité représente à tout le moins quelque chose, ou vraiment rien. Mais il n'y a, pour trouver des exemples, aucun autre lieu que l'expérience, qui ne nous présente jamais rien de plus que des phénomènes, et dès lors cette proposition veut dire, sans plus, que le concept, qui contient uniquement des affirmations, ne contient rien de négatif : proposition dont nous n'avons jamais douté.

espace qui, avec tout ce qu'il contient, ne consiste qu'en simples relations formelles ou bien aussi réelles, je ne peux pas dire : puisque, sans une intériorité absolue, aucune chose ne peut être représentée *par simples concepts*, alors il n'y a pas non plus dans les choses elles-mêmes, qui sont comprises sous ces concepts, et *dans leur intuition*, quoi que ce soit d'extérieur, qui n'ait pas à son fondement une intériorité absolue. En effet, si nous avons
B 341 fait abstraction de toutes les conditions de l'intuition, alors assurément | il ne nous reste dans les simples concepts rien d'autre que l'intérieur en général, et le rapport des intérieurs les uns avec les autres, qui seul rend possible l'extérieur. Cependant, cette nécessité, qui se fonde uniquement sur l'abstraction, n'est pas de mise pour les choses, dans la mesure où elles sont données dans l'intuition selon des déterminations qui expriment de simples rapports, sans qu'il y ait quoi que ce soit d'intérieur à leur fondement, pour la raison qu'elles ne sont pas des choses telles qu'en elles-mêmes, mais simplement des phénomènes. Tout ce que nous connaissons de la matière, ce sont de simples rapports (ce que nous nommons les déterminations internes de la matière, n'est intérieur que comparativement); mais parmi ces rapports il s'en trouve certains, subsistant par eux-mêmes et permanents, par lesquels un objet déterminé nous est donné. Que je me retrouve, lorsque je fais abstraction de ces rapports, sans rien du tout à quoi penser, voilà qui ne supprime pas le concept d'une chose comme phénomène, cela ne supprime pas non plus le concept d'un objet *in abstracto*, mais bien plutôt toute possibilité d'un objet qui serait tel qu'on puisse le déterminer d'après de simples concepts – c'est-à-dire un noumène. Certes, il est surprenant d'entendre qu'une chose doive être de part en part constituée par des rapports; mais en même temps, une telle chose est un simple phénomène, et ne peut vraiment pas être pensée avec des catégories pures; elle consiste elle-même dans le simple rapport d'un quelque chose en général avec les sens. De la même manière, lorsqu'on part de simples concepts, on ne peut vraiment pas penser le rapport des choses *in abstracto*
B 342 autrement qu'en considérant | l'une de ces choses comme la cause de déterminations dans l'autre; car c'est là le concept de notre entendement pour les rapports eux-mêmes. Simplement, puisque l'on fait alors abstraction de toute intuition, on supprime tout un mode, par lequel le divers peut déterminer son lieu selon des rapports réciproques, à savoir la forme de la sensibilité (l'espace), qui pourtant précède toute causalité empirique.

Si, par objets simplement intelligibles, nous entendons ces choses qui sont pensées selon des catégories pures, sans le moindre schème de la sensibilité, alors de telles choses sont impossibles. Car la condition de l'usage objectif de tous nos concepts d'entendement est exclusivement le mode

spécifique de notre intuition sensible, par laquelle des objets nous sont donnés, et si nous faisons abstraction de celle-ci, nos concepts d'entendement n'ont vraiment aucune relation avec quelque objet que ce soit. Et si l'on voulait en outre admettre une autre espèce d'intuition que cette intuition sensible qui est la nôtre, alors les fonctions requises par notre pensée seraient à son égard dépourvues de toute signification. Si nous entendons par là simplement des objets d'une intuition non sensible, vis-à-vis desquels nos catégories n'ont assurément aucune valeur, et desquels nous ne pouvons donc vraiment jamais avoir la moindre connaissance (ni intuition, ni concept), alors on doit bien sûr admettre des noumènes en ce sens simplement négatif; en effet, tout ce qu'ils veulent dire, c'est que notre mode d'intuition ne se rapporte pas à toutes choses, mais simplement | aux objets de nos sens, que par conséquent sa validité objective est limitée, **B 343**
et qu'ainsi il reste de la place pour quelque autre espèce d'intuition, et donc aussi pour des choses telles qu'elles en seraient les objets. Mais alors le concept d'un noumène est problématique, c'est-à-dire qu'il est la représentation d'une chose dont nous ne pouvons dire, ni qu'elle est possible, ni qu'elle est impossible, dans la mesure où nous ne connaissons vraiment aucune autre espèce d'intuition que l'intuition sensible qui est la nôtre, et aucune autre espèce de concepts que les catégories – or ni cette intuition ni ces concepts ne sont adaptés à un objet situé hors du sensible. Dès lors, pour cette raison, nous ne pouvons pas élargir positivement le champ des objets de notre pensée au-delà des conditions de notre sensibilité et, en-dehors des phénomènes, admettre encore des objets de la pensée pure, c'est-à-dire des noumènes, car on ne peut prétendre donner aucune signification positive à ceux-ci. En effet, on doit reconnaître, à propos des catégories, que par elles-mêmes, elle ne suffisent pas encore à la connaissance des choses telles qu'en elles-mêmes, et que sans les *data* de la sensibilité elles seraient de simples formes subjectives de l'unité de l'entendement, mais sans objet. Certes, la pensée n'est pas en elle-même un produit des sens, et en tant que telle elle n'est pas bornée par eux, mais ce n'est pas pour autant qu'elle peut donner lieu à un usage pur et autonome, sans la participation de la sensibilité – parce qu'elle est alors sans objet. On ne peut d'ailleurs pas désigner le noumène comme un tel *objet* [*Objekt*]; car il signifie précisément le concept problématique d'un objet [*Gegenstand*[1]] pour une intuition | et un **B 344**

1. L'usage des termes *Objekt* et *Gegenstand* est souvent indifférencié ; mais lorsque Kant les distingue – comme cela semble être le cas ici – *Gegenstand* désigne l'objet en ce qu'il a d'indéterminé, notamment dans l'immédiateté de la donation empirique, tandis qu'*Objekt* désigne plutôt le corrélat d'une connaissance déterminée.

entendement tout autres que les nôtres, objet qui est donc lui-même un problème. Le concept du noumène n'est donc pas le concept d'un objet, mais la tâche qui est inévitablement liée à la limitation de notre sensibilité, et qui consiste à se demander s'il pourrait y avoir des objets dégagés de cette intuition propre à notre sensibilité – question à laquelle on ne peut répondre que de manière indéterminée : dès lors que l'intuition sensible n'atteint pas toutes choses sans distinction, il reste de la place pour des objets supplémentaires et différents ; ces objets ne peuvent donc pas être absolument récusés, mais en l'absence d'un concept déterminé (puisqu'aucune catégorie ne fait l'affaire pour cela), on ne peut pas non plus prétendre en faire des objets pour notre entendement.

L'entendement limite donc la sensibilité, sans étendre pour autant son propre champ, et en avertissant celle-ci de ne pas prétendre se rapporter à des choses telles qu'en elles-mêmes, mais exclusivement à des phénomènes, il se donne à penser un objet tel qu'en lui-même, mais seulement comme un objet transcendantal, qui est la cause du phénomène (il n'est donc pas lui-même phénomène), et qui ne peut être pensé ni comme grandeur, ni comme réalité, ni comme substance, etc. (parce que ces concepts requièrent toujours des formes sensibles, dans lesquelles ils déterminent un objet) ; objet dont on ignore donc complètement si c'est en nous ou bien hors de nous qu'il doit être rencontré, s'il disparaît en même temps
B 345 que la sensibilité, ou bien | s'il serait encore là si l'on écartait celle-ci. Si nous voulons appeler cet objet noumène, pour la raison que la représentation que nous en avons est non-sensible, nous sommes libres de le faire. Mais comme nous ne pouvons lui appliquer aucun de nos concepts d'entendement, cette représentation reste pour nous décidément vide, et n'a d'autre utilité que de marquer les limites de notre connaissance sensible, et de laisser ouvert un espace que nous ne pouvons remplir ni par l'expérience possible, ni par l'entendement pur.

La critique de cet entendement pur ne permet donc pas de créer un champ nouveau d'objets, en-dehors de ceux qui peuvent se présenter à lui comme phénomènes, ni de se répandre dans des mondes intelligibles, fût-ce dans leur simple concept. La faute qui nous conduit à cela selon l'apparence la plus irrésistible, et qui peut certes être excusée, mais non pas justifiée, réside en ceci, que l'usage de l'entendement est détourné de sa destination pour être rendu transcendantal, et que les objets, c'est-à-dire les intuitions possibles, doivent se régler sur des concepts, et non pas les concepts sur des intuitions possibles (dans la mesure où ce n'est que sur elles que leur validité objective repose). Mais cette faute trouve à son tour sa cause en ce que l'aperception, et avec elle la pensée, précède toute mise

en ordre déterminée possible des représentations. Nous pensons donc quelque chose en général, et d'un côté nous le déterminons sensiblement, mais il reste cependant | que nous distinguons l'objet représenté en général B 346
et *in abstracto* de cette manière de l'intuitionner; il ne nous reste plus alors qu'une manière de le déterminer simplement par la pensée qui, bien qu'elle soit une simple forme logique sans contenu, nous apparaît pourtant comme étant une manière pour l'objet d'exister tel qu'en lui-même (noumène), sans considérer l'intuition, qui est bornée à nos sens.

* * *

Avant de quitter l'Analytique transcendantale, il nous faut encore ajouter quelque chose, qui certes n'est pas en soi d'une importance considérable, mais qui pourrait cependant sembler nécessaire pour que le système soit complet. Le concept le plus haut, qu'on place habituellement au début d'une philosophie transcendantale, est normalement la division entre le possible et l'impossible. Mais comme toute division présuppose un concept qui soit divisé, on doit encore faire état d'un concept plus haut, et il s'agit du concept d'un objet en général (pris problématiquement, et sans que soit tranché s'il est quelque chose ou bien rien). Dans la mesure où les catégories sont les seuls concepts qui se rapportent à des objets en général, on progressera, pour distinguer si un objet est quelque chose ou bien rien, selon l'ordre des catégories et selon les indications qu'elles fournissent.

| 1) Aux concepts de tout, de plusieurs et d'un, est opposé celui qui B 347
supprime tout, c'est-à-dire *aucun*, et l'objet d'un concept, auquel ne correspond vraiment aucune intuition susceptible d'être indiquée, est ainsi =rien, c'est-à-dire un concept sans objet, comme les noumènes, qui ne peuvent pas être comptés parmi les possibilités, bien que pour la même raison ils ne doivent pas non plus être présentés comme impossibles (*ens rationis*); ou comme par exemple certaines forces fondamentales nouvelles, que l'on se donne à penser, certes sans contradiction, mais qui sont aussi pensées sans aucun exemple tiré de l'expérience, et qui ne doivent donc pas être comptées parmi les possibilités.

2) La réalité est *quelque chose*, la négation est *rien*, c'est-à-dire, un concept du manque d'un objet, comme l'ombre, le froid (*nihil privativum*).

3) La simple forme de l'intuition, sans substance, n'est en elle-même aucun objet, mais est plutôt la simple condition formelle de l'objet (en tant que phénomène), comme l'espace pur, et le temps pur, qui certes sont

quelque chose, en tant que formes pour intuitionner, mais qui ne sont pas eux-mêmes des objets que l'on intuitionne (*ens imaginarium*).

B 348 | 4) L'objet d'un concept qui se contredit lui-même n'est rien, car le concept n'est rien, il est l'impossible, comme par exemple la figure rectiligne de deux côtés (*nihil negativum*).

La table de cette division du concept de *Rien* (étant donné que la division parallèle du Quelque chose s'ensuit d'elle-même) devrait alors être présentée ainsi :

Rien,
comme
1.
Concept vide sans objet,
ens rationis

2.	3.
Objet vide d'un concept,	*Intuition vide sans objet*,
nihil privativum	ens imaginarium

4.
Objet vide sans concept,
nihil negativum

On voit que la chose de pensée (n° 1) est distinguée de la non-chose (n° 4), dans la mesure où la première ne peut pas être comptée parmi les possibilités parce qu'elle est une simple fiction (quoique non contradictoire) ; la seconde au contraire est opposée à la possibilité, dans la mesure où c'est purement et simplement le concept lui-même qui se supprime. Cela étant,
B 349 toutes deux | sont des concepts vides. Au contraire, le *nihil privativum* (n° 2) et l'*ens imaginarium* (n° 3) sont des données vides pour des concepts. Si la lumière n'a pas été donnée aux sens, on ne peut se représenter non plus aucune obscurité, et, si des êtres étendus n'ont pas été perçus, on ne peut se représenter aucun espace. En l'absence d'un réel, la négation, tout comme la simple forme de l'intuition, ne sont pas des objets.

APPENDICE I

LOGIQUE [§ 1-8[1]]

La Logique, *publiée en 1800, réunit les notes utilisées par Kant pour un cours professé à l'Université de Königsberg de 1775 à 1797. Kant construisait ce cours autour du manuel de G.W.F. Meier,* Auszug aus der Vernunftlehre[2]. *C'est à son élève Jäsche qu'il a confié le soin de mettre en ordre ses notes et de les publier. Nous présentons ici, dans la traduction réalisée par Louis Guillermit aux éditions Vrin, des extraits qui apportent un éclairage précieux sur la notion de réflexion. On trouvera aussi ci-dessous (Appendice III), en guise de complément, quelques unes de ces notes manuscrites de Kant, présentées sous leur forme initiale dans le tome XVI de l'édition de l'Académie, et qui concernent le problème de la réflexion.*

DOCTRINE GÉNÉRALE DES ÉLÉMENTS
CHAPITRE 1 : DES CONCEPTS

§ 1. *Concept en général. Différence entre concept et intuition.*

Toutes les connaissances, c'est-à-dire toutes les représentations rapportées consciemment à un objet sont ou bien des *intuitions*, ou bien des *concepts*. – L'intuition est une représentation *singulière* (*repraesentatio singularis*), le concept est une représentation *générale* (*repraesentatio per notas communes*) ou *réfléchie* (*repraesentatio discursiva*).

La connaissance par concept s'appelle la *pensée* (*cognitio discursiva*).

1. AK IX, 90-96
2. Halle, 1752, repris dans AK XVI.

Remarques. 1) Le concept est opposé à l'intuition, car c'est une représentation générale ou une représentation de ce qui est commun à plusieurs objets, donc une représentation *en tant qu'elle peut être contenue en différents objets.*

2) C'est une simple tautologie de parler de concepts universels ou communs; c'est une faute qui repose sur une division incorrecte des concepts en *universels, particuliers,* et *singuliers.* Ce ne sont pas les concepts eux-mêmes, c'est seulement leur *usage* qui peut être ainsi divisé.

§ 2. *Matière et forme des concepts.*

En tout concept il faut distinguer *matière et forme.* – La matière des concepts est *l'objet*; leur forme, *l'universalité.*

§ 3. *Concept empirique et pur.*

Le concept est soit *empirique,* soit *pur* (*vel empiricus vel intellectualis*). – Un concept *pur* est celui qui n'est pas tiré de l'expérience, mais qui provient de l'entendement, *même dans son contenu.*

L'*Idée* est un concept de la raison, dont l'objet ne peut se rencontrer dans l'expérience.

[…]

§ 4. *Concepts donnés* (a priori *ou* a posteriori) *et concepts factices* <gemachte>.

Tous les concepts sont, *quant à la matière,* soit *donnés* (*conceptus dati*), soit *factices* (*conceptus factitii*) – Les premiers sont donnés soit *a priori,* soit *a posteriori.* Tous les concepts donnés empiriquement ou *a posteriori* s'appellent *concepts d'expérience*; s'ils sont donnés *a priori,* ils s'appellent *notions* <Notionen>.

Remarques. La forme d'un concept, comme représentation discursive, est toujours factice.

§ 5. *Origine logique des concepts.*

L'origine des concepts, quant à leur *simple forme,* se trouve dans la réflexion <Reflexion> et dans l'abstraction [qu'on fait] de la différence entre les choses désignées par une certaine représentation. Par suite, ici se pose la question suivante : *quelles opérations de l'entendement forment un concept* ou ce qui revient au même, *permettent la production du concept à partir de représentations données.*

Remarques : 1) La logique générale faisant abstraction de tout contenu de la connaissance par concepts, de toute matière de la pensée, elle ne peut examiner le concept qu'au point de vue de sa *forme,* c'est-à-dire uniquement au point de vue *subjectif*; elle n'examine pas comment un concept détermine un objet au moyen d'un caractère, mais uniquement comment il peut être rapporté à plusieurs objets. – La logique générale n'a donc pas à chercher les *sources* des concepts, *comment les concepts naissent comme représentations*, mais simplement *comment des représentations données deviennent des concepts dans la pensée*; au reste, ces concepts peuvent contenir quelque chose qui est tiré de l'expérience, ou encore quelque chose d'imaginé, ou d'emprunté à la nature de l'entendement. – Cette origine *logique* des concepts – origine quant à leur simple forme – consiste dans la réflexion qui fait naître une représentation commune à plusieurs objets (*conceptus communis*) comme la forme que requiert la faculté de juger – Donc on ne considère en logique que la simple *différence de la réflexion* dans les concepts.

2) L'origine des concepts au point de vue de leur *matière* – à ce point de vue un concept est soit *empirique*, soit *arbitraire*, soit *intellectuel* – est examinée en métaphysique.

§ 6. *Actes logiques de comparaison, de réflexion et d'abstraction.*

Les actes logiques de l'entendement qui produisent les concepts selon la forme sont :

1) la *comparaison* <Comparation> c'est-à-dire la confrontation <Vergleichung> des représentations entre elles en rapport avec l'unité de la conscience;

2) la *réflexion* <Reflexion>, c'est-à-dire la prise en considération <Überlegung> de la manière dont diverses représentations peuvent être saisies <begriffen> dans *une* conscience;

3) enfin l'*abstraction* <Abstraction> ou la séparation <Absonderung> de tout ce en quoi pour le reste les représentations données se distinguent.

Remarques. 1) Pour faire des concepts à partir de représentations, il faut donc *comparer*, *réfléchir* et *abstraire*, car ces trois opérations logiques de l'entendement sont les conditions générales et essentielles de production de tout concept en général. – Par exemple, je vois un pin, un saule et un tilleul. En comparant tout d'abord ces objets entre eux, je remarque qu'ils diffèrent les uns des autres au point de vue du tronc, des branches, des feuilles, etc. ...; mais si ensuite je réfléchis uniquement à ce qu'ils ont de commun entre eux, le tronc, les branches et les feuilles mêmes, et si je fais abstraction de leur taille, de leur configuration, etc. ..., j'obtiens un concept d'arbre.

2) On n'emploie pas toujours correctement en logique le terme : *abstraction*. Nous ne devons pas dire : abstraire *quelque chose* (*abstrahere*

aliquid), mais plutôt abstraire *de quelque chose* (*abstrahere ab aliquo*). Si par exemple dans un drap écarlate je pense uniquement la couleur rouge, je fais abstraction du drap; si je fais en outre abstraction de ce dernier en me mettant à penser l'écarlate comme une substance matérielle en général, je fais abstraction d'encore plus de déterminations, et mon concept est devenu par là encore plus abstrait. Car plus on écarte d'un concept de caractères distinctifs des choses, c'est-à-dire plus on en abstrait de déterminations, plus le concept est abstrait. C'est donc *abstrayants* (*conceptus abstrahentes*) qu'on devrait nommer les concepts abstraits, c'est-à-dire ceux dans lesquels davantage d'abstractions ont eu lieu. Ainsi par exemple le concept de corps n'est pas à proprement parler un concept abstrait; car du corps lui-même je ne puis faire abstraction puisque dans ce cas je n'en aurais pas le concept. Mais il faut bien que je fasse abstraction de la taille, de la couleur, de la dureté ou de la fluidité, bref de toutes les déterminations spéciales des corps particuliers – Le concept le plus abstrait est celui qui n'a rien de commun avec ceux qui diffèrent de lui. C'est le concept de *quelque chose* <Etwas>; car le concept qui s'en distingue est celui de *rien* <Nichts> et il n'a donc rien de commun avec le quelque chose.

3) L'abstraction n'est que la condition *négative* sous laquelle des représentations à valeur universelle peuvent être produites; la condition *positive* est la comparaison et la réflexion. Car l'abstraction *ne fait naître* aucun concept; – l'abstraction ne fait que l'achever et l'enfermer dans les limites déterminées qui sont les siennes.

§ 7. *Compréhension et extension des concepts.*

Tout concept, comme *concept partiel*, est contenu *dans* la représentation des choses; comme *principe de connaissance*, c'est-à-dire comme *caractère*, ces choses sont contenues *sous* lui. – Au premier point de vue, tout concept a une *compréhension*; au second une *extension*.

Compréhension et extension d'un concept sont entre elles en rapport inverse : plus un concept enferme de choses *sous* lui, moins il en a *en* lui et inversement.

Remarque. L'universalité ou la valeur universelle du concept repose non pas sur le fait que le concept est *concept partiel* mais sur le fait qu'il est un *principe de connaissance*.

§ 8. *Grandeur de l'extension des concepts.*

L'extension ou la sphère d'un concept est d'autant plus grande que davantage de choses peuvent se trouver sous lui et peuvent être pensées grâce à lui.

Remarque. De même qu'on dit d'un *principe* en général qu'il contient sous lui les *conséquences*, de même on peut également dire du concept, qu'en tant que *principe de connaissance* il contient sous lui toutes les choses dont il a été abstrait, par exemple le concept de métal renferme l'or, l'argent, le cuivre, etc… Car puisque tout concept en tant que représentation possédant une valeur de généralité contient ce qui est commun à plusieurs représentations de choses différentes, toutes ces choses, du fait qu'elles sont contenues sous lui, peuvent être représentées par lui. Et c'est même ce qui constitue l'*utilité <Brauchbarkeit>* d'un concept. Plus est considérable le nombre des choses qui peuvent être représentées par un concept, plus grande est la sphère de celui-ci. Ainsi par exemple le concept de *corps* a une extension plus grande que le concept de *métal*.

Traduction Louis GUILLERMIT

APPENDICE II

PREMIÈRE INTRODUCTION DE LA *CRITIQUE DE LA FACULTÉ DE JUGER* (SECTION V)

Écrite en 1789, cette « première introduction » a été abandonnée par Kant en raison de sa longueur excessive. Elle présente de manière plus approfondie que l'introduction finalement retenue le rôle de la « faculté de juger réfléchissante » dans l'achèvement d'un « système » qui doit articuler la philosophie de la nature et la philosophie morale. C'est dire l'ampleur que prend le problème de la « réflexion » dans la troisième Critique; *il s'y trouve associé aussi bien au jugement esthétique qu'au jugement téléologique sur la finalité des êtres naturels. Cet élargissement du rôle de la « réflexion » selon une visée systématique se fait cependant dans la continuité de la caractérisation qu'en proposait la* Critique de la raison pure, *comme le montre l'extrait présenté ci-dessous*[1], *où l'on reconnaîtra plusieurs des thèmes de l'Amphibologie : rapport de la réflexion à des « représentations données » dans l'« usage logique » de la faculté de juger, critique du principe des indiscernables, signification des concepts de matière et de forme. Nous reprenons ici aussi la traduction réalisée par Louis Guillermit aux Éditions Vrin*[2].

SECTION V
DE LA FACULTÉ DE JUGER RÉFLÉCHISSANTE

On peut considérer la faculté de juger soit simplement comme un pouvoir de réfléchir d'après un certain principe sur une représentation

1. On trouvera le texte allemand en AK XX, 211-216.
2. *Première introduction à la Critique de la faculté de juger*, Paris, Vrin, 1987.

donnée, pour rendre ainsi possible un concept, soit comme un pouvoir de déterminer au moyen d'une représentation empirique donnée un concept fondamental <zum Grunde liegenden>. Dans le premier cas la faculté de juger est *réfléchissante*, dans le second cas elle est *déterminante*. Or réfléchir <reflectiren> (überlegen), c'est comparer et tenir des représentations données conjointes soit avec d'autres, soit avec son pouvoir de connaître, en relation avec un concept rendu possible par ce moyen. La faculté de juger réfléchissante est celle qu'on nomme également le pouvoir d'appréciation <Beurtheilungsvermögen> (*facultas diiudicandi*).

L'acte de *réfléchir* (qu'on voit se manifester même chez les animaux, bien que sous une forme uniquement instinctive, c'est-à-dire non pas relativement à un concept qu'il permettrait d'acquérir, mais relativement à une inclination qu'il permettrait de déterminer) exige pour nous un principe tout aussi bien que l'acte de déterminer, dans lequel le concept d'objet qui le fonde prescrit la règle à la faculté de juger et par suite prend la place du principe.

Voici le principe de la réflexion sur les objets donnés de la nature : pour toutes les choses de la nature, on peut trouver des *concepts* empiriques déterminés*, ce qui veut dire au juste que dans tous ses produits on peut toujours supposer une forme qui est possible d'après les lois générales que

* Ce principe ne paraît pas au premier abord une proposition synthétique et transcendantale : il paraît plutôt être tautologique et relever uniquement de la logique. Car celle-ci nous enseigne comment on peut comparer une représentation avec d'autres et former un concept en extrayant ce qu'elle a de commun avec d'autres qui en diffèrent, au titre de caractère pour en faire un usage général. Mais pour chaque objet <Objekt> la nature en a-t-elle beaucoup d'autres à présenter qui possèdent, à titre d'objets <Gegenstände> de comparaison, maint point commun avec lui dans la forme, là-dessus la logique ne nous enseigne rien ; cette condition qui rend possible l'application de la logique à la nature est au contraire un principe qui permet à notre faculté de juger de se représenter la nature comme un système, dans lequel le multiple, divisé en genres et en espèces, se prête à une réduction de toutes les formes que présente la nature par voie de comparaison, à des concepts (de plus ou moins de généralité). Or il est vrai que l'entendement pur enseigne déjà (encore faut-il que ce soit également au moyen de principes synthétiques) à penser toutes les choses de la nature comme contenues dans un *système* transcendantal d'après des *concepts a priori* (les catégories) ; mais la faculté de juger (réfléchissante) qui cherche également des concepts pour des représentations empiriques en tant que telles, doit en outre admettre à cet effet que la nature dans sa multiplicité illimitée est parvenue à une division de ce même système en genres et en espèces, telle qu'elle permet à notre faculté de juger de trouver l'unisson dans la comparaison des formes de la nature et d'atteindre à des concepts empiriques et à leur organisation hiérarchique, en s'élevant à des concepts plus généraux également empiriques ; ce qui revient à dire que la faculté de juger suppose un système de la nature également d'après des lois empiriques et ce, *a priori*, par suite grâce à un principe transcendantal.

nous pouvons connaître. Car si nous ne pouvions pas faire cette supposition et si nous ne mettions pas ce principe au fondement du traitement auquel nous soumettons les représentations empiriques, c'est toujours à l'aventure et à l'aveuglette que nous nous mettrions à réfléchir, et par suite c'est sans fondement que nous nous attendrions à voir notre réflexion s'accorder à la nature.

En ce qui concerne les concepts généraux de la nature, parmi lesquels un concept d'expérience en général (sans détermination empirique particulière) est tout d'abord possible, la réflexion est déjà guidée par le concept d'une nature en général, c'est-à-dire par l'entendement, et la faculté de juger n'a besoin d'aucun principe particulier de réflexion; c'est elle qui schématise *a priori* et applique à chaque synthèse empirique ces schèmes sans lesquels aucun jugement d'expérience ne serait possible. En ce cas la faculté de juger est en même temps déterminante dans sa réflexion et le schématisme transcendantal de celle-ci lui sert en même temps de règle, sous laquelle sont subsumées des intuitions empiriques données.

Mais dans le cas des concepts qu'il faut tout d'abord trouver pour des intuitions empiriques données et qui supposent une loi naturelle particulière, seule à rendre possible l'expérience *particulière*, la faculté de juger a besoin elle aussi d'un principe transcendantal qui lui soit propre pour sa réflexion, et on ne peut la renvoyer à nouveau à des lois empiriques déjà connues, non plus que transformer la réflexion en une simple comparaison avec des formes empiriques pour lesquelles on a déjà des concepts. Car la question se pose : comment pourrait-on espérer, en comparant les perceptions, parvenir à des concepts empiriques de ce qui est commun à différentes formes de la nature, dans le cas où la nature (comme il est cependant possible de le penser) aurait mis dans ces formes, en raison de la diversité considérable de ses lois empiriques, une si grande hétérogénéité que toute comparaison (ou du moins sa majeure partie) serait vaine lorsqu'on chercherait à y introduire une harmonisation et une hiérarchisation des espèces et des genres ? Toute comparaison de représentations empiriques visant à connaître dans les choses de la nature des lois empiriques et des formes *spécifiques* qui suivent ces lois, tout en *s'accordant de façon générique* avec d'autres formes comme le fait ressortir la comparaison, suppose bien que, même relativement à ses lois empiriques, la nature a observé une certaine économie appropriée à notre faculté de juger et une uniformité qui nous est accessible; supposition qui, au titre de principe de la faculté de juger *a priori*, doit précéder toute comparaison.

Donc lorsqu'il s'agit de ramener des intuitions données à des concepts empiriques de choses naturelles déterminées, ce n'est pas selon la méthode du schématisme que procède la faculté de juger réfléchissante, mais de façon *technique*; elle ne procède pas pour ainsi dire de façon simplement mécanique, à la manière d'un instrument, sous la conduite de l'entendement et des sens, mais à la façon de l'*art* <künstlich>; elle se règle sur le principe universel, mais en même temps indéterminé, d'une disposition finale <zweckmässigen Anordnung> de la nature en système, pour ainsi dire au bénéfice de notre faculté de juger, dans l'appropriation de ses lois particulières (dont l'entendement ne dit rien) à la possibilité de l'expérience comme système; sans cette supposition nous ne pourrions espérer trouver notre chemin dans un labyrinthe de lois particulières possibles. Donc la faculté de juger se donne elle-même *a priori* la *technique de la nature* pour principe de sa réflexion, sans pourtant pouvoir la définir ni la déterminer davantage, ou sans avoir pour ce faire un fondement objectif de détermination des concepts universels de la nature (tiré de la connaissance des choses en elles-mêmes), uniquement pour pouvoir réfléchir selon ses propres lois subjectives selon son besoin, mais cependant en accord avec les lois de la nature en général.

Mais le principe de la faculté de juger réfléchissante qui permet de penser la nature comme système selon des lois empiriques est uniquement un principe *pour l'usage logique de la faculté de juger*; assurément son origine le désigne comme transcendantal, mais uniquement pour regarder *a priori* la nature comme se prêtant à la constitution d'un système logique de sa diversité sous des lois empiriques.

La forme logique d'un système consiste simplement dans la division des concepts universels donnés (en l'occurrence celui d'une nature en général est de ce genre) permettant de penser selon un certain principe le particulier (en l'occurrence, l'empirique), avec sa diversité, comme contenu sous l'universel. Or tel est le cas, lorsqu'on procède empiriquement et qu'on s'élève du particulier au général, d'une classification du divers : on y compare entre elles plusieurs classes, chacune se rangeant sous un concept déterminé, et quand elles sont complètes selon le caractère commun, on les subsume sous des classes plus élevées (genres) jusqu'à ce qu'on parvienne au concept qui renferme le principe de toute classification (et constitue le genre suprême). Si au contraire on part du concept général pour descendre au particulier au moyen d'une division complète, l'opération s'appelle : la *spécification* du divers sous un concept donné, puisqu'on procède du genre suprême aux genres inférieurs (sous-genres ou espèces) et des espèces aux sous-espèces. On s'exprimerait plus correctement si, au lieu de dire comme on le fait communément : il faut spécifier le particulier placé sous le général, on disait plutôt : on *spécifie le concept général*, puisque qu'on ramène le divers sous lui. Car le genre (considéré au point de vue logique) est pour ainsi dire la matière ou le substrat brut que la nature élabore en la déterminant davantage, en espèces et sous-espèces particulières; de sorte qu'on peut dire : la nature se spécifie elle-même d'après un certain principe (ou l'idée d'un système) par analogie avec l'emploi de ce terme chez les juristes, quand ils parlent de la spécification de certaines matières brutes*.

Or il est clair que la faculté de juger réfléchissante ne pourrait entreprendre conformément à sa nature de classifier la nature entière d'après ses diversités empiriques, à moins de supposer que la nature *spécifie* elle-même ses lois transcendantales d'après un principe quelconque. Or ce principe, ce ne peut être que celui de l'appropriation au pouvoir de la faculté de juger elle-même de trouver dans l'immense diversité des choses d'après les lois empiriques possibles une affinité suffisante entre elles pour qu'on puisse les ranger sous des concepts empiriques (classes), puis ces derniers sous des lois plus générales (genres supérieurs) et parvenir de cette façon à un système empirique de la nature. – Or de même qu'une classification de cette sorte n'est nullement une connaissance d'expérience d'ordre courant, mais bien de l'ordre de l'art, de même la nature est également considérée comme art dans la mesure où elle est pensée comme se spécifiant selon un principe de cette sorte, et la faculté de juger comporte donc nécessairement *a priori* un principe de la *technique* de la nature, qui se distingue de sa *nomothétique* d'après les lois transcendantales de l'entendement en ce que, tandis que cette dernière peut faire valoir son principe comme loi, c'est seulement comme supposition nécessaire que la première peut faire valoir le sien.

Voici donc le principe propre à la faculté de juger : *la nature spécifie ses lois générales en lois empiriques, conformément à la forme d'un système logique, pour l'usage de la faculté de juger.*

Or c'est ici que prend naissance le concept d'une *finalité* de la nature et ce, au titre de concept propre à la faculté de juger réfléchissante, et non à la raison, puisque la fin est mise non dans l'objet, mais uniquement dans le

* L'école aristotélicienne également appelait le *genre* : matière, et : forme la *différence spécifique*.

N.B. Linné aurait-il vraiment pu espérer concevoir le plan d'un système de la nature s'il avait du s'arrêter à ce que, lorsqu'il trouvait une pierre, qu'il appelait : granit, celle-ci pouvait être distinguée selon sa constitution interne de chaque autre pierre ayant pourtant tout à fait la même apparence, et si, par conséquent, il avait pu s'attendre à toujours rencontrer uniquement des choses singulières pour ainsi dire isolées dans l'entendement, et jamais une classe de ces choses qui puisse être rangée sous un concept de genre et un concept d'espèce ?

sujet, et ce, dans son simple pouvoir de réfléchir. Car nous qualifions une chose de finale <conforme à une fin : zweckmässig> quand son existence paraît supposer une représentation de cette même chose ; or les lois de la nature, qui se présentent dans leur constitution et leurs rapports mutuels comme si la faculté de juger en avait tracé le plan pour son besoin propre, offrent de la ressemblance avec la possibilité des choses qui supposent une représentation de ces choses à leur fondement. Donc son principe permet à la faculté de juger de penser une finalité de la nature dans la spécification de ses formes au moyen de lois empiriques.

Mais dans ces conditions, ce ne sont pas ces formes elles-mêmes qui sont pensées comme finales, c'est seulement leur rapport entre elles, et la convenance, dans leur grande diversité, à un système logique de concepts empiriques. – Or la nature ne nous montrerait-elle rien de plus que cette finalité logique que nous aurions en vérité déjà motif à être admiratifs, puisque les lois générales de l'entendement ne nous permettent de lui donner aucun fondement ; mais il n'y a guère qu'un philosophe transcendantal qui soit à même d'éprouver cette admiration ; encore ne pourrait-il lui-même citer aucun cas déterminé où cette finalité se démontre *in concreto* : c'est dans sa généralité seulement qu'il lui faudrait la penser.

Traduction Louis GUILLERMIT

APPENDICE III

HANDSCHRIFTLICHER NACHLASS ET *VORLESUNGEN* CHOIX DE TEXTES CONCERNANT LA « RÉFLEXION »

Pour le Handschriftlicher Nachlass, *nous reprenons les indications de datation (souvent approximative) proposées par Erich Adickes pour l'édition de l'Académie*[1]. *Nous insérons à la suite des extraits du tome XVI de l'Académie (consacré à la logique) un extrait de la* Logique Philippi *(cours daté de mai 1772) qui montre notamment l'importance de la référence à Locke dans l'élaboration par Kant de la problématique de la « réflexion ».*

TOME XV (ANTHROPOLOGIE)

409 [vers 1772-1778]

L'entendement est le pouvoir des concepts, des jugements, des règles (définition de l'entendement humain). Il est un pouvoir de connaissance supérieur (spontanéité, et non passivité). Différence avec la sensibilité. Il est un pouvoir de connaître les choses, non pas comme elles apparaissent, mais plutôt comme elles sont (définition simplement négative[*]). Soit ce pouvoir est dans l'intuition, soit il opère par la réflexion. Le premier concept est problématique, le second est assuré. Ceux qui tiennent le premier concept, dont l'impossibilité ne peut certes pas être démontrée, pour un concept de l'entendement humain effectif, en ont une représentation mystique (*philosophia mystica*). Notre entendement est le pouvoir de réfléchir, et

1. Pour plus de précisions, voir les explications de E. Adickes, « Einleitung in die Abtheilung des handschriftlichen Nachlasses », AK XIV, p. XVII-LXII.

les concepts purs (transcendantaux) de l'entendement sont de simples concepts de la réflexion abstraits. Les intuitions humaines ne sont pas intellectuelles. L'entendement *a priori* est la raison (dont les jugements ne dépendent pas d'une connaissance empirique). L'entendement comme pouvoir d'application *a posteriori* : la faculté de juger.

* (mais [définition] d'un entendement en général, pas simplement de l'entendement humain)

(On ne doit pas définir l'entendement comme le pouvoir des concepts distincts).

(La conscience appartient au pouvoir supérieur, mais non pas comme une condition nécessaire à l'entendement).

TOME XVI (LOGIQUE)

1697 [vers 1773-1778 ?]

La logique part des concepts et traite de leur usage. Leur origine dans l'intuition sensible ou dans l'entendement relève de la psychologie et de la philosophie transcendantale.

2519 [vers 1760-1770 ?]

Toute vérification requiert un jugement provisoire, qui consiste à supposer de quel côté se trouve la vérité. Aucune vérité immédiate n'exige de vérification, si ce n'est une vérification subjective, pour décider si elle naît de l'entendement ou de l'habitude : c'est la réflexion <Überlegung>. Le jugement provisoire ne rend pas superflue la vérification.

(préjugé de l'expérience.)

L'imitation, l'habitude, l'inclination (et la peur), la prédilection. [...]

Réfléchir <überlegen> signifie : comparer quelque chose avec les règles de l'entendement et de la raison. Une règle universelle, pour juger de quelque chose sans réflexion, s'appelle un préjugé.

2534 [vers 1776-1784 ?]

Le préjugé est la propension (le penchant) de l'entendement au jugement à partir de motifs subjectifs. Ceux-ci font que l'on juge sans réflexion.

2536 [vers 1776-1778]

[« Préjugé » :] Un jugement, qui devance la réflexion. La réflexion est la comparaison avec les règles de l'entendement.

2834 [vers 1760-1770 ?]

Un concept est une représentation réfléchie.
La matière de tous les concepts est l'objet.
La forme de tous les concepts est l'universalité.
Dans les concepts, il est fait abstraction de ce par quoi le divers se différencie.
La forme logique particulière est la clarté, la distinction.
Sensation subjective.
Intuition objective.
Concept objectif.
La forme est soit l'intuition soit la réflexion.

2854 [vers 1772-1778 ?]

L'action logique dans les concepts : premièrement la représentation d'une *nota* comme *nota communis* : *comparatio*. Deuxièmement, celle-ci, comme principe de connaissance d'une chose : *reflexio*. Troisièmement, l'abstraction de ce en quoi elle diffère des autres choses.

2865 [vers 1764-1775 ?]

Par l'abstraction aucun concept ne naît, mais plutôt par la réflexion : soit seulement la forme, lorsque le concept est donné, et il s'appelle alors concept réfléchi, soit le concept lui-même, et [il s'appelle alors concept] réfléchissant.

La comparaison et l'abstraction ne produisent aucun concept, mais seulement la forme logique.

2875 [vers 1776-1779 ?]

Pour chaque *conceptus communis* des comparaisons doivent certes être faites, sinon ce ne serait pas un *conceptus communis*; mais il ne peut pourtant pas, en premier lieu, être formé de ces représentations comparées.

2876 [vers 1776-1789?]

(attention : rapport à la conscience.)

Origine logique des concepts : 1. par comparaison : comment [les représentations] se rapportent les unes aux autres dans une conscience.

2. par réflexion (avec la même conscience) : comment différentes [représentations] peuvent être saisies dans une conscience.

(Peut-on ou pas avoir un concept comme *repraesentationem communem* sans comparaison avec d'autres choses ou encore avant cette comparaison?)

3. par abstraction on y met de côté ce en quoi elles se distinguent.

1. *apprehensio variorum* (saisie)

(comparaison avec l'objet en vue d'une connaissance)

2. *reflexio* : prise en considération du rapprochement en vue de l'unité du concept.

3. *abstractio* du reste. – La comparaison avec d'autres n'est pas toujours nécessaire, pour obtenir un concept général, mais plutôt la conscience de la possibilité de représenter de différentes manières.

2878 [vers 1776-1789?]

Réfléchir signifie : devenir peu à peu conscient des représentations, c'est-à-dire les rassembler avec une conscience. Comparer : les confronter les unes aux autres, c'est-à-dire les rassembler avec l'unité de la conscience.

Question : pourrions-nous ou pas, sans comparaison, dégager d'une intuition unique quelque chose, pour subordonner sous elle d'autres choses, si elles devaient se présenter? (Nous pouvons prendre conscience exclusivement de l'activité de l'imagination, c'est-à-dire de la liaison, soit des représentations entre elles, soit des représentations avec notre sensibilité, sans considérer ce qui est lié et ce qui lui est propre. Exemple : une maison. Mais le concept ne devient clair que par son application dans la comparaison.)

TOME XXIV (1) – LOGIQUE « PHILIPPI » (p. 467-468) (COURS DATÉ DE MAI 1772)

Locke sépare les jugements en :

1. *Judicia intuitiua empirica*, qui sont des jugements singuliers, dans la mesure où ils sont connus immédiatement.

2. *Judicia reflecta seu discursiva*, qui sont produits à partir d'un raisonnement.

Tous les jugements généraux sont réflexifs. Je ne fais pas véritablement l'expérience du général, mais plutôt du singulier.

S'agissant du jugement intuitif, l'intuition est soit 1. sensitive; c'est le sentiment provoqué par un objet singulier des sens. Ainsi, toutes les représentations d'expérience immédiates sont des intuitions. Au moyen de l'imagination, je peux aussi me représenter un objet par intuition sensitive. Tous le jugements immédiats ne sont pas intuitionnants; seuls le sont ceux dont la forme est sensitive. Par exemple, le soleil est rond.

2. L'intuition pure [est] la représentation selon des règles de la raison, par exemple la représentation de l'espace et du temps, des figures mathématiques, de l'étendue, etc. C'est la forme de l'impression sensible.

Les axiomes de la géométrie sont des jugements intuitifs, non pas cependant de l'expérience, mais de la raison. De même, la représentation générale des preuves est une intuition pure.

L'intuition fait défaut aux axiomes philosophiques : ils sont discursifs, car le philosophe dérive tout de propositions générales. Donc les jugements intuitifs sont soit des jugements de l'intuition empirique, soit des jugements de l'intuition pure.

Je ne peux me faire aucun concept intuitif du nombre, dans la mesure où je compte successivement dans le temps.

Les jugements empiriques généraux appellent toujours encore une preuve.

Les jugements empiriques ne sont jamais négatifs. Que la lune n'ait pas de lumière propre n'est pas une proposition d'expérience immédiate. Par conséquent, tous les jugements d'expérience négatifs sont des jugements médiats et trouvent leur origine dans la réflexion.

TOME XVIII (MÉTAPHYSIQUE)

5051 [vers 1776-1778]

Tous les concepts en général, d'où qu'ils puissent tirer leur matière, sont des représentations réfléchies, c'est-à-dire des représentations portées au rapport logique de ce qui vaut pour plusieurs. Cependant, il y a des concepts dont tout le sens n'est rien d'autre que telle ou telle réflexion, à laquelle des représentations qui surviennent peuvent être soumises. Ils peuvent être appelés concepts de la réflexion (*conceptus reflectentes*) et, puisque toute espèce de réflexion se produit dans le jugement, ils saisiront absolument en eux-mêmes la simple action de l'entendement, qui dans le jugement est appliquée au rapport, comme fondements de la possibilité de juger.

5059 [vers 1776-1778]

Les subreptions de la faculté de juger. 1. Que nous connaissons tout seulement à travers des prédicats. Et ainsi nous disposons de prédicats, avec un sujet indéterminé. Que nous considérons comme le premier sujet ce qui est toujours la condition du reste des prédicats. 2. Que nous tenons les conditions de la différenciation pour des différences nécessaires des choses. 3. Que nous prédiquons d'un sujet, qui est pensé intérieurement (être pensant), les conditions de la présence extérieure, et que nous prédiquons d'un sujet extérieur, par exemple le corps, les conditions de la présence intérieure. Représentation <Vorstellung>.

5552 [vers 1778-1781]

Les concepts de la réflexion (leur amphibologie)
(ils mènent aux paralogismes)

Le *paralogisme* est un raisonnement de la raison, qui est faux selon la forme, bien qu'il soit juste selon la matière (les prémisses). – Il se produit quand le concept intermédiaire est pris dans les deux prémisses dans des significations différentes – plus précisément, quand le rapport *logique* (dans la pensée) dans l'une des prémisses est pris dans l'autre prémisse pour un rapport réel (des objets de l'intuition) :

1. Identité et différence. 2. Accord et opposition. 3. L'intérieur et l'extérieur. 4. Le déterminable (matière) et la détermination (forme)

Un rapport différent à la faculté de connaître : à la sensibilité ou à l'entendement pour la différence des choses et l'identité, pour l'une comme pour l'autre, ce sont [Texte interrompu]

1. Des choses identiques selon la qualité et la quantité ne sont pas des choses différentes (multiples), mais plutôt une seule et même chose.

Pour l'entendement, assurément, deux gouttes d'eau, un œuf et un autre œuf sont les mêmes, mais pas dans l'intuition dans l'espace, comme phénomènes.

2. Ce qui ne se contredit pas logiquement, ne se contredit pas non plus dans l'espace et le temps (réellement), a – a.

3. Les choses extérieures (substances) doivent avoir des déterminations internes, mais les déterminations de la matière consistent en de simples relations extérieures; dès lors, je ne peux pas conclure aux monades, douées de représentations, pour la raison qu'elles constitueraient l'unique intériorité.

4. La matière (les éléments constitutifs d'une chose) précède la forme – et pourtant, dans l'intuition, la forme, qui est donnée seule pour elle-même, précède la matière.

Quelque chose et Rien

1.

Concept sans objet;
celui-là est rien. *ens rationis*
chose de pensée

2.	3.
Objet vide d'un concept.	Intuition vide sans objet.
nihil privativum. Ombre.	*ens imaginarium*. Espace.

4.

Objet vide sans concept.
nihil negativum

n° 1 et n° 2
La chose de pensée distinguée de la non-chose
axiome, anticipation, analogie, postulat

Les propositions synthétiques *a priori* sont les principes d'une expérience possible, et donc elles ne concernent que les objets des sens. Conclusion/fin <Schluss> de l'ontologie

L'entendement prescrit la loi à la nature; mais il se limite à la loi de la forme des phénomènes, qui fonde la possibilité de l'expérience en général. En effet, la nature, comme objet de la connaissance empirique, doit se soumettre à cette forme, sans quoi elle ne serait pas pour nous une nature, dans la mesure où il serait impossible de trouver en elle une cohérence, conforme à notre faculté de d'amener la diversité des phénomènes à une conscience unifiée, et où elle serait par conséquent inconnaissable.

(intuition empirique et concepts constituent l'expérience)

Nous pouvons avoir une connaissance synthétique des objets de l'expérience *a priori*, à savoir, dès lors qu'ils contiennent des principes de la possibilité de l'expérience en général.

Page 2 :

1. Que la possibilité du jugement synthétique *a priori* dépend simplement de l'idéalité de l'espace et du temps. (Que, si nous devions connaître les choses telles qu'en elles-mêmes, nous les percevrions, mais nous ne les connaîtrions pas comme telles *a priori* avec nécessité.) (parce que ce n'est qu'en tant que notre pouvoir d'intuition a cette forme, que nous pouvons savoir *a priori*, comment les objets vont être intuitionnés par nous – ces formes sont ce que notre pouvoir de représentation a de simplement subjectif – et ce pouvoir est objectif au regard des choses comme phénomènes.)

3.

Que nous devons soumettre un schème à tous nos concepts purs de l'entendement, une manière de rassembler le divers dans l'espace et le temps. – Que ce schème est simplement dans la représentation sensible du sujet, et donc 1. Nous ne connaissons que des objets des sens, et par conséquent nous ne parvenons pas jusqu'à des objets suprasensibles. (la géométrie). 2. Les concepts peuvent cependant être étendus à tous les objets de la pensée. Mais ils ne procurent aucun élargissement de la connaissance théorique. Du point de vue pratique, cependant, où la liberté est la condition de son usage, il peut bien se trouver des connaissances pratiquement dogmatiques – Dieu, la liberté, et l'immortalité (nature spirituelle).

Mais dans la nature, c'est-à-dire dans l'espace et le temps, rien d'inconditionné ne peut se rencontrer, et pourtant la raison réclame ce même inconditionné comme totalité des conditions, parce qu'elle veut produire l'objet elle-même. – Dès lors, dans la cosmologie, où la nature est considéré comme le tout constitué par tous les objets, il se rencontre une antinomie ; – dans la théologie, où nous avons à considérer un objet simplement d'un point de vue pratiquement dogmatique, le rapport de l'objet suprasensible et se trouvant au-delà de la nature avec les choses du monde ne peut être connu que selon l'analogie avec une intelligence de la nature, et encore n'est-il pensé que d'un point de vue moral vis-à-vis des hommes.

L'intellectuel (l'intelligible) (*noumenon*) est donc contenu triplement dans l'inconditionné, et l'on peut avoir une connaissance de la liberté et de ses lois, et par là, prouver la réalité objective de l'humanité comme *noumenon* dans le mécanisme de celle-ci comme *phaenomenon*. – Dieu comme substance nécessaire inconditionnée. La liberté comme causalité inconditionnée et l'immortalité comme personnalité (esprit) indépendante du *commercio* avec le corps (comme condition).

Les catégories appliquées à l'intelligible peuvent bien fonder des connaissances pratiquement dogmatiques, dès lors qu'elles se règlent en effet sur la liberté, et ne déterminent le sujet de celle-ci que de ce point de vue; car alors nous ne connaissons Dieu que selon l'analogie de la subsistance d'une chose dans tout le changement des accidents dans le temps (durée), la liberté selon l'analogie de la causalité dans la liaison de la force avec l'effet dans la succession, l'immortalité selon l'analogie de la liaison d'un multiplicité dans le temps, et ainsi la simultanéité de [Texte interrompu].

5554 [vers 1779-1781]

Les concepts réfléchissants peuvent être pris dans un sens simplement logique, et donc analytique, ou dans un sens transcendantal, et donc synthétique. L'identité et la différence, déterminé intellectuellement, c'est analytique, mais déterminé sensiblement, c'est synthétique, et la différence de lieu fait la différence numérique, quelle que soit l'identité des choses telles qu'en elles-mêmes. L'accord et l'opposition, cela repose logiquement sur le principe de contradiction; dans l'usage empirique: deux réalités, qui mises ensemble donnent une réalité ou une négation. L'intérieur et l'extérieur, pris logiquement, c'est ce qui est un prédicat de la chose elle-même ou d'une autre chose; empiriquement: ce qui est en un autre lieu de l'espace. Le déterminable et le déterminé : le substantiel et la substance.

On obtient à partir de là le plus célèbre des principes de la subreption : *principium indiscernibilium.*

Nos trois facultés supérieures conduisent à l'unité, à la vérité et à la perfection, par l'entendement, la faculté de juger, et la raison. Cette dernière, au sens transcendantal, produit toutes sortes de confusions.

On peut considérer l'ensemble de la monadologie comme le système… de Leibniz tiré des concepts de la réflexion. L'intérieur et l'extérieur, pris intellectuellement, donnent la monade, parce que le *compositum* est un *totum relationum*, et la monade est représentative, parce que les représentations sont intérieures, tandis que le lieu et l'étendue sont extérieurs. L'espace n'est rien d'autre que le phénomène de l'extériorité. Cela étant, que représentent les monades, dès lors qu'elles se représentent simplement les unes les autres, donc chacune les représentations des autres? (On ne peut pas non plus, avec Maupertuis, dériver l'extériorité du mouvement de l'intérieur). Leibniz. *Harmonia praestabilita.* Parce que les monades ne peuvent être *in commercio* en vertu de leur coexistence dans l'espace.

Quoi qu'il en soit, le noumène signifie (proprement) une seule chose, à savoir l'objet transcendantal de l'intuition sensible (il ne s'agit pas d'un objet réel ou d'une chose donnée, mais plutôt d'un concept, en relation avec lequel les phénomènes ont une unité), car il faut bien que quelque chose corresponde à celle-ci, bien que de ce quelque chose nous ne connaissions jamais rien d'autre que le phénomène. Mais nous ne pouvons pas dire, que les catégories (pures) ont des objets; plutôt, elles déterminent simplement l'objet transcendantal en relation avec notre sensibilité à travers la synthèse du divers de l'intuition. Ainsi, aucun noumène ne leur correspond.

L'objet transcendantal, celui qui correspond aux phénomènes, (ou encore tout autre objet) ne peut s'appeler que noumène, pour autant qu'il peut être représenté à l'aide des concepts de l'entendement. Mais cela est impossible à l'aide des catégories, dans la mesure où les conditions de l'intuition font défaut, et donc nous n'avons aucun concept des noumènes.

Nous pouvons avoir besoin de ces concepts dans une analogie avec les concepts sensibles; cependant, dans la mesure où ils n'ont de validité objective qu'en relation avec l'unité synthétique de l'aperception dans le temps, ils ne se rapportent par eux-mêmes vraiment à aucun objet, et dans leur détermination sensible ils ne se rapportent qu'à des phénomènes.

COMMENTAIRE

LA RÉFLEXION DANS LA *CRITIQUE DE LA RAISON PURE*

Dans notre présentation, nous avons vu quel statut paradoxal Kant a donné à l'appendice sur l'Amphibologie des concepts de la réflexion dans la *Critique de la raison pure*, et plus généralement, la difficulté qu'il pouvait y avoir à comprendre le rôle que joue la notion de « réflexion » dans cette œuvre. Nous nous proposons ici d'examiner de plus près ce problème. Ce faisant, il ne s'agira pas pour nous de faire de l'Amphibologie le centre d'une nouvelle interprétation systématique de la philosophie critique : bien au contraire, nous voudrions notamment comprendre pourquoi elle n'est *qu'un appendice*, pourquoi Kant l'a ainsi mise en quelque sorte au second plan de son propos.

Comme nous l'avons dit, on aurait précisément pu s'attendre à ce que la « réflexion » occupe une place plus centrale dans la *Critique*. C'est l'un des intérêts de la comparaison avec le texte (plus tardif) de la *Logique*, où cette notion apparaît explicitement comme une caractérisation fondamentale de l'entendement, compris comme faculté des concepts : « Toutes les connaissances sont ou bien des intuitions ou bien des concepts. – L'intuition est une représentation singulière [...], le concept est une représentation générale [...] ou *réfléchie* (*repraesentatio discursiva*) » [1]. La *Logique* associe étroitement cette réflexivité du concept à sa fonction d'unification du divers : « la réflexion, c'est-à-dire la prise en considération de la manière dont diverses représentations peuvent être saisies dans une conscience » [2]. Mais c'est aussi par opposition à l'intuition sensible, et à son immédiateté, que la

1. *Logique*, AK IX, 91, trad. fr. L. Guillermit, Paris, Vrin, 1966, p. 99. Nous soulignons.
2. *Ibid.*, AK IX, 95, trad. p. 103.

pensée est ainsi caractérisée, dans la mesure où elle ne représente jamais immédiatement l'objet, mais toujours déjà une autre représentation. À quoi correspondrait ce passage de la *Critique* : « puisqu'aucune représentation ne se rapporte immédiatement à l'objet, si ce n'est l'intuition, *un concept n'est jamais rapporté immédiatement à un objet, mais toujours à une autre représentation de celui-ci* (qu'elle soit intuition ou elle-même déjà concept) » (B 93, nous soulignons). La notion de réflexion semble donc condenser les caractéristiques fondamentales de la pensée. Comment expliquer alors que Kant ne l'ait thématisée que de manière en quelque sorte latérale, dans le simple « appendice » sur l'Amphibologie ? Comment expliquer l'hésitation qu'elle semble susciter ?

SUR UNE APPARENTE HÉSITATION DE KANT

Dans l'*Interprétation phénoménologique de la Critique de la raison pure*, Heidegger insiste beaucoup sur ce problème. En effet, selon lui, la caractérisation par Kant de la pensée comme « réflexion » est à double tranchant. D'un côté, elle va dans le sens de ce qui constitue la radicalité du propos kantien, à savoir, la subordination de la pensée à l'intuition sensible, telle qu'elle est affirmée au début de l'Esthétique transcendantale : « de quelque manière et par quelques moyens qu'une connaissance puisse se rapporter à des objets, la manière dont elle se rapporte immédiatement à eux *et à laquelle tend toute pensée comme moyen* est l'*intuition* » (B 33, nous soulignons). La subordination de la pensée à l'intuition apparaît comme un aspect fondamental de ce que Heidegger appelle le « problème de la transcendance » – par quoi il entend la « détermination originaire d'essence de la constitution d'être du *Dasein* »[1]. Que l'être du *Dasein* soit déterminé comme « transcendance » signifie en effet que le *Dasein* « n'est pas un sujet isolé, mais un étant qui est essentiellement hors de soi. Et c'est seulement parce qu'il est essentiellement hors de soi qu'il peut revenir vers soi et, d'une certaine manière, séjourner auprès de et en soi »[2]. Voilà ce que Heidegger reconnaît chez Kant : la médiateté de la pensée comme

1. *Interprétation phénoménologique de la* Critique de la raison pure, trad. fr. E. Martineau, Paris, Gallimard, 1982, p. 281 (noté dorénavant : *Interprétation*). Sur la première phrase de l'Esthétique, voir p. 95. Voir aussi *Kant et le problème de la métaphysique*, trad. fr. A. de Waelhens et W. Biemel, Paris, Gallimard, 1953, § 4, p. 83.

2. *Interprétation*, p. 281.

« réflexion », comme *représentation de représentation*, la subordonne à l'intuition sensible, qui seule représente *immédiatement* l'objet.

D'un autre côté, cependant, Heidegger laisse entendre que la notion de « réflexion » contribue aussi bien à faire manquer à Kant cette transcendance, parce qu'elle marque trop, justement, une certaine indépendance de la pensée par rapport à l'objectivité. Elle véhiculerait en effet l'illusion d'une pensée pouvant entretenir un rapport purement logique avec elle-même et rencontrant seulement « après coup » des objets. Ainsi Heidegger écrit-il, à propos de la caractérisation du concept comme « représentation réfléchie » :

> Ce qui reste remarquable c'est que Kant munisse du titre de « réflexion » l'acte fondamental de la formation du concept [...]; en effet « réflexion » signifie littéralement le fait de ré-fléchir, de re-plier. Or sur quoi le représenter réfléchissant re-plie-t-il ? Manifestement sur le comportement représentant lui-même. La réflexion « n'a pas affaire aux objets eux-mêmes, pour en acquérir directement un concept » [*Critique de la raison pure*, B 316]. D'orienté tout droit sur les objets, il n'y a que l'intuitionner. Mais quoique la pensée soit différente de l'intuition, il reste problématique de savoir si l'on peut l'appeler « réflexion » en ce sens que le penser conceptuel se replierait sur le comportement représentatif en tant que comportement [1].

Même si, en première analyse, c'est la discursivité, donc la subordination de la pensée à l'intuition (comme représentation immédiate de l'objet) que le terme de « réflexion » semble suggérer, il signifierait en même temps une certaine indépendance de la pensée, il accentuerait trop la différence entre pensée et intuition, en véhiculant l'illusion d'une pensée qui pourrait se prendre elle-même pour thème, sans référence à la sensibilité, précisément.

Heidegger a certainement raison lorsqu'il suggère ainsi que la « réflexion », par l'ambiguïté qu'elle véhicule, nous conduit au cœur du problème fondamental du rapport entre les deux sources de la connaissance. C'est qu'à travers elle se pose en effet la question de l'indépendance de l'entendement comme *source* de représentations – source au statut tout à fait problématique, puisqu'elle dépend toujours en dernière analyse de la sensibilité pour rapporter ces représentations à des objets. C'est bien ce problème qui guide l'Amphibologie – qui est censée apporter « un éclairage non négligeable pour la détermination du véritable rôle de l'entendement » (B 319). Kant commence effectivement par y définir la réflexion

1. *Interprétation*, p. 216.

comme une opération par laquelle l'« esprit » se rapporte à lui-même, plutôt qu'aux objets. C'est le passage que cite Heidegger :

> La *réflexion* (*reflexio*) n'a pas affaire aux objets eux-mêmes, pour en obtenir directement des concepts, mais est plutôt l'état de l'esprit, dans lequel nous nous disposons tout d'abord à mettre au jour les conditions subjectives sous lesquelles nous pouvons parvenir à des concepts. (B 316)

Cette première définition, très générale, entretient déjà une certaine indécision. On peut remarquer que la réflexion *n'y apparaît pas comme un acte de l'entendement*, mais simplement comme un « état de l'esprit ». Or l'esprit désigne pour Kant une réalité plus large que l'entendement. Il désigne « l'ensemble de toutes les représentations qui prennent place en l'homme » [1] – et donc en particulier les représentations *sensibles*. C'est à lui que se réfère l'Esthétique transcendantale, en définissant la sensation comme la manière dont un objet « affecte l'esprit », ou encore, en précisant que l'espace est une forme de la sensibilité qui se trouve « *a priori* toute prête dans l'esprit » (B 34). C'est bien à cela que fait ici référence la définition initiale de la « réflexion » : les « conditions subjectives » de formation des concepts qu'elle vise à « mettre au jour » peuvent être aussi bien des conditions sensibles que des conditions intellectuelles. Dès le départ, donc, la réflexion ne caractérise pas tant une *pensée* tournée vers elle-même que le rapport problématique, dans l'esprit, entre la pensée et l'intuition sensible. On ne s'étonnera pas, alors, que Kant en vienne très vite à distinguer *deux sortes de réflexion*. Tout d'abord, ce qu'il appelle la « réflexion logique » :

> Quand nous réfléchissons simplement de manière logique, nous comparons uniquement nos concepts entre eux dans l'entendement, pour savoir si deux d'entre eux contiennent la même chose, s'ils se contredisent ou non, si quelque chose est contenu à l'intérieur du concept ou bien si cela s'ajoute à lui, et pour savoir, de deux concepts, lequel est donné, lequel au contraire ne doit valoir que comme une manière de penser le concept donné. (B 335)

Il s'agit donc d'une réflexion qui s'opère « dans l'entendement », uniquement sur des concepts, et qui n'engage pas l'intuition sensible. En d'autres termes, la réflexion est bien dans ce cas une pensée « repliée » sur elle-même, sans rapport immédiat à l'objet. Elle relève de la logique formelle, qui fait abstraction de l'objet, pour s'intéresser uniquement au rapport qu'entretiennent des concepts dans la pensée. Mais précisément,

1. AK VII, 399 (Manuscrits complémentaires de l'*Anthropologie*).

Kant distingue ensuite de cette réflexion logique une autre sorte de « réflexion », qu'il appelle « transcendantale » :

> L'action par laquelle je rapproche la comparaison des représentations en général de la faculté de connaître dans laquelle elle a lieu, et par laquelle je distingue si c'est comme relevant de l'entendement pur ou de l'intuition sensible qu'elles sont comparées les unes aux autres, est ce que j'appelle la *réflexion transcendantale*. [...] quand il ne s'agit pas de la forme logique mais plutôt du contenu des concepts, autrement dit quand il s'agit de savoir si les choses elles-mêmes sont identiques ou différentes, en accord ou en opposition, etc., les choses peuvent avoir un double rapport à notre faculté de connaître – à l'entendement et à la sensibilité –, et de cette place qu'elles occupent dépend cependant la manière dont elles se rapportent les unes aux autres; or pour cette raison, seule la réflexion transcendantale, c'est-à-dire la mise en rapport de représentations données avec l'un ou l'autre de ces modes de connaissance, pourra déterminer le rapport qu'elles entretiennent entre elles. (B 317-318)

La réflexion transcendantale, contrairement à la réflexion « logique », n'a pas affaire seulement à l'entendement et à des concepts, *mais aussi à l'intuition sensible*. En outre, elle ne concerne pas que la « forme logique », mais le « contenu des concepts »; ce qui signifie bien, comme le précise Kant quelques lignes plus loin, qu'elle « porte sur les objets eux-mêmes ». Précision tout de même surprenante, dans la mesure où il vient de dire de la réflexion en général qu'elle « n'a pas affaire aux objets eux-mêmes »... Le lecteur de l'Amphibologie peut légitimement se sentir un peu perdu dans un empilement de définitions apparemment contradictoires.

Nous allons tenter de démêler progressivement cet écheveau. Remarquons simplement pour l'instant que la complication qu'amène ainsi avec elle, si rapidement, la notion de réflexion, n'est pas si étonnante. En tout état de cause, il ne saurait y avoir pour Kant de *pensée pure* entièrement tournée vers elle-même : l'entendement reste toujours dépendant en fin de compte de l'intuition sensible, et des objets, pour donner à la pensée quelque contenu. La distinction entre réflexion logique et réflexion transcendantale semble bien correspondre à ce problème : car si l'entendement se contente de la seule réflexion logique, il se prive pour Kant de toute relation à des objets, et donc de tout contenu.

Tel est aussi le sens de la déconstruction critique de la philosophie de Leibniz opérée dans l'Amphibologie. C'est à la faveur d'une réflexion exclusivement logique que Leibniz, selon Kant, aurait abusivement autonomisé la pensée, et négligé l'originarité propre de la sensibilité. Ainsi, « le célèbre Leibniz, trompé par l'amphibologie des concepts de la réflexion, érigea un système intellectuel du monde, ou bien plutôt crut connaître la constitution intérieure des choses, en comparant tous les objets seulement avec l'entendement et les concepts formels abstraits de sa pensée » (B 326). C'est à cela que Kant oppose la nécessité de la *réflexion transcendantale*, qui rapporte toujours les représentations, avant tout jugement objectif, aux conditions originaires de leur donation par la sensibilité, aussi bien qu'aux conditions par lesquelles elles sont pensées dans l'entendement.

Tout le problème, cependant, est que Kant, dans l'Amphibologie, ne donne guère les moyens de comprendre comment *s'articulent* ces différents sens de la réflexion. Et le point de vue qu'adopte la réflexion transcendantale pour arbitrer entre la sensibilité et l'entendement reste pour le moins obscur. En effet, Kant semble simplement montrer que chacun des « concepts de la réflexion » qu'il passe en revue – identité/différence, accord/opposition, intérieur/extérieur, matière/forme – se prête à une *double interprétation* : par exemple, l'« intérieur » peut être compris d'un côté en un sens intellectuel (ce qui est pensé « dans » un concept), mais d'un autre côté il peut *aussi* être compris de manière sensible (ce qui se situe « dans » un espace) ; de même, la « forme » peut être aussi bien la forme logique du jugement que la forme d'un corps dans l'espace. À aucun moment, le rapport entre ces deux interprétations n'est véritablement expliqué : Kant ne semble pas vouloir surmonter cette équivocité, et oppose simplement – et factuellement – à Leibniz, qui dans chaque cas n'a retenu que la signification logique des concepts de la réflexion, leur autre signification, qui est sensible. L'Amphibologie semble donc simplement s'arrêter sur une pure et simple *équivocité* de la réflexion.

On peut mieux comprendre alors ce qui a retenu l'attention de Heidegger dans ce chapitre. Cette équivocité serait le signe d'une *hésitation* que Heidegger associe évidemment à ce qui est pour lui l'insuffisance la plus remarquable de la *Critique* : la doctrine selon laquelle entendement et sensibilité constituent « deux souches de la connaissance humaine », qui ne peuvent être « ramenées à aucune racine commune connue de nous » (B 29). Heidegger, on le sait, conteste cette doctrine, jusqu'à affirmer qu'une telle racine commune – l'imagination transcendantale – peut être dégagée dans le texte de Kant lui-même, bien que ce dernier ait refusé de la considérer comme telle. On comprend alors que soit particulièrement significative, dans une telle optique, la caractérisation de la pensée comme « réflexion », dans la mesure où Kant cherche précisément par là à articuler la dépendance de la pensée vis-à-vis de l'intuition sensible, et son caractère de « source » de la connaissance – mais précisément, en *hésitant* du même coup entre différents sens de la réflexion, sans parvenir apparemment à les unifier.

Heidegger souligne que cette hésitation peut également se comprendre d'un point de vue historique, dans la mesure où elle ferait fond, de manière plus ou moins assumée, sur la diversité des usages de la « réflexion » dans les différentes traditions de pensée qui irriguent la problématique critique :

> Dès lors, que Kant n'en nomme pas moins la pensée « réflexion », cela ne peut se laisser comprendre qu'historiquement. Ici se manifeste, d'un côté, l'influence de l'empirisme anglais, de l'autre côté et surtout le principe cartésien de la philosophie des temps modernes : tout Je pense est un *cogito me cogitare*, un comportement conscient de soi-même [1].

On peut effectivement trouver quelque chose de tel dans l'Amphibologie : le passage célèbre où Kant double sa critique de Leibniz d'une critique symétrique de Locke. Chacun des deux auteurs aurait privilégié l'une des deux sources seulement, et manqué par conséquent une juste compréhension des conditions de la connaissance objective :

> En un mot, Leibniz *intellectualisait* les phénomènes, tout comme Locke, par son système de *noogonie* (s'il m'est permis d'employer cette expression) avait *sensualisé* en bloc les concepts de l'entendement, c'est-à-dire les avait fait passer pour de simples concepts de la réflexion empiriques ou abstraits. Au lieu de chercher dans l'entendement ou dans la sensibilité deux sources entièrement différentes de représentations, qui pourtant ne pourraient juger objectivement des choses *qu'en liaison*, chacun de ces grands hommes s'en tenait à l'une des deux seulement, qui selon lui se rapportait immédiatement aux choses telles qu'en elles-mêmes, tandis que l'autre ne faisait rien sinon confondre ou mettre en ordre les représentations de la première. (B 327)

Ce sont bien deux conceptions différentes de la « réflexion » que Kant oppose dans ce passage. Locke définit la « réflexion » dans l'*Essai sur l'entendement humain* comme la source des idées que l'esprit a de lui-même, par opposition aux idées de la sensation [2]. Mais la critique formulée dans l'Amphibologie signifie manifestement que Locke, selon Kant, n'est pas allé assez loin dans sa caractérisation de la réflexion comme source, en la considérant simplement comme une *réflexion empirique*, qui met au jour

1. *Interprétation*, p. 216.

2. *Essai sur l'entendement humain*, livre II, chap. 1, § 2. Nous noterons dorénavant II. 1.2, et nous indiquerons la référence entre parenthèses dans le corps du texte. Nous traduisons les textes de l'*Essai* que nous citons, à partir de l'édition réalisée par P.H. Nidditch, *An Essay Concerning Human Understanding*, New York, Oxford UP, 1975.

les concepts de l'entendement simplement en tant qu'ils apparaissent dans l'expérience – en les considérant comme des « concepts de la réflexion empiriques ou abstraits ». Locke aurait ainsi manqué la radicalité du questionnement sur l'*a priori*. Comme nous le verrons, ce reproche apparaît à plusieurs reprises dans la *Critique*; notamment, lorsque Kant s'engage dans la « déduction transcendantale », il reproche à Locke d'avoir considéré les concepts de l'entendement comme des « concepts acquis par expérience et par réflexion sur celle-ci » (B 117). Bref, Locke n'aurait pas pris la mesure de l'originarité de la pensée comme source, pour ne considérer la réflexion que comme une réflexion *à partir de l'expérience*. C'est ainsi que les concepts de l'entendement auraient été, chez lui, « sensualisés ».

À l'inverse, Leibniz peut effectivement apparaître, selon la formule de Heidegger, comme l'un des plus importants promoteurs du « principe cartésien des temps modernes : tout je pense est un *cogito me cogitare* ». En effet, pour Leibniz comme pour Descartes, il est essentiel à la pensée d'être réflexive, de pouvoir se prendre elle-même pour objet. Et Leibniz, dans les *Nouveaux Essais sur l'entendement humain*, a ainsi pu reprocher à Locke, précisément, d'avoir sous-estimé la réflexion comme *source* d'idées intellectuelles tout à fait indépendantes de l'expérience[1].

Cependant, là encore, si Kant critique dans l'Amphibologie aussi bien la réflexion « empirique » de Locke que la réflexion logique de Leibniz, il ne montre pas vraiment comment la « réflexion transcendantale » s'articule à l'une et à l'autre, et quel est le point de vue supérieur qu'elle adopte. Dès lors, Heidegger semble bien fondé à suggérer que cette double référence historique est un élément particulièrement révélateur d'une indécision de Kant sur la « réflexion », liée à l'insuffisance de la doctrine des deux « souches ». Selon Heidegger, en effet, Kant *ne savait pas comment comprendre le rapport de la pensée à l'intuition sensible sans perdre par là-même la radicalité du questionnement transcendantal sur l'origine* : il disposait d'un côté de la réflexion *empirique* de Locke, qui réunit l'entendement et la sensibilité mais perd la dimension d'origine, en faisant des concepts de l'entendement des concepts simplement dérivés de l'expérience; et d'un autre côté, de la réflexion *logique* de Leibniz, qui est pure, mais qui autonomise abusivement la pensée. Aussi Heidegger peut-il

1. *Nouveaux Essais sur l'entendement humain* (dorénavant : *Nouveaux Essais*). Nous suivons le texte édité par A. Robinet et H. Schepers, dans *Sämtliche Schriften und Briefe, herausgegeben von der preussischen Akademie der Wissenschaften*, Berlin, Akademie-Verlag, 1923-…, vol. VI.6, p. 51 (dorénavant noté A). Nous reviendrons plus loin sur ce texte.

affirmer, en commentant la critique que Kant adresse à la « déduction empirique » de Locke :

> [Kant] voyait bien que l'élucidation de l'intuition pure, de la pensée pure et de l'imagination pure, que tout cela n'était point – ne pouvait et ne devait point être – de la psychologie [entendre : comme chez Locke], il voyait également que l'élucidation de ces pouvoirs, donc le mode d'étude de l'esprit et de l'homme, *n'était pas empirique* ; mais à l'opposé de l'empirique, il ne connaissait que le *rationnel* ; et comme ce qui est rationnel, c'est le *logique*, l'élucidation du sujet, de l'esprit, des pouvoirs et des sources fondamentales, si elle ne pouvait être psychologique, devait donc être transportée dans une *Logique* transcendantale [1]...

C'est un *leitmotiv* de l'interprétation heideggerienne : faute d'avoir su saisir assez profondément ce qui rend possible l'unification *a priori* de la sensibilité et de l'entendement – unification qui se situerait dans l'imagination transcendantale –, Kant serait resté lui-même malgré tout tributaire du principe leibnizien de la réflexion logique. Il aurait ainsi accordé trop d'importance à comprendre la pensée à partir d'elle-même, indépendamment de son rapport à l'intuition sensible ; notamment, il se serait laissé guider par les cadres de la logique reçue de la tradition (la *Logique* de Port-Royal, mais aussi celle de la *Schulmetaphysik* allemande), et aurait donné beaucoup trop d'importance à la Logique transcendantale, au détriment du rôle qui aurait dû revenir à l'Esthétique. Kant se serait ainsi constamment heurté à la difficulté de rapporter la pensée à l'intuition sensible, sans tomber par là même (comme Locke) dans l'empirique, et sans perdre ce qui fait de la pensée une source indépendante de l'expérience. Mais le point fondamental de l'interprétation de Heidegger est cette absence de troisième terme entre l'empirique et le logique : « à l'opposé de l'empirique, Kant ne connaissait que le logique ». L'alternative entre Locke et Leibniz marquerait ainsi un nécessaire point d'arrêt dans la tentative d'articuler les deux sources de la connaissance.

Cette interprétation est très suggestive, et montre de manière magistrale l'ambivalence aussi bien conceptuelle qu'historique que véhicule la notion de réflexion dans la *Critique*, et dans l'Amphibologie en particulier. Il y a là, de toute évidence, un problème central de la *Critique*. C'est ce problème que nous voudrions reprendre, mais en nous posant la question suivante : faut-il nécessairement conclure ici à une insuffisance de la part de Kant ? Il nous semble possible, en effet, de considérer cette ambivalence de la

1. *Interprétation*, p. 283.

réflexion, telle qu'elle apparaît dans l'alternative entre Locke et Leibniz, non pas comme une impasse, non pas comme une hésitation, mais bien au contraire comme une *ressource* pour comprendre le rapport entre sensibilité et entendement, tel que le conçoit positivement Kant.

En effet, si Kant ne semble pas vraiment trancher entre la réflexion empirique de Locke et la réflexion logique de Leibniz, il laisse néanmoins entrevoir entre elles une *corrélation*. Plus précisément, il suggère que les erreurs de Locke et de Leibniz sont en quelque sorte *symétriques*, ou plutôt, forment un *chiasme* : « Leibniz intellectualisait les phénomènes, *tout comme* [*so wie*] Locke avait sensualisé les concepts de l'entendement ». Cela suggère qu'au-delà de la différence (certes fondamentale) dans le choix de la source qu'ils privilégiaient, et dans leur conception de la réflexion – empirique ou logique –, Locke et Leibniz auraient commis une *erreur commune*. *Dans les deux cas*, la réflexion est associée à une *confusion* ou à une *homogénéisation* abusive des représentations sensibles et intellectuelles, qui conduit à les rabattre toutes sur une seule et même source, *soit* sur la sensibilité (comme chez Locke), *soit* sur l'entendement (comme chez Leibniz). Certes, selon que l'on intellectualise le sensible ou que l'on sensualise les concepts intellectuels, le sens de l'expérience s'en trouve complètement renversé ou retourné : dans le premier cas, toute la réalité (espace et temps compris) est en quelque sorte absorbée dans l'intériorité purement intellectuelle des monades ; et à l'inverse, dans l'interprétation sensualiste, c'est l'entendement humain qui se trouve radicalement situé dans l'espace et dans le temps. Mais il n'en est que plus significatif de constater que *dans les deux cas*, la réflexion (empirique *ou* logique) est associée à une *confusion abusive des représentations sensibles et des représentations intellectuelles*. Et ce serait donc précisément *à partir de cette confusion* commune à Locke et à Leibniz, de cette *équivocité de la réflexion*, que se déciderait le sens de l'expérience.

Comme nous l'avons indiqué dans notre présentation, Kant reproche à Leibniz, non pas d'avoir complètement coupé la pensée de la sensibilité, mais plutôt d'avoir *intellectualisé les phénomènes eux-mêmes*. C'est cela qui rend ce reproche si difficile à situer dans la problématique critique : Leibniz aurait confondu les phénomènes et les noumènes (B 326), par exemple en étendant le principe intellectuel des indiscernables « aux objets des sens » (B 327-328). Le titre de l'appendice associe explicitement l'amphibologie des concepts de la réflexion à « la *confusion* de l'usage empirique de l'entendement [tourné vers les objets des sens] et de l'usage transcendantal [tourné vers les noumènes] » (B 316). L'amphibologie apparaît donc comme un problème *inhérent à l'expérience elle-même*. Plus précisément, c'est *l'usage* de nos facultés dans l'expérience qui semble ici en cause, en tant qu'il relie, de manière justement problématique, la sensibilité et l'entendement.

La réflexion transcendantale s'installe donc sur le terrain de cette confusion liée à l'usage empirique de nos facultés. C'est une bonne raison pour ne pas sous-estimer la proximité entre l'erreur intellectualiste de Leibniz et l'erreur sensualiste de Locke. Or, si l'on peut vraiment mettre au jour une telle proximité, cela pourrait donner un sens positif et une unité au concept kantien de réflexion, au-delà de l'hésitation apparente pointée par Heidegger. Surtout, l'interprétation de cette confusion du sensible et de l'intellectuel, pourrait permettre de comprendre pourquoi Kant n'a pas attendu de la réflexion qu'elle permette de dépasser la dualité des sources de la connaissance – et pourquoi cette dualité reste en fin de compte indépassable à ses yeux. L'équivocité des concepts de la réflexion prendrait alors beaucoup plus de sens, dans la mesure où elle pourrait être interprétée comme constitutive de l'expérience en tant que telle.

De fait, le passage sur les deux erreurs de Leibniz et de Locke apparaît d'autant plus frappant qu'il rappelle un texte célèbre du début de l'Analytique transcendantale : « Des pensées sans contenu sont vides, des intuitions sans pensée sont aveugles. Dès lors, il est tout aussi nécessaire de *rendre sensibles ses concepts* (c'est-à-dire de leur joindre l'objet dans l'intuition) que de *rendre intelligibles ses intuitions* (c'est-à-dire de les subsumer sous des concepts) » (B 75). Le chiasme que forme la double injonction de *rendre sensibles* ses concepts, et de *rendre intelligibles* ses intuitions – et qui correspond à une exigence *positive* formulée par la *Critique* –, ressemble évidemment beaucoup au chiasme formé par la sensualisation des concepts de l'entendement et l'intellectualisation des phénomènes, qui sont ensuite *reprochées* à Locke et à Leibniz dans l'Amphibologie. Ces deux chiasmes semblent ainsi étrangement se répondre, de part et d'autre de l'Analytique transcendantale – la double erreur amphibologique apparaissant en quelque sorte comme l'envers fallacieux du rapport positif établi entre les deux sources tout au long de cette même Analytique.

Les deux passages ne sont bien sûr pas identiques : « rendre sensible », ce n'est pas « sensualiser » ; dans le premier cas, on *part* d'une représentation d'origine intellectuelle pour lui « joindre l'objet dans l'intuition », alors que dans le second cas, on *dérive* les représentations intellectuelles d'une *origine* prétendument sensible. Inversement, « rendre intelligibles » les intuitions, ce n'est pas « intellectualiser les phénomènes », au sens où, là aussi, on dériverait les intuitions d'une origine intellectuelle. Il reste que la proximité des deux chiasmes suggère que l'amphibologie n'est pas une erreur accidentelle ou marginale, mais qu'elle semble intimement liée à la manière dont les deux sources de nos représentations s'unissent, et doivent s'unir, dans l'expérience.

La genèse de la problématique amphibologique

Le caractère problématique de la liaison entre l'entendement et la sensibilité, et plus précisément, la possibilité d'une *confusion* des représentations sensibles et des représentations intellectuelles, a joué un rôle central dans la genèse du questionnement critique. C'est pourquoi sans doute la *Critique de la raison pure* a d'abord eu comme titre provisoire *Les limites de la sensibilité et de la raison*[1]. Plus précisément, Kant a très tôt insisté sur la nature *double* de cette confusion, qui pouvait conduire, soit à dériver les concepts intellectuels des représentations sensibles (ce qui est reproché à Locke dans l'Amphibologie), soit au contraire à réduire les représentations sensibles à des représentations intellectuelles confuses (ce qui est reproché à Leibniz). Cette question est notamment au centre de la *Dissertation* de 1770. Or, elle y est déjà associée étroitement à la notion de *réflexion*, et d'une manière qui éclaire considérablement la *symétrie* des erreurs de Locke et de Leibniz qui sera suggérée ensuite dans l'Amphibologie.

Dans la *Dissertation*, l'enjeu est déjà de garantir le statut de l'entendement comme source de représentations, indépendante de la sensibilité. Kant oppose ainsi l'« usage réel » de l'entendement, par lequel il tire de son propre fonds des représentations proprement objectives (des concepts comme la cause, la possibilité, la substance, etc.), à son simple « usage logique » qui consiste à mettre en ordre des représentations intuitives issues de la sensibilité. C'est là un thème qui, sous des formes différentes, ne cessera de sous-tendre la pensée de Kant : l'entendement ne peut en aucun cas être réduit à une simple faculté de donner une forme logique à un contenu sensible. Or c'est cela qui sera reproché à Locke dans l'Amphibologie : avoir considéré que le rôle de l'entendement se réduisait à « mettre en ordre » des représentations objectives issues exclusivement de la sensibilité; avoir « sensualisé les concepts de l'entendement », en en faisant des « concepts de la réflexion empiriques ou abstraits » (B 327). Or, dans la

1. Lettre à Marcus Herz du 21 février 1772, AK X, 129.

Dissertation, Kant caractérise déjà un tel usage simplement logique de l'entendement comme *réflexif* :

> […] dans les choses sensibles et dans les phénomènes, ce qui précède l'usage logique de l'entendement est appelé *apparition*, et la connaissance réfléchie qui naît de la comparaison de plusieurs apparitions par l'entendement est appelée *expérience*. On ne passe donc de l'apparition à l'expérience que par la réflexion selon l'usage logique de l'entendement. [1]

La « réflexion *selon l'usage logique* » dont il est ici question annonce la « réflexion logique » dont parlera l'Amphibologie. Mais cette formulation plus développée est significative : la réflexion est clairement associée à l'usage logique, elle désigne une pensée qui est dépendante de représentations sensibles données, et qui ne fait que mettre en ordre ce donné. Et, comme telle, cette « réflexion selon l'usage logique » concerne donc l'usage *empirique* de l'entendement. Voilà la première leçon qu'on peut tirer de la comparaison entre la *Dissertation* et l'Amphibologie : *il ne faut pas opposer « réflexion logique » et réflexion « empirique »* ; bien au contraire, *la réflexion logique est constitutive de l'expérience comme telle ; et par conséquent, elle semble pouvoir être associée aussi bien à l'erreur de Locke qu'à l'erreur de Leibniz*. On ne peut donc pas souscrire à l'interprétation de Heidegger, lorsqu'il affirme qu'« à l'opposé de l'empirique, Kant ne connaissait que le logique »[2]. La réflexion logique mêle étroitement, et de manière problématique, ces deux dimensions.

Or, Kant montre dans la *Dissertation* que l'usage simplement logique, par opposition à l'usage réel, non seulement ne permet pas de comprendre en quoi l'entendement est lui-même source de représentation objectives proprement intellectuelles, mais surtout peut nous conduire à une *approche erronée des concepts intellectuels eux-mêmes*, et donc de l'usage réel – dans la mesure où l'on prétendrait *dériver* grâce à lui ces concepts des représentations sensibles :

> Des connaissances sensibles étant données, elles sont subordonnées à d'autres connaissances sensibles par l'usage logique de l'entendement comme à des concepts communs, tout comme des phénomènes sont

1. *Dissertation de 1770* (titre original : *Sur la forme et les principes du monde sensible et du monde intelligible* ; dorénavant cité *Dissertation*), AK II, 394, trad. fr. A. Pelletier, Paris, Vrin, 2007, p. 91. A. Pelletier traduit à juste titre *apparentia*, qu'on peut considérer comme l'équivalent de l'allemand *Erscheinung*, par « apparition ». – Nous continuerons pour notre part à traduire *Erscheinung* par « phénomène » : cette traduction se prête mieux à l'Amphibologie, où l'usage de ce terme est structuré par la distinction des « phénomènes » et des « noumènes ».

2. *Interprétation*, p. 285.

> soumis aux lois plus générales des phénomènes. Mais il est très important de remarquer ici que ces connaissances doivent toujours être considérées comme sensibles, aussi loin qu'ait pu aller l'usage logique de l'entendement à leur endroit. Car elles sont appelées sensibles à cause de leur *genèse*, et non de leur *comparaison* selon l'identité et l'opposition. [...] C'est pour cette raison que les concepts empiriques ne deviennent pas intellectuels *au sens réel* par réduction à une plus grande universalité, et ne sortent pas du genre des connaissances sensibles, mais qu'ils demeurent indéfiniment sensibles, si haut qu'ils parviennent par abstraction [1].

Parce que la réflexion suppose une donation préalable, l'usage logique n'intervient en rien dans la *naissance* des représentations. Il ne fait que *mettre en ordre* des représentations *données*. Mais si Kant prend soin de le préciser ainsi, c'est bien parce qu'il y a danger que l'usage logique appliqué à des données sensibles puisse usurper en quelque sorte l'usage réel.

Ce danger apparaît d'autant plus sérieux dans la *Dissertation* que la possibilité de l'usage réel y apparaît comme problématique. C'est la grande ambiguïté de ce texte : si usage réel il y a, il semble supposer la donation d'intuitions intellectuelles. Mais en même temps, Kant affirme déjà l'impossibilité, pour nous, d'une intuition autre que sensible : « nous ne pouvons par aucun effort de l'esprit ni aucune imagination parvenir à une autre intuition que celle qui advient selon la forme de l'espace et du temps » [2]. Ce déficit d'intuition intellectuelle rend évidemment l'usage réel fort problématique, et semble devoir réduire l'entendement à son usage logique. Et c'est cela qui du même coup occasionne la contamination de l'intellectuel par le sensible.

Dans la section V de la *Dissertation*, Kant montre ainsi que la métaphysique doit être précédée par une « méthode » visant à éviter que des représentations sensibles ne viennent s'immiscer dans ses principes intellectuels [3], comme par exemple dans la proposition : « tout ce qui existe est en un lieu ». Le prédicat (« en un lieu ») est un concept sensible, et contient « les conditions de la connaissance sensible » de ce qui existe, alors que le sujet (« tout ce qui existe ») est un concept intellectuel. En formant ce jugement, on réduit donc l'extension du sujet intellectuel à la condition de sa connaissance sensible, et inversement on *généralise* abusivement cette condition, négligeant par là qu'il puisse y avoir d'autres formes d'existence que celles qui apparaissent à nos sens. C'est ainsi parce que *nous* nous

1. *Dissertation*, AK II, 393-394, trad. p. 89-91.
2. *Ibid.*, AK II, 413, trad. p. 151.
3. *Ibid.*, AK II, 411, trad. p. 145.

trouvons incapables de former une intuition autre que sensible que nous soumettons indûment tous les possibles aux formes de l'espace et du temps. Kant nomme ce type de jugement un « axiome subreptice ». Et il l'explique de la manière suivante : « [si] l'entendement succombe si facilement à ce vice de subreption [, c'est] qu'il est trompé par l'ascendant d'une autre règle qui est, elle, très vraie. Nous supposons en effet avec raison que *tout ce qui ne peut être connu par aucune intuition, n'est tout simplement pas pensable* » [1]. Si la « réflexion selon l'usage logique » favorise une certaine contamination de l'intellectuel par le sensible, c'est donc bien en tant qu'elle procède de la dépendance de la pensée vis-à-vis de la donation préalable d'une intuition – qui pour nous ne peut être que sensible.

Une des préoccupations majeures de Kant dans la *Dissertation* est donc de garantir le statut des concepts intellectuels (et de l'usage réel) contre cette contamination, qui annonce la « sensualisation des concepts de l'entendement » qui sera reprochée à Locke dans l'Amphibologie. Cependant, s'il est permis de trouver dans la *Dissertation* les étapes préliminaires de l'élaboration de l'Amphibologie, c'est aussi parce que cette critique d'une dérivation sensualiste des concepts intellectuels s'y trouve déjà doublée d'une critique symétrique, proche de celle qui sera adressée à Leibniz en 1781, et *elle aussi associée à la réflexion logique*. En effet, juste après avoir réfuté que les concepts intellectuels puissent être obtenus par réflexion logique à partir de données sensibles, Kant se tourne vers une *autre erreur*, qu'il situe clairement dans la continuité de la précédente :

> Tout ceci montre que l'on définit mal ce qui est sensible comme ce qui est connu plus *confusément*, et ce qui est intellectuel comme ce dont la connaissance est *distincte*. Car ce ne sont là que des différences logiques qui n'atteignent absolument pas les *données* qui sont soumises à toute comparaison logique. En effet les connaissances sensibles peuvent être fort distinctes et les connaissances intellectuelles très confuses. [...] Or je crains que l'illustre Wolff, par cette distinction entre le sensible et l'intellectuel, qui n'est pour lui que logique, n'ait peut-être totalement fait disparaître, au grand détriment de la philosophie, cette très noble institution de l'antiquité de traiter de la *nature des phénomènes et des noumènes*, et qu'il n'ait détourné les esprits de cette recherche pour les porter, le plus souvent, vers des broutilles logiques [2].

Kant s'en prend ici à Wolff, pour qui on peut en effet passer graduellement, par un travail d'analyse logique, des représentations sensibles que nous

1. *Dissertation*, AK II, 413, trad. p. 151.
2. *Ibid.*, AK II, 394, trad. p. 93.

fournit l'expérience aux représentations distinctes, proprement conceptuelles et intellectuelles, qui les sous-tendent. Ce travail d'analyse du sensible, Wolff le nomme précisément *réflexion*: « l'attention successivement portée aux éléments qui sont dans les choses perçues s'appelle *réflexion*. [...] l'âme a une faculté de réfléchir sur les choses perçues »[1]. Il s'agit donc ici aussi d'un travail logique de l'entendement à partir d'un donné sensible, mais qui est censé mettre au jour les « caractères » qui sont *contenus* confusément dans ce donné. Cette thèse trouve évidemment son origine chez Leibniz, pour qui les sensations sont des « pensées confuses », composées par « une multitude de pensées qui sont en elles-mêmes comme les distinctes, mais qui sont si petites que chacune à part n'excite pas notre attention et ne se fait point distinguer »[2]. C'est bien là-dessus que Kant attaquera Leibniz dans l'Amphibologie, lui reprochant d'avoir négligé le statut de source de la sensibilité, de n'y avoir vu qu'un simple défaut d'aperception, qui rend confuses des représentations originairement intellectuelles. Cette question est donc déjà présente dans la *Dissertation*, et face à cette ligne de pensée, la stratégie de Kant consiste, on le voit, à opposer radicalement, d'une part le point de vue de l'usage logique, pour lequel sont opératoires ces « différences logiques » de distinction et de confusion, et d'autre part, les *données* sous-jacentes à cet usage.

Ainsi, dès la *Dissertation*, Kant oppose à Wolff (et indirectement à Leibniz) *le même argument* qu'il a opposé dans les paragraphes précédents à la dérivation empiriste des concepts intellectuels, et ce faisant, il associe étroitement les deux erreurs. *Dans les deux cas, ce qui est en cause, c'est l'idée que l'usage logique de l'entendement, appliqué à un donné sensible, puisse conduire à des concepts intellectuels.* Si la « réflexion » est à l'origine de tant d'ambiguïtés, c'est qu'elle se comprend comme le rapport de l'entendement à des représentations *déjà données*, dans l'usage simplement logique qu'il peut en faire, soit par *mise en ordre* (du côté empiriste), soit par *analyse* (du côté intellectualiste). Cette référence aux « représentations données » se retrouvera dans l'Amphibologie, qui définit la réflexion comme « la conscience du rapport de *représentations données* à nos différentes sources de connaissance » (B 316, nous soulignons). Ou encore dans les *Prolégomènes*: « les concepts de la réflexion servent

1. Ch. Wolff, *Psychologia empirica*, § 257, dans *Gesammelte Werke*, Hildesheim-New York, Olms, 1962-..., vol. II.5, p. 187.

2. « Addition à l'explication du système nouveau touchant l'union de l'âme et du corps », GP IV, 575.

uniquement à la comparaison de concepts déjà donnés »[1]. La réflexion logique, et même la réflexion en général, se comprend ainsi en référence à une *donation préalable* des représentations. C'est donc bien sur ce terrain de *l'usage* (logique, mais aussi empirique) de l'entendement que nous pourrons comprendre le problème qu'elle pose aux yeux de Kant.

À la lumière de ces textes, il est donc possible de présumer que la symétrie que Kant semble reconnaître dans l'Amphibologie entre les erreurs de Leibniz et de Locke n'est pas un simple effet de style. Les deux erreurs semblent bien avoir une origine commune, dans une importance trop grande accordée à la « réflexion selon l'usage logique » de l'entendement – ce qui a conduit chacun d'eux à privilégier une des deux sources de la connaissance, « tandis que l'autre ne faisait rien, sinon *confondre ou mettre en ordre* les représentations de la première » (B 327, nous soulignons). À quoi correspondraient respectivement l'intellectualisation des phénomènes opérée par Leibniz, et la sensualisation des concepts de l'entendement opérée par Locke.

On peut trouver dans la *Dissertation* un autre élément qui laisse entrevoir cette symétrie. Dans la section V, Kant revient sur l'erreur sensualiste qui consiste à laisser des représentations sensibles contaminer les concepts intellectuels, dans des « axiomes subreptices ». Le vocabulaire qu'il choisit pour caractériser cette erreur est significatif :

> Tout comme l'illusion de l'entendement qui consiste à traiter fallacieusement un concept sensible comme un caractère intellectuel peut être appelée (par analogie avec l'acception reçue) un *vice de subreption*, la confusion de ce qui est sensible et intellectuel sera un vice métaphysique de subreption (un *phénomène intellectualisé*, si l'on m'accorde cette expression barbare)[2].

On reconnaît là, évidemment, l'expression qui sera utilisée onze ans plus tard dans l'Amphibologie – pour qualifier l'erreur de Leibniz : « En un mot, Leibniz *intellectualisait les phénomènes* » (B 327). Il est remarquable, cependant, que cette expression ne désigne pas la même chose dans les deux textes : dans la *Dissertation*, l'intellectualisation des phénomènes consiste à étendre aux objets intelligibles la validité de jugements qui ne sont pourtant pensés que sous les conditions de la sensibilité ; le « phénomène intellectualisé » désigne ainsi un principe sensible qui transgresse les

1. *Prolégomènes à toute métaphysique future qui pourra se présenter comme science* (dorénavant : *Prolégomènes*), AK IV, 326, trad. fr. L. Guillermit, Paris, Vrin, 1993, p. 99.

2. *Dissertation*, AK II, 412, trad. p. 149.

limites de son juste usage pour aller contaminer les représentations intellectuelles. On est donc proche de la dérivation des concepts intellectuels à partir de données sensibles qui a été critiquée dans la section II, et donc de la « sensualisation des concepts de l'entendement » qui sera reprochée *à Locke* dans l'Amphibologie. Or, c'est *à Leibniz* qu'il sera alors reproché d'avoir « intellectualisé les phénomènes »; c'est-à-dire, d'avoir nié la spécificité propre des formes de la sensibilité, pour les intégrer dans un « système intellectuel du monde » (B 326).

Que révèle le glissement ainsi opéré par Kant dans l'usage de cette expression, entre 1770 et 1781 ? Intellectualiser un phénomène, c'est en 1770 d'abord l'élever à une dignité qui n'est pas la sienne, donc accorder trop d'importance *à la sensibilité*; en 1781, c'est plutôt satisfaire une prétention abusive *de l'entendement*. Que l'on puisse ainsi faire glisser l'intellectualisation des phénomènes d'une erreur sensualiste à une erreur intellectualiste suggère bien que ces deux erreurs ont un fondement commun : la considération trop exclusive de l'entendement selon son *usage logique*, c'est-à-dire, comme *mise en ordre*, ou *analyse*, de *représentations préalablement données*. Et dans les deux cas, la confusion vient d'une sorte de désinvolture de l'usage logique à l'égard de l'origine – sensible *ou* intellectuelle – de cette donation, voire d'une véritable confusion.

Mais l'enjeu de ce glissement ne se limite pas à cela. Pourquoi Kant met-il en effet l'accent dans la *Critique* sur l'erreur *intellectualiste* de Leibniz, alors qu'il insistait davantage en 1770 sur l'erreur *sensualiste* liée aux « axiomes subreptices » ? Cela tient manifestement, là encore, à ce qu'il a très vite identifié comme la grande faiblesse de la *Dissertation* : la question de l'usage réel. En 1770, Kant pense encore que la métaphysique peut reposer sur un tel usage réel, et c'est pourquoi il cherche avant tout à protéger celui-ci de la contamination du sensible et des « axiomes subreptices ». Cependant, cette possibilité va vite être remise en cause. Ainsi Kant écrit-il dès 1772 :

> [Dans la *Dissertation*,] j'avais dit : les représentations sensibles représentent les choses telles qu'elles apparaissent, les représentations intellectuelles les représentent telles qu'elles sont. Mais comment ces choses nous sont-elles données, si elles ne le sont pas selon la manière dont elles nous *affectent*, et si de telles représentations intellectuelles reposent sur notre activité interne, d'où vient l'accord qu'elles doivent avoir avec des objets [1] ?

1. Lettre à Marcus Herz du 21 février 1772, AK X, 130-131.

Bref, la possibilité d'un «usage réel» apparaît à Kant de plus en plus fragile, parce que c'est bien de la sensibilité que doit nous venir l'intuition des objets. C'est pourquoi la *Critique* va substituer à la notion d'usage réel celle d'usage «*pur*»[1]. En effet, s'il y a un «usage pur» de l'entendement, par lequel il est source de concepts qui se rapportent *a priori* à des objets, ces objets eux-mêmes, et donc la réalité objective de ces concepts, ne peuvent néanmoins être *donnés* que dans une intuition sensible. C'est pourquoi la *Critique* en général, et l'Amphibologie en particulier, opèrent un rééquilibrage entre les deux sources de la connaissance, par rapport à la *Dissertation*, où il fallait éviter avant tout que des représentations sensibles ne viennent contaminer les représentations intellectuelles. En 1781, la question de l'origine des concepts purs est désormais abordée en lien étroit avec leur rôle dans la possibilisation de l'expérience, en rapport avec la sensibilité. Mais la question de la confusion entre représentations intellectuelles et représentations sensibles, que suscite l'usage logique, n'en devient dès lors que plus décisive encore – en même temps qu'elle se rééquilibre au profit de la sensibilité[2].

Dès 1770, la notion de «réflexion» est étroitement associée à ce problème : d'abord, parce qu'elle exprime la *médiateté* de l'entendement, et donc sa *dépendance* vis-à-vis de l'intuition sensible dans son usage simplement logique (et empirique); et en même temps, elle véhicule aussi bien, à travers la référence à la *reflexio* de Wolff, la question de l'accès de l'entendement à ses propres représentations intellectuelles, dans la mesure précisément où elles ne donnent elles-mêmes lieu à aucune intuition :

> Puisqu'on ne trouve pas de principes empiriques en métaphysique, il ne faut pas chercher les concepts qu'on y rencontre dans les sens mais dans la nature même de l'entendement pur, et cela non comme des concepts *innés* mais comme des concepts abstraits des lois se trouvant dans l'esprit (*en faisant attention à ses actes à l'occasion de l'expérience*) [nous souli-

1. Voir B 117 : « Parmi les nombreux concepts qui constituent le tissu très mélangé de la connaissance humaine; il y en a certains qui sont destinés à *l'usage pur a priori* (entièrement indépendant de toute expérience) ». Un peu plus loin, Kant définit l'usage pur comme « ce par quoi les concepts peuvent se rapporter *a priori* à des objets ».

2. Cf. *Réflexion* 5015 : «avant la *Dissertation*, j'avais déjà l'idée d'une influence des conditions subjectives de la connaissance sur les conditions objectives, et par suite une idée de la différence entre les conditions sensibles et les conditions intellectuelles. [...] Les tentatives dogmatiques peuvent toujours continuer, mais elles doivent être suivies d'une critique, et elles ne peuvent être utilisées qu'afin de juger de l'illusion qui égare la raison humaine, lorsqu'elle mélange le subjectif avec l'objectif, et la sensibilité avec la raison» (AK XVIII, 60-61).

> gnons], et donc comme des concepts *acquis*. À ce genre de concepts appartiennent la possibilité, l'existence, la nécessité, la substance, la cause, etc., avec leurs opposés et leurs corrélats, qui, n'entrant jamais à titre de partie dans aucune représentation sensible, n'ont donc pu en être abstraits d'aucune manière [1].

En l'absence d'intuition intellectuelle, l'entendement n'a pas un accès direct à ses propres concepts. Même si ces derniers ne sauraient être dérivés de l'expérience (par l'usage logique et notamment par l'abstraction, comme le rappelle la fin de ce passage), c'est pourtant forcément *à l'occasion de l'expérience* qu'ils peuvent être mis au jour, et par une *attention* de l'entendement à l'égard des actes qu'il déploie lui-même dans cette même expérience. Kant reprend le thème wolffien de la *reflexio*, qui nous permet de découvrir analytiquement les éléments intellectuels constitutifs des représentations sensibles, en dirigeant notre « attention » sur ce qui est confusément contenu en eux – mais en même temps, il transforme ce thème, dans la mesure précisément où une simple analyse *logique*, fondée sur les critères de distinction et de confusion, ne peut suffire à atteindre des principes proprement intellectuels. La *Dissertation* laisse ainsi entrevoir la possibilité d'une autre « réflexion », différente de la réflexion logique, mais sans l'établir précisément.

Ce problème constitue certainement l'une des clefs de l'évolution de la problématique des sources de la connaissance entre 1770 et 1781. En effet, dès lors que Kant aura définitivement écarté la possibilité d'un usage *réel* de l'entendement, il apparaîtra beaucoup plus nettement que la donation des objets qui sont pensés par l'entendement ne peut avoir lieu que dans la sensibilité. Or, cela implique précisément que la mise au jour des concepts purs de l'entendement sera pensée dans un rapport étroit avec l'usage *logique* : elle suivra le « fil conducteur » que constituent les formes logiques du jugement [2] – mais sans pour autant que le problème posé dans la *Dissertation* à propos de l'usage logique soit évacué, et sans qu'il suffise à rendre compte du rapport originaire de l'entendement à des *objets*. Dans la *Critique*, la « réflexion selon l'usage logique » apparaîtra donc à la fois comme la cause de l'amphibologie des concepts de la réflexion, et comme ce qui fournit (dans l'Analytique des concepts) le « fil conducteur » pour mettre au jour les concepts purs de l'entendement.

C'est pour cette raison que le double reproche adressé à Leibniz et à Locke dans l'Amphibologie nous semble avoir une importance décisive

1. *Dissertation*, AK II, 11, trad. p. 95.

2. Sur ce point, voir B. Longuenesse, *Kant et le pouvoir de juger*, Paris, PUF, 1993, p. 14.

pour comprendre le rapport que Kant établit entre la sensibilité et l'entendement. Nous voudrions donc montrer à présent plus précisément pourquoi la réflexion logique est associée chez Kant, comme nous l'avons vu dans la *Dissertation*, à une certaine *désinvolture* vis-à-vis de l'origine (sensible *ou* intellectuelle) des représentations. Cette désinvolture de la réflexion logique est selon nous un trait fondamental de *l'usage* de l'entendement, qui le conduit *forcément* à oublier ou négliger les sources de cet usage, voire à les confondre.

LA DÉSINVOLTURE DE LA RÉFLEXION LOGIQUE

Il faut donc comprendre plus précisément comment Kant, après 1770, situe l'usage logique de l'entendement, et la « réflexion » (logique) qui en est l'opération principale, dans le cadre problématique de la détermination du rôle de la pensée vis-à-vis de l'intuition sensible. Dans cette perspective, les notes des cours de logique que Kant a professés de 1755 à 1797, et dont la *Logique*, ouvrage édité et publié par son élève Jäsche en 1800, regroupe – certes de manière quelque peu disparate et lacunaire – les éléments les plus aboutis, constituent évidemment des références incontournables. C'est à partir de là que nous pourrons comprendre où Kant situe la réflexion logique, et *en quoi il s'écarte précisément sur ce point à la fois de Locke et de Leibniz*.

Au paragraphe 5 de la *Logique*, Kant définit la « réflexion » comme une opération fondamentale de production des concepts, ce qui l'autorise à caractériser les concepts comme des représentations essentiellement « réfléchies ». De fait, c'est « la réflexion qui fait naître une représentation commune à plusieurs objets (*conceptus communis*) comme la forme que requiert la faculté de juger »[1]. La réflexion produit donc la « forme » du concept qu'est *l'universalité*. La suite du texte de la *Logique* précise cela, en associant la réflexion aux deux autres actes logiques de « comparaison » et d'« abstraction », et en donnant un exemple de leur mise en œuvre :

> Les actes logiques de l'entendement, par lesquels les concepts sont produits selon la forme, sont :
> – la *comparaison* [Comparation] c'est-à-dire la confrontation [Vergleichung] des représentations entre elles en rapport avec l'unité de la conscience ;

1. *Logique*, AK IX, 94, trad. p. 102-103.

> – la *réflexion* [Reflexion], c'est-à-dire la prise en considération [Überlegung] de la manière dont diverses représentations peuvent être saisies [begriffen] dans *une* conscience ;
> – Enfin l'*abstraction* [Abstraction] ou la séparation [Absonderung] de tout ce en quoi pour le reste les représentations données se distinguent.
> [...] ces trois opérations logiques de l'entendement sont les conditions générales et essentielles de production de tout concept en général – Par exemple, je vois un pin, un saule et un tilleul. En comparant tout d'abord ces objets entre eux, je remarque qu'ils diffèrent les uns des autres au point de vue du tronc, des branches, des feuilles, etc. ... ; mais si ensuite je réfléchis uniquement à ce qu'ils ont de commun entre eux, le tronc, les branches et les feuilles mêmes, et si je fais abstraction de leur taille, de leur configuration, etc. ..., j'obtiens un concept d'arbre [1].

Ce texte expose d'une manière apparemment simple comment les trois actes de comparaison, de réflexion et d'abstraction produisent un concept, c'est-à-dire une représentation commune, à partir de « représentations données », en l'occurrence des intuitions empiriques. Ces représentations données (les arbres) sont « d'abord » comparées dans la conscience, en tant qu'elles sont différentes (nous voyons « un pin, un saule, un tilleul »). Mais chacune de ces représentations apparaît elle-même comme constituée d'une diversité de caractères (*Merkmale*), et c'est ce qui permet la mise en œuvre de la réflexion et de l'abstraction : la réflexion intervient pour *isoler* et *retenir* les caractères communs à tous ces arbres ; l'abstraction, enfin, *écarte* les caractères par lesquels les arbres diffèrent.

Il faut noter que les trois opérations ici décrites ne produisent le concept que « selon la forme », ce qui laisse de côté la question de *l'origine*, empirique ou intellectuelle, du concept. Le point de vue adopté est celui de l'*usage* logique de représentations qu'on suppose, précisément, « données » : « la logique générale n'a pas à chercher *comment les concepts naissent comme représentations*, mais simplement *comment des représentations données deviennent des concepts dans la pensée* » [2]. Dès lors, ce qui est avancé ici du point de vue de la forme requise par l'usage logique vaut en fait de n'importe quel concept, y compris les concepts purs de l'entendement. Les concepts de cause ou de substance, par exemple, doivent bien, du point de vue de leur *forme*, s'inscrire eux aussi, dans ce triple travail de comparaison, de réflexion et d'abstraction.

1. *Logique*, AK IX, 94-95, trad. p. 103.
2. *Ibid.*, AK IX, 93, trad. p. 102.

On saisit alors l'extraordinaire ambiguïté que recouvre ce texte apparemment simple. Car, s'il semble relativement facile de dégager les caractères communs qui constituent le concept d'arbre, qu'en est-il justement, des concepts intellectuels, et en particulier des catégories? Comment sont-ils, pour leur part, formés? Le lieu de ce problème est ici, clairement, la *réflexion*. La formule que Kant utilise pour la définir est très révélatrice, en particulier par ce qu'elle a de volontairement vague : la réflexion est « la prise en considération de la manière dont diverses représentations peuvent être saisies dans une conscience ». Il est évident que cette unification ne s'opère pas toujours aussi simplement que dans le cas des arbres, que bien des concepts, et en particulier les concepts purs de l'entendement, relèvent d'une unification beaucoup plus difficile à saisir. Il y a là un problème qui excède les limites de la logique générale, et même qui est nécessairement *oblitéré* par elle, par la référence initiale aux « représentations données », dont par principe elle néglige d'interroger le statut.

Ce problème, qui ne saurait apparaître dans le cadre de la logique générale, est la différence entre l'unité analytique et l'unité synthétique des représentations. L'unité analytique désigne la présence d'un même caractère dans différentes représentations : c'est ce que montre bien ici l'exemple des arbres. Mais l'unité analytique *présuppose* une forme plus fondamentale d'unité, l'unité synthétique, comme l'explique un passage célèbre de la *Critique* :

> L'unité analytique de la conscience est attachée à tous les concepts communs, en tant qu'ils sont communs, par exemple, si je me donne à penser le rouge en général, je me représente par là une qualité, qui (comme caractère) peut être rencontrée ailleurs, ou qui peut être liée à d'autres représentations ; ce n'est donc que grâce à une unité synthétique possible pensée auparavant que je peux me représenter l'unité analytique. Une représentation qui doit être pensée comme commune à des représentations différentes, est considérée comme appartenant à des représentations qui ont en elles, en dehors de celle-ci, encore quelque chose de différent ; par conséquent elle doit être préalablement pensée dans une unité synthétique avec d'autres (même s'il ne s'agit que de représentations possibles), avant que je puisse penser en elle l'unité analytique de la conscience, qui fait d'elle un *conceptus communis*. Et ainsi l'unité synthétique de l'aperception est le point le plus haut, auquel on doit accrocher tout usage de l'entendement, la logique tout entière elle-même, et après elle, la philosophie transcendantale, puisque ce pouvoir est l'entendement lui-même. (B 134, note)

Ce n'est que sur le fondement d'une unité synthétique préalable que l'unité analytique peut être représentée, et c'est donc à ce point que s'accroche

« la logique tout entière ». L'unité analytique est l'unité requise par la réflexion logique : celle-ci produit le concept, en *reconnaissant* l'identité de caractères communs (par exemple le rouge, ou les caractères communs aux différents arbres) dans des représentations différentes. Mais Kant montre ici que cette reconnaissance suppose un acte plus fondamental d'unification : la *synthèse*.

Le rouge, en tant que caractère commun, constitue un principe d'unité dans la diversité des représentations. Cela correspond à la réflexion logique comme acte *d'isoler* le caractère commun : mais pour qu'il puisse être isolé, il faut qu'il soit préalablement *remarqué* dans sa liaison avec des représentations différentes. Ainsi, dans l'exemple des arbres, les « caractères communs » (tronc, branches, feuilles) ne peuvent apparaître comme communs que parce qu'ils sont liés, dans des « représentations différentes » (les différents arbres), à « d'autres représentations » (les caractères par lesquels ces arbres diffèrent). Le caractère commun n'est *remarquable* qu'en tant qu'il est *uni*, ou *lié* à d'autres représentations, qui pour leur part sont à chaque fois différentes, dans une unité qui est donc synthétique. Dans l'exemple des arbres, cette unité synthétique apparaît dans la phrase qui décrit la tâche de la comparaison : « en comparant tout d'abord ces objets entre eux, je *remarque* qu'ils *diffèrent* les uns des autres *au point de vue du tronc, des branches, des feuilles*, etc. »[1]. Bref, l'unité analytique prise en considération par la réflexion logique *présuppose*, dans chacune des représentations comparées, l'unité synthétique des caractères communs avec les caractères distincts, unité synthétique dans et par laquelle les caractères communs peuvent être *remarqués* comme tels. En outre, comme Kant le suggère dans *Les Progrès de la métaphysique*, la *transition* entre ces deux forme d'unités (analytique et synthétique) ne va pas du tout de soi :

> L'entendement ne manifeste son pouvoir que dans les jugements, qui ne sont rien d'autre que l'unité de la conscience dans la relation des concepts en général, *sans qu'on décide si cette unité est analytique ou synthétique*[2].

Voilà ce que cache décidément le titre de la « réflexion » dans la description des actes de production des concepts par la *Logique* : cette *indécision profonde et inévitable* sur le statut de l'unification des représentations qui est produite par la spontanéité de l'entendement – unification qui en son

1. *Logique*, AK IX, 95, trad. p. 103. Nous soulignons.

2. *Les progrès de la métaphysique en Allemagne depuis le temps de Leibniz et de Wolff* (dorénavant : *Progrès de la métaphysique*), AK XX, 272, trad. fr. L. Guillermit, Paris, Vrin, 1990, p. 25. Nous soulignons.

fond est synthétique, mais qui doit aussi bien se conformer en fin de compte à l'unité analytique (la reconnaissance de caractères communs) qui est requise par la faculté de juger.

Or, c'est ce rapport problématique entre unité analytique et unité synthétique, sous-jacent à l'acte logique de la « réflexion », qui ouvre l'espace de la double confrontation avec Leibniz et Locke, telle qu'elle se joue dans l'Amphibologie (et qui se jouait déjà, d'une certaine manière, dans la *Dissertation*). En effet, selon que l'on considère les « représentations données », qui fournissent au concept sa « matière », du point de vue de l'unité analytique ou du point de vue de l'unité synthétique, elles n'auront pas du tout le même statut. Du point de vue de l'unité analytique, il s'agira d'une matière *logique* : les caractères qui sont pensés *dans* le concept. Mais du point de vue de l'unité synthétique, il s'agira plutôt d'une matière *sensible*, inscrite dans la *diversité* originaire de l'espace et du temps – diversité qui précisément oblige l'entendement à constamment *sortir* du concept pour le lier à des caractères différents. Or, aux yeux de Kant, ce sont ces deux points de vue à la fois complémentaires et divergents sur ce qui constitue en son fond la matière – sensible *ou* logique – des « représentations données » (et de nos jugements), qu'incarnent respectivement Leibniz et Locke – c'est cette indécision qui a conduit chacun des deux auteurs, de manière *symétrique*, à privilégier l'une des deux sources de la connaissance au détriment de l'autre. C'est ce que nous allons montrer plus précisément à présent, en commençant par Leibniz, figure centrale de l'Amphibologie.

L'ERREUR DE LEIBNIZ

Selon les termes de l'Amphibologie, c'est par excès de « réflexion logique » que Leibniz aurait abusivement autonomisé la pensée, et négligé l'originarité propre de la sensibilité : « se laissant abuser par l'amphibologie des concepts de la réflexion, le célèbre Leibniz érigea un *système intellectuel du monde*, ou bien plutôt il crut connaître la constitution intérieure des choses, en tant qu'il comparait tous les objets seulement avec l'entendement et les concepts formels abstraits de sa pensée » (B 326). Ou encore : « Leibniz comparait les choses entre elles seulement à partir de concepts, et naturellement il ne trouvait aucune autre différence que celles par lesquelles l'entendement distingue ses concepts purs les uns des autres » (*ibid.*). Un peu plus loin, Kant précise cette critique en attaquant le principe leibnizien des indiscernables, qui témoigne selon lui d'un usage mal assuré des deux premiers « concepts de la réflexion », l'identité et la différence :

> Certes, si je connais une goutte d'eau comme une chose telle qu'en elle-même, selon toutes ses déterminations internes, alors je ne peux en tenir aucune pour différente d'une autre, si tout le concept de celle-ci est identique à celle-là. Mais si elle est un phénomène dans l'espace, alors elle a son lieu non pas simplement dans l'entendement (sous des concepts), mais plutôt dans l'intuition sensible externe (dans l'espace) ; et en ce cas les lieux physiques sont, au regard des déterminations internes des choses, tout à fait équivalents, et un lieu =b peut accueillir une chose qui est entièrement semblable et égale à une autre qui se trouve en un lieu =a, tout aussi bien que si elle était en outre encore très différente intérieurement de celle-ci. (B 328)

Ainsi, contrairement à Leibniz qui considérait que la différence entre deux gouttes d'eau impliquait nécessairement *une différence de contenu dans leur concept*, Kant soutient que deux gouttes d'eau, considérées comme phénomènes (étant entendu que ce n'est qu'ainsi que nous pouvons les connaître), peuvent fort bien être parfaitement *identiques quant à leur contenu conceptuel* (donc être logiquement indiscernables) et *néanmoins différentes*, en tant qu'elles se situent dans *deux lieux distincts de l'espace*. L'erreur attribuée à Leibniz repose donc aux yeux de Kant sur la réflexion logique, comme comparaison *analytique* de simples concepts : « Si nous réfléchissons de manière simplement logique, alors nous comparons uniquement nos concepts les uns avec les autres dans l'entendement, pour savoir s'ils contiennent la même chose [...] » (B 335).

Que la réflexion logique, *à elle seule*, soit ainsi au fondement de cette erreur, peut avoir quelque chose de surprenant. Cela tranche en effet avec ce que Kant expliquera à peine quelques pages plus loin, au début de la Dialectique transcendantale : il montrera alors que toute erreur vient d'une « influence inaperçue de la sensibilité sur l'entendement » (B 350). Kant a en outre rappelé au début de l'Amphibologie que la « réflexion » a d'abord pour fonction de prévenir ou de corriger les erreurs ayant leur origine dans la sensibilité : « Bien souvent, un jugement est admis par habitude, ou formé sous l'influence d'une inclination ; mais comme aucune réflexion ne le précède, ou du moins n'y revient de manière critique, il passe pour un jugement qui a trouvé son origine dans l'entendement » (B 316). En quoi donc la réflexion logique a-t-elle pu, par elle-même, abuser Leibniz ?

Un passage de la *Logique* permet cependant d'éclairer cette difficulté, en montrant plus précisément en quoi toute erreur, même conçue comme une « influence inaperçue de la sensibilité sur l'entendement », comporte toujours une part intellectuelle :

> En un certain sens on peut bien aussi rendre l'entendement responsable de l'erreur dans la mesure où, faute de prêter l'attention requise à cette influence de la sensibilité, il se laisse égarer par l'apparence qui en résulte en tenant pour objectifs des principes déterminants simplement subjectifs du jugement [...].[1]

Pour qu'il y ait erreur, il faut donc une influence de la sensibilité sur l'entendement, mais il faut en outre qu'elle soit *inaperçue*, autrement dit, il faut que l'acte même du jugement, dans son essence logique, qui n'est rien d'autre que la mise en œuvre de notre *aperception*, soit lui-même insuffisant. C'est là que la réflexion logique peut devenir elle-même fautive – et c'est à partir de là qu'on peut mieux comprendre l'erreur de Leibniz.

Le texte de la *Logique* qui présente la « réflexion » comme un acte fondamental de production du concept, en même temps que la comparaison et l'abstraction, caractérise ces trois actes logiques comme des actes d'*attention* ou d'*aperception*. La réflexion, en particulier, dirige l'aperception sur les caractères communs, autrement dit, sur la matière logique du concept qui se trouve par là créé. Voilà pourquoi il est aussi important de mettre l'accent, dans l'expression de la Dialectique qui explique l'erreur par une « influence inaperçue de l'entendement sur la sensibilité », sur l'adjectif « *inaperçue* » : c'est cet adjectif qui signale la composante proprement logique de l'erreur, c'est-à-dire, un défaut dans ces actes logiques d'aperception.

C'est bien ce qui est en cause lorsque l'entendement adopte une règle sous l'influence de l'habitude ou de l'inclination : il néglige de *remarquer* que cette règle gagnerait à être améliorée en prêtant davantage attention au contenu des représentations, qui fournit leurs caractères communs, mais aussi et surtout leurs *différences*. La faiblesse de l'aperception nuit à ce contenu ; mais, ce faisant, elle profite à l'universalité formelle du concept. Or, c'est bien ici la réflexion logique qui doit être mise en cause, selon la définition qu'en donne la *Logique*, comme acte de diriger « *l'attention uniquement sur les caractères communs* ». La réflexion, action logique qui produit la forme de l'universalité, peut diriger l'attention uniquement et abusivement sur les caractères communs ; or, cela implique, vis-à-vis

1. *Logique*, AK IX, 54-55, trad. p. 59. Voir aussi l'« apologie de la sensibilité » dans l'*Anthropologie d'un point de vue pragmatique* : « les sens ne jugent pas ; c'est pourquoi l'erreur est toujours imputable à l'entendement » (AK VII, 146).

des autres caractères, ceux qui fondent la diversité des représentations, une *inaperception*, si l'on ose dire, qui est la composante proprement logique de l'erreur. C'est ce que montre aussi la *Réflexion* 2242 : « L'erreur naît 1) du désir de connaissance 2) du manque des concepts fondamentaux nécessaires 3) *de la négligence dans l'attention* »[1].

S'il y a dans l'erreur de Leibniz une « influence inaperçue de la sensibilité sur l'entendement », c'est donc avant tout et presque exclusivement sur le terme « *inaperçue* » qu'il faut mettre l'accent, au sens où, ici, *une influence légitime et nécessaire de la sensibilité n'est pas prise en compte comme telle par l'entendement, alors qu'elle devrait l'être*. Cela signifie d'abord que Leibniz n'a pas été assez *attentif* aux caractères spécifiques des objets qui peuvent nous être donnés dans l'expérience :

> Leibniz comparait dès lors les objets des sens entre eux comme des choses en général, simplement dans l'entendement. *Premièrement*, dans la mesure où ils doivent être jugés identiques ou différents par celui-ci. Mais comme il n'avait alors d'yeux que pour leurs concepts, et non pour leur place dans l'intuition, là où seulement les objets peuvent être donnés, et comme il ne prêtait pas du tout attention au lieu transcendantal de ces concepts (pour se demander si l'objet était à compter parmi les phénomènes, ou parmi les choses telles qu'en elles-mêmes), il n'y avait qu'une seule issue possible, à savoir qu'il étendît son principe des indiscernables, qui ne vaut que pour les concepts des choses en général, aussi aux objets des sens (*mundus phaenomenon*). (B 327-328)

L'usage de l'entendement ainsi mis en œuvre est ce que Kant appelle l'« usage transcendantal » : il consiste, comme l'indique le chapitre sur la « distinction de tous les objets en phénomènes et noumènes », à rapporter un concept « à des choses en général et telles qu'en elles-mêmes », par opposition à l'usage empirique, qui le rapporte « seulement à des phénomènes » (B 298). L'usage transcendantal est fautif parce qu'il universalise trop la matière des concepts, comprise dès lors comme nouménale alors qu'elle ne peut être que phénoménale, et donc originairement *spécifiée* par les formes de notre sensibilité. D'où le titre de l'appendice : « De l'amphibologie des concepts de la réflexion issue de la confusion entre l'usage empirique de l'entendement et son usage transcendantal » (B 316).

Les phénomènes, qui sont les seuls objets que nous puissions connaître, relèvent donc d'un usage *empirique* de l'entendement, et celui-ci suppose une forme d'attention bien particulière, qui n'est pas celle de la réflexion

1. AK XVI, 282-283. Nous soulignons.

simplement logique. La pensée humaine, en effet, ne peut se rapporter à des objets que sous la condition de la *réceptivité sensible*. Cela lui impose en permanence de *sortir* de ses concepts, pour les spécifier dans leur application aux phénomènes, pour les *situer* dans l'espace et le temps, puisque ce n'est que dans l'intuition sensible que des objets peuvent nous être donnés. Cette spécification est ainsi étroitement liée à *la diversité qui est constitutive des formes de l'espace et du temps*, et qui conditionne pour nous toute expérience possible. C'est ainsi, en effet, que l'espace et le temps sont présentés dans l'Esthétique transcendantale, et dans toute la suite de la *Critique* : ils contiennent « un *divers* de l'intuition pure *a priori* » (B 102). Or, c'est aussi bien cette diversité que Leibniz a sous-estimé, en raisonnant selon les exigences de la réflexion logique :

> Le phénomène était pour lui la représentation de la *chose telle qu'en elle-même*, bien que différent quant à la forme logique de la connaissance par l'entendement, dans la mesure où, par le défaut d'analyse qui le caractérise habituellement, il fait entrer dans le concept de la chose un certain mélange de représentations adjacentes [*Nebenvorstellungen*], que l'entendement sait en écarter. (B 326-327)

Le mélange de *Nebenvorstellungen* dont il est ici question n'est rien d'autre que la diversité qu'introduisent originairement l'espace et le temps, comme formes de la sensibilité, dans notre représentation des objets : par exemple, lorsque je me représente une goutte d'eau dans l'espace, je ne peux pas me la représenter isolément, en ne retenant que les caractères qui la caractérisent en elle-même, mais je suis obligé *a priori* de la situer dans la diversité des lieux de l'espace, donc de la mélanger à des *Nebenvorstellungen*, qui ne sont pas contenues dans son concept. C'est bien pourquoi je peux parfaitement me représenter simultanément deux gouttes d'eau ayant le même concept, l'une *à côté* de l'autre dans l'espace.

Kant fait ici référence au thème leibnizien de la *confusion* : pour Leibniz, l'espace sensiblement perçu mélange effectivement les deux choses dans une seule et même représentation confuse ; mais en analysant cette représentation confuse, on doit pouvoir remonter à ce qui fonde cette diversité dans le concept de chaque goutte d'eau. Ainsi, pour saisir leur différence, on n'aurait en droit *pas besoin de sortir de leur concept*. On doit pouvoir au contraire, par l'« analyse », « isoler » les caractères qui constituent le concept de la chose de ceux qui leur sont indûment ajoutés ou mélangés par la perception sensible dans l'espace. Kant explique ainsi un peu plus loin dans l'Amphibologie : « si j'applique [un concept] à un objet en général (au sens transcendantal) [...] apparaissent immédiatement des limitations (*interdisant de sortir de ce concept*) qui en pervertissent tout usage empirique » (B 335, nous soulignons). Dans cette opération de sélection (Leibniz dirait : d'analyse ou de distinction) qui ne retient que les caractères *internes* au concept, on peut reconnaître la réflexion logique, en tant qu'elle produit l'unité *analytique* des représentations.

Or, pour Kant, la réalité d'un concept réside bien plutôt dans son *application* à un objet, tel qu'il nous est donné dans l'intuition sensible, et tel qu'il doit être subsumé *sous* (et non pas compris *dans*) ce concept. Cela implique l'opération fondamentale de la synthèse, c'est-à-dire l'ajout à ce concept de caractères qui n'étaient pas déjà contenus en lui, et qui doivent être donnés dans une intuition empirique. Pour Kant, un concept, qui est toujours une représentation générale, doit être réalisé dans son extension, par son application à des intuitions singulières, qui sont subsumées *sous* lui, ce qui suppose toujours de lui ajouter des caractères qui n'étaient pas contenus *en* lui – en opérant justement une synthèse dans le divers de la sensibilité. Et cela va nécessairement, du même coup, *spécifier* l'objet ainsi représenté comme simple phénomène.

Autrement dit, ce que Leibniz appelait *confusion*, Kant le comprend comme *synthèse*, en y voyant l'inscription nécessaire du concept dans le divers de la sensibilité. Le concept est pour lui une représentation générale ou universelle, parce qu'il ne trouve de réalité que de s'appliquer à des réalités diverses, dans l'espace et le temps. Tel est le sens de la distinction, opérée dans la Déduction transcendantale, entre unité analytique et unité synthétique. C'est l'unité synthétique qui réalise d'abord l'unité de l'expérience, en tant qu'elle repose sur la diversité irréductible des intuitions sensibles, telles qu'elles sont données dans l'espace et le temps.

Au-delà du problème de l'identité et de la différence, cette critique d'une pensée trop strictement analytique, et négligente vis-à-vis des exigences spécifiques de la synthèse, s'approfondit aussi dans l'Amphibologie en direction d'une réflexion sur les conditions mêmes de la prédication, et plus précisément, sur le rapport réciproque des différents prédicats qui peuvent être attribués à un même sujet. C'est le problème que véhiculent les concepts *d'accord* et *d'opposition*, qui correspondent aux catégories de réalité et de négation. Kant, sur ce point, s'en prend plus directement aux « successeurs » de Leibniz et à leur « doctrine leibnizo-wolfienne » (B 329). Wolff écrit effectivement, dans la *Métaphysique allemande*, à propos des corps : « le monde est une suite de choses changeantes, qui sont les unes à côté des autres et qui se suivent les unes les autres, mais qui sont cependant dans leur ensemble liées les unes aux autres ; dès lors, la perfection du monde réside en ceci, que tout ce qui est simultané ou successif est en accord réciproque. [...] Plus est grand cet accord, plus grande aussi est la perfection du monde »[1]. Ainsi, non seulement toutes les caractéristiques d'une chose doivent pouvoir se rencontrer dans son concept, mais en outre elles doivent être fondamentalement en accord réciproque. C'est là un principe qui a gêné très tôt Kant. Dès l'*Essai pour introduire en philosophie le concept de grandeur négative*, écrit en 1763, il a montré que *l'opposition* peut elle aussi être *réelle* : par exemple, deux forces de directions contraires et d'égale intensité s'exerçant sur un même corps annulent leurs effets, mais restent bien réelles. La seule opposition véritable admise par Wolff est la contradiction *logique*, qui ne produit jamais aucune réalité : un corps qui serait à la fois immobile et en mouvement n'est ni pensable, ni possible, il est donc à proprement parler *rien*, donc une pure négation. C'est ce que Kant appelle le *nihil negativum*. L'opposition réelle produit pour sa part un *nihil privativum*, qui correspond malgré tout à une réalité, ce qui interdit de faire de l'accord (ou de l'harmonie) le principe de toute réalité.

En outre, dès 1763, Kant a suggéré l'étendue que pouvait prendre ce problème, la réflexion sur l'opposition réelle pouvant s'appliquer aussi bien au problème du mal qu'au problème du mouvement des corps. Cet aspect réapparaît dans l'Amphibologie : « Selon ce principe, tous les maux, par exemple, ne sont rien d'autre que des conséquences des limites des créatures, c'est-à-dire des négations, car il n'y a que ces dernières pour s'opposer à la réalité (ce qui est effectivement le cas dans le simple concept d'une chose en général, mais non pas dans les choses en tant que phénomènes) » (B 329). C'est bien quelque chose de tel qu'avançait Leibniz dans la *Théodicée*, en situant la « source du mal » dans « l'imperfection originale de la créature » : du point de vue de l'entendement divin, la cause du mal consiste simplement dans une « privation » et ne saurait procéder en lui-même d'une cause réelle et positive[2].

Dans le domaine pratique comme dans le domaine théorique, l'*Essai sur les grandeurs négatives* de 1763 pose donc déjà l'exigence d'admettre l'opposition réelle comme irréductible à l'opposition logique, ce qui annonce un aspect essentiel du problème ultérieur de la *synthèse*, en remettant directement en cause les exigences d'une pensée trop strictement analytique :

1. *Métaphysique allemande*, § 701, dans *Gesammelte Werke*, *op. cit.*, vol. I.2, p. 436. Voir aussi les paragraphes 503 et 504 de l'*Ontologia*, dans *Gesammelte Werke*, *op. cit.*, vol. II.3, p. 390-391.

2. *Théodicée*, § 20, GP VI, 114-115.

> J'entends fort bien comment une conséquence est posée par un principe selon la règle de l'identité, parce que l'analyse des concepts l'y trouve contenue. [...] Mais comment quelque chose découle de quelque autre chose, et non suivant la règle de l'identité, voilà ce que j'aimerais qu'on m'éclaircît. [...] Le principe de contradiction me permet de saisir clairement [l'opposition logique], et je conçois comment, en posant l'infinité de Dieu, je supprime le prédicat de la mortalité, lequel contredit le premier. Mais comment par le mouvement d'un corps se trouve détruit le mouvement d'un autre corps, et sans que ce dernier soit en contradiction avec le premier, voilà qui est une autre question. [...] Que l'on tente à présent d'expliquer généralement et de rendre intelligible l'opposition réelle: *comment, parce qu'une chose existe, une autre chose se trouve-t-elle détruite ?* et que l'on tâche d'en dire plus que je n'en ai dit, à savoir qu'elle est étrangère au principe de contradiction [1] !

L'opposition réelle nous impose ainsi de *sortir* du concept de la chose considérée, en admettant des principes autres que les principes d'identité ou de contradiction. Ici aussi, la réalité est située hors des représentations, plus précisément, hors de leur contenu strictement logique, ce qui annonce la critique de l'intellectualisation leibnizienne des phénomènes dans l'Amphibologie. Dans la conclusion du même texte, Kant s'en prend aux philosophes « profonds », qui « pénètrent si subtilement toutes choses que rien même de ce qu'ils n'ont pu éclaircir et comprendre ne leur demeure caché ». C'est Wolff qui est ici visé, et son « esprit de profondeur » (B XXXVI), qui correspond au rôle central qu'il accorde à *l'analyse* des représentations. Et Kant de « présumer », non sans ironie, que ses considérations sur l'opposition réelle paraîtront « superficielles » à de tels philosophes; il leur demande alors de « combler les lacunes dues à l'infirmité de [son] entendement »[2]. C'est bien, en effet, le statut de l'entendement comme pouvoir de connaissance qui se trouve ici déjà mis en cause, dans la mesure où Wolff le définissait précisément, au paragraphe 36 de la *Logique allemande*, comme le « pouvoir de représenter distinctement », autrement dit, d'*analyser* les représentations. Cette critique du rôle de l'entendement ne cessera évidemment de se radicaliser jusqu'à la *Critique*, où l'exigence de *synthèse*, et donc la dépendance vis-à-vis de la sensibilité et de ses formes, sera encore plus clairement affirmée.

1. *Essai pour introduire en philosophie le concept de grandeur négative*, AK II, 209-211, trad. fr. R. Kempf, Paris, Vrin, 1991, p. 59-62.

2. *Ibid.*, AK II, 209, trad. p. 59.

On comprend donc que l'Amphibologie puisse opposer la réflexion transcendantale, tournées vers les exigences de la synthèse et donc vers la dualité des sources de la connaissance, à la réflexion logique, qui repose sur l'attention à ce qui est contenu *dans* le concept, ce qui nous conduit forcément à négliger l'unification synthétique qui est le préalable nécessaire à toute analyse. Ce qu'ont fait Leibniz et Wolff, c'est pousser extrêmement loin cette opération logique, pour exclure finalement la synthèse et la référence au divers sensible : le concept n'est plus pensé comme une représentation qui doit s'appliquer à des réalités diverses rencontrées dans l'expérience – ce qui suppose toujours de lui ajouter des caractères par la synthèse – mais il apparaît au contraire comme une notion individuelle, qui *contient en elle* tous les caractères de la chose, et dont il est par conséquent inutile de « sortir » – ce qui ne ferait d'un point de vue leibnizien que créer de la « confusion ».

Pour Leibniz, la différence entre distinction et confusion est effectivement une différence d'attention – attention qui est en outre fondamentalement *analytique* : elle consiste à remarquer ce qui est contenu *dans* une représentation. Ainsi, les représentations sensibles peuvent être dites « confuses » parce qu'on ne remarque pas ce qui s'y trouve contenu, et qui est en fait distinct et intelligible :

> Les pensées confuses marquent notre imperfection, passions et dépendance de l'assemblage des choses extérieures ou de la matière, au lieu que la perfection, force, empire, liberté et action de l'âme consistent principalement dans nos pensées distinctes. *Cependant il ne laisse pas d'être vrai que dans le fond les pensées confuses ne sont autre chose qu'une multitude de pensées qui sont en elles-mêmes comme les distinctes, mais qui sont si petites que chacune à part n'excite pas notre attention et ne se fait point distinguer*[1].

La différence entre les pensées confuses et les pensées distinctes, donc entre les sensations et les notions intelligibles, réside dans le degré d'attention qu'elles supposent pour être « distinguées ». Nos sentiments « enveloppent » un nombre infini de pensées distinctes, que la faiblesse de notre attention ne nous permet pas de « remarquer ».

Tout tourne donc autour de la notion d'aperception. Leibniz a conçu celle-ci selon l'exigence d'unité *analytique*, caractéristique de la réflexion *logique* : l'attention est tournée vers ce qui est contenu *dans* la représen-

1. « Addition à l'explication du système nouveau touchant l'union de l'âme et du corps », GP IV, 575. Nous soulignons.

tation intellectuelle d'une chose. Mais pour Kant, en deçà de cette exigence analytique, l'unité de l'aperception est fondamentalement *synthétique* : elle conduit à sortir du concept de l'objet pour remarquer aussi et avant tout ce en quoi l'objet *diffère* des autres objets, dans la diversité irréductible qu'offrent les formes de la sensibilité, et ce par quoi une réalité s'oppose à une autre réalité.

L'intellectualisation leibnizienne des phénomènes trouve ainsi son origine dans la réflexion logique, et dans l'*inaperception* qu'elle suscite, non seulement à l'égard de la spécification originaire de ce qui peut être objet pour nous, par les formes mêmes de la donation sensible, mais aussi à l'égard du divers originairement offert par ces mêmes formes, et à l'égard de l'opposition réelle qui se rencontre dans les phénomènes. Cela correspond donc bien à une « influence inaperçue de la sensibilité sur l'entendement » – en insistant sur le terme « inaperçue », qui exprime le rôle central de la réflexion logique dans cette erreur.

Mais justement, si nous avons jusqu'ici insisté sur la composante logique de cette erreur, il nous reste encore à interroger sa composante sensible. En effet, si l'erreur de Leibniz repose effectivement sur une « influence inaperçue de la sensibilité », cela signifie que *cette influence de la sensibilité existe chez Leibniz*, et qu'elle est sans doute d'autant plus trompeuse qu'elle est « inaperçue »... Pour comprendre cela, il faut d'abord remarquer que dans l'Amphibologie, Kant ne reproche jamais à Leibniz d'avoir négligé l'importance de l'*expérience*, bien qu'il lui attribue la prétention abusive de connaître les choses telles qu'en elles-mêmes. Bien au contraire, Leibniz situait tout dans le seul entendement, « toutes les représentations, *y compris la représentation empirique des objets* » (B 332). Ce que Leibniz a négligé, c'est le caractère originaire des formes de la sensibilité, autrement dit, c'est le fait que les objets de l'expérience soient originairement déterminés par l'espace et le temps, et qu'ils ne soient par conséquent que les choses telles qu'elles nous apparaissent. *Mais Leibniz n'a pas écarté la nécessité de l'expérience comme donation de l'objet*. S'il a pu considérer que le « phénomène était la représentation de la chose telle qu'en elle-même » (B 326), c'est bien que la chose telle qu'en elle-même devait pour lui, malgré tout, être *donnée* comme phénomène à notre pouvoir de connaître. De même, si son erreur réside dans la « confusion de l'usage empirique et de l'usage transcendantal » (B 316), c'est bien qu'il reconnaissait en même temps la légitimité et la nécessité de l'usage empirique, c'est-à-dire de l'usage conditionné par une donation préalable des objets dans l'expérience. Cela renvoie à un caractère fondamental de la réflexion logique : en tant qu'opération simplement formelle, elle présuppose que le contenu des représentations sur lesquelles elle opère soit *préalablement donné*.

Bref, l'erreur de Leibniz ne consiste pas, en tout cas au départ, à transgresser les limites de l'expérience : elle *porte sur les objets de l'expérience eux-mêmes*, et consiste à les confondre avec les choses telles qu'en elles-mêmes. On l'a vu, Leibniz étendait « aux *objets des sens* son principe des indiscernables » (B 327-328). Autrement dit, Leibniz s'est bien d'une certaine manière *laissé abuser par l'expérience sensible*, croyant voir des représentations des choses telles qu'en elles-mêmes là où il n'y avait pourtant que des phénomènes.

Pour cette raison, il nous semble que l'on pourrait à la limite considérer l'amphibologie de Leibniz comme une erreur sensualiste aussi bien qu'intellectualiste. La réflexion logique y joue un rôle central; mais elle ne produit d'erreur que d'anticiper abusivement la *forme* logique d'une chose telle qu'en elle-même, dans une *matière* qui *ne peut lui venir que de l'expérience et de la sensibilité, et en présupposant que cette matière sensible contient quelque chose des objets tels qu'en eux-mêmes*. Autrement dit : l'amphibologie de Leibniz n'est possible que dans et par l'usage empirique de l'entendement, et paradoxalement, par une valeur trop grande (nouménale) donnée au contenu des représentations sensibles.

C'est ici qu'apparaît la véritable portée de l'amphibologie favorisée par la réflexion logique, quant à la *matière* des représentations auxquelles elle donne une forme conceptuelle : la matière originairement *sensible* de la synthèse est saisie néanmoins nécessairement selon l'exigence *logique* de l'unité analytique. Voilà pourquoi le fond de l'erreur amphibologique de Leibniz est une *confusion* des phénomènes et des noumènes, de l'usage empirique et de l'usage transcendantal, du sensible et de l'intellectuel. Or, sur la base de cette confusion, on peut désormais mieux pressentir les raisons de sa symétrie avec l'erreur attribuée à Locke.

L'ERREUR DE LOCKE

Dans la *Logique*, les trois opérations de comparaison, de réflexion et d'abstraction qui produisent le concept selon la forme s'exercent sur une matière de « représentations données », dont Kant laisse volontairement le statut dans l'ombre : il ne peut revenir à la logique générale de se prononcer sur cette question, dans la mesure où cela supposerait de trancher le problème – proprement transcendantal – de l'articulation entre l'unification synthétique de la matière sensible et l'unité analytique attachée à la matière logique du concept. La « réflexion », comme « prise en considération de la manière dont différentes représentations peuvent s'unifier dans une conscience », est le vecteur de ce problème, qui est d'autant plus crucial aux yeux de Kant qu'il conduit à une possible *confusion des phénomènes et des noumènes* : c'est ce que nous avons décelé dans le reproche adressé à Leibniz.

Qu'en est-il dès lors de Locke ? Quelle signification peut-on accorder à l'apparente symétrie que Kant signale entre son erreur et celle de Leibniz ? Si l'on relit de près la formule qui dans l'Amphibologie suggère cette symétrie, on peut voir que Kant souligne explicitement le rôle de la « réflexion » dans l'erreur de Locke : Leibniz « intellectualisait les phénomènes, tout comme Locke sensualisait les concepts de l'entendement, c'est-à-dire les avait considérés *comme des concepts de la réflexion empiriques ou abstraits* » (B 327). Nous pouvons dès lors légitimement nous demander en quoi Locke a été lui aussi abusé par la « réflexion », et surtout, *par quelle réflexion* il a ainsi été abusé.

En effet, Locke a sa propre conception de la « réflexion » : au début du livre II de l'*Essai sur l'entendement humain*, il définit celle-ci comme la source proprement intellectuelle des idées que l'esprit a de lui-même, par opposition à la sensation. Cette notion est donc liée pour lui aussi au problème de l'autonomie de l'entendement par rapport à la sensibilité. Nous allons y venir. Mais quoi qu'il en soit, on ne pourra faire véritablement droit à la symétrie vis-à-vis de Leibniz qu'à la condition de voir que l'erreur de Locke, du point de vue de Kant, est, elle aussi, liée à la réflexion *logique*, c'est-à-dire à l'acte de production du concept selon la forme dont traite la *Logique*.

Dans l'Amphibologie elle-même, Kant n'en dit pas assez pour qu'on puisse vraiment comprendre cela, et préfère concentrer ses attaques sur Leibniz. Mais il a déjà développé une critique de Locke dans un autre passage stratégique, au début de l'Analytique. Il s'agit du paragraphe 13, consacré aux « principes d'une déduction transcendantale en général ». On le sait, l'enjeu de la déduction transcendantale est de légitimer ce que Kant appelle « l'usage pur, *a priori* (complètement indépendant de toute expérience) » des concepts de l'entendement, dont la table a été établie quelques pages plus haut. À cette déduction transcendantale, Kant oppose la déduction *empirique*, « laquelle montre de quelle façon un concept est *acquis par expérience et par réflexion sur celle-ci*, et ne concerne donc pas la légitimité de ce concept, mais le fait d'où procède sa possession » (nous soulignons). Quelques lignes plus loin, cette déduction empirique est attribuée explicitement à Locke :

> Une telle recherche des premiers efforts de notre faculté de connaître pour s'élever des perceptions singulières jusqu'à des concepts généraux a sans nul doute une grande utilité, et il faut être reconnaissant au célèbre Locke d'avoir été ici le premier à ouvrir la voie. (B 118-119)

Kant reproche cependant à Locke de s'être limité à la déduction empirique, et de n'avoir pas vu que les concepts purs de l'entendement, s'ils pouvaient effectivement être « rencontrés dans l'expérience », devaient pourtant procéder d'une « origine » totalement indépendante de l'expérience. C'est pourquoi Kant peut dire, contre Locke, dès les toutes premières lignes de l'introduction de la *Critique* : « s'il est vrai que toute notre connaissance *commence avec* l'expérience, elle ne *dérive* pas pour autant entièrement *de* l'expérience » (B 1). Cela, il le dit bien contre Locke, qui écrit au début du livre II de l'*Essai sur l'entendement humain* : « C'est en l'expérience que toute notre connaissance est fondée; et c'est d'elle qu'elle *dérive* ultimement »...

Le tort de Locke serait ainsi d'avoir considéré l'expérience comme source de toute notre connaissance, et donc d'avoir exclu que l'entendement puisse être, avant toute expérience, source de concepts qui ont par là même une légitimité que ne saurait précisément leur conférer le seul fait de leur usage empirique. La fameuse question « *Quid juris ?* » que pose Kant au début du chapitre sur la déduction est ainsi directement adressée à Locke : de quel droit utilisons-nous ces concepts? Quelle est leur légitimité? Locke, pour sa part, n'aurait été capable de voir que le « fait de leur possession », notre capacité *empirique* à dégager des « concepts généraux » à partir des perceptions singulières. On retrouve déjà dans ce reproche quelque chose de la réflexion *logique*, qui produit des concepts universels à partir de « représentations données » – et on retrouve aussi un thème de la *Dissertation* de 1770, où Kant refusait que l'on réduise l'entendement à son usage « simplement logique », qui consisterait à mettre en ordre les représentations sensibles. Ainsi la démarche de Locke ne suffit-elle pas à rendre compte de l'origine des concepts fondamentaux que sont les catégories : celles-ci ne peuvent précisément pas être dérivées de l'expérience et d'un travail de généralisation logique opéré sur les représentations sensibles.

Mais justement, nous avons vu qu'après 1770, Kant, mettant de côté la notion d'« usage réel », en est venu à aborder le problème des concepts de l'entendement en lien beaucoup plus étroit avec l'usage logique (dans la problématique du « fil conducteur »), donc au plus près de cette faculté de mettre en ordre les intuitions sensibles. C'est ce qui l'a conduit à une des thèses majeures de la *Critique* : si les catégories ont une *origine* purement intellectuelle, leur *usage*, c'est-à-dire leur application à des objets, ne peut être qu'empirique, tourné vers des intuitions sensibles – et correspond donc bien dans cette perspective (celle de l'application ou de la réalisation) à un usage simplement logique.

Or, considérée de ce point de vue, la position de Kant vis-à-vis de Locke est en fait beaucoup plus problématique et nuancée qu'elle n'en a l'air. En effet, s'il faut opposer à Locke que toute notre connaissance ne *dérive* pas de l'expérience, il *demeure vrai aussi* que la connaissance *commence* avec l'expérience – et c'est même d'une importance cruciale, dans la mesure où les concepts purs de l'entendement ne peuvent acquérir une réalité objective que dans leur application à des objets empiriques. Avec cette concession faite à Locke dès la première phrase de la *Critique*, Kant livre au passage quelques indications importantes sur ce point de vue de l'usage :

> Que toute notre connaissance commence avec l'expérience, il n'y a là absolument aucun doute : car par quoi le pouvoir de connaître devrait-il être éveillé et mis en exercice, si cela ne se produisait pas par l'intermédiaire d'objets qui affectent nos sens et qui pour une part, produisent d'eux-mêmes des représentations, tandis que, pour une autre part, ils mettent en mouvement l'activité de notre entendement, pour *comparer* ces représentations, les *relier* ou les *séparer*, et élaborer ainsi la *matière brute des impressions sensibles* en une connaissance des objets, qui s'appelle expérience ? (B 1)

Le travail de l'entendement, en tant qu'il *commence* toujours avec l'expérience (même s'il n'en « dérive » pas entièrement), consiste à *comparer*, *relier* et *séparer* les impressions sensibles. Or, dans cette tripartition, on retrouve évidemment, à quelques réaménagements près, les actes de production du concept décrits par la *Logique* – comparaison, réflexion et abstraction –, et donc l'usage logique. Cela n'est pas étonnant, dans la mesure où le texte de la *Logique* a précisément pour thème ce que l'entendement peut faire, en toute généralité, de « représentations données ».

Là encore, on voit bien que pour Kant, l'usage logique rejoint l'usage empirique. Or, c'est certainement aussi là que se situe le point de jonction entre l'intellectualisme de Leibniz et le sensualisme de Locke. Jocelyn Benoist, dans son étude sur la *Réponse à Eberhard*, a bien montré en quoi les opérations logiques de « réflexion » et d'« abstraction » pouvaient être considérés comme « relativement neutres gnoséologiquement » par rapport à l'empirisme ou au rationalisme, et relevaient en somme « de la grammaire commune de ces deux pensées »[1]. Dans les deux cas, l'usage logique, qu'il consiste à analyser ou à mettre en ordre, présuppose des *représentations données* sur lesquelles s'exercer – représentations dont le statut originairement sensible ou intellectuel lui est relativement indifférent, pourvu qu'elles soient « données »...

Mais surtout, on peut rapprocher la description kantienne des trois opérations logiques (comparer, relier, séparer) ainsi impliquées dans l'usage empirique de l'entendement d'un texte central de l'*Essai sur l'entendement humain*, où Locke, après avoir énuméré et décrit l'ensemble des « idées simples » issues de l'expérience, passe à ce que l'entendement peut en faire, et où l'on retrouve à peu de choses près la même tripartition. Selon Locke, notre entendement peut en effet soit *composer*, soit *comparer*, soit *séparer* ses idées simples :

> Les actes de l'esprit, par lesquels il exerce son pouvoir sur les idées simples, sont principalement les trois suivants : 1) combiner plusieurs idées simples pour en faire une composée ; c'est de cette manière que toutes les idées complexes sont faites. 2) Le second consiste à rapprocher deux idées, simples ou complexes ; et à les poser l'une à côté de l'autre, de manière à les prendre en vue toutes les deux à la fois, sans les unir en une seule. C'est par cette voie qu'il reçoit toutes ses idées de relation. 3) Le troisième consiste à les séparer de toutes les autres idées qui les accompagnent dans leur existence réelle ; cela s'appelle l'abstraction ; et c'est ainsi que toutes ses idées générales sont faites. (II. 12.1)

À partir des idées simples reçues passivement de l'expérience[2], trois actes sont donc possibles : 1) réunion, ou liaison ; 2) comparaison ; 3) séparation, ou abstraction. On est donc bien ici, à ce point de transition entre la passivité (dans la réception des idées simples) et l'activité de l'entendement, au plus près de la tripartition des actes intellectuels que Kant décrit au début de l'introduction de la *Critique* (comparer, relier, séparer), à propos de l'usage empirique de notre entendement ; mais cela correspond aussi à la tripartition des actes de production du concept quant à la forme qui est détaillée au paragraphe 6 de la *Logique* (comparaison, réflexion, abstraction).

1. J. Benoist, « Les limites de l'ontologie et le sujet critique », présentation de la *Réponse à Eberhard*, introd., trad. fr. et notes J. Benoist, Paris, Vrin, 1999, p. 46.

2. Plus précisément, des deux sources empiriques que sont la « sensation » et la « réflexion » – mais nous préciserons cela un peu plus loin.

Cependant, il faut noter deux déplacements très nets. 1) Contrairement à ce qui se passe dans la *Logique*, Locke ne parle pas ici, à côté de la comparaison et de l'abstraction, de « réflexion », mais plutôt de l'acte qui consiste à « combiner » ou à « composer » des idées simples pour former des idées complexes. La définition kantienne de la « réflexion », dans la *Logique*, comme « prise en considération de la manière dont des représentations peuvent s'unifier dans une conscience », n'en est cependant pas si éloignée. 2) Surtout, à la différence de Kant, Locke ne fait pas de *l'universalité* des représentations la finalité de ces trois actes; c'est *seulement à l'abstraction* qu'il revient chez lui de produire des « idées générales ». Si la réflexion de la *Logique* opère une unification, ou une réunion des représentations, c'est bien en dégageant les caractères qui leur sont communs, donc en produisant le concept comme représentation générale – rôle qui est dévolu seulement à l'abstraction chez Locke. Kant souligne explicitement dans la *Logique* que l'abstraction, considérée comme l'opération simplement *négative* qui consiste à *écarter* des représentations de notre conscience, ne suffit pas à expliquer *positivement* pourquoi tel ou tel caractère est retenu dans la conscience comme « principe de connaissance », bref comme représentation générale. En même temps qu'il remet la production de l'universalité au cœur du travail de l'entendement – alors qu'elle joue chez Locke un rôle nettement moins central –, Kant la fait donc glisser de l'abstraction vers la *réflexion*. Bref, *relier* les représentations, c'est désormais, du point de vue de la *Logique*, *réfléchir* aux caractères communs qui peuvent permettre de les ramener sous des représentations universelles, et non plus simplement les *combiner* ou les *composer*. On peut représenter ces déplacements dans le tableau suivant :

Locke	Kant	Kant
Essai, II. 12.1	introduction de la *Critique*	*Logique*
opérations de l'entendement sur les idées simples	actes par lesquels l'entendement est « éveillé et mis en exercice »	actes de production du concept selon la forme de l'universalité
Comparaison production des idées de relation	**Comparer**	**Comparaison**
Composition production des idées complexes	**Relier**	**Réflexion** saisie des caractères communs
Séparation/Abstraction production des idées générales par élimination des différences	**Séparer**	**Abstraction** élimination des différences

Kant modifie donc la donne par rapport à Locke, et cela va évidemment de pair avec la volonté de redonner à la forme logique de l'universalité, dans la constitution de l'expérience, un poids qu'elle n'a pas chez Locke : pour Kant, l'entendement est bien le pouvoir des concepts, le pouvoir de susciter originairement l'universalité dans la diversité des représentations, en particulier par le biais des catégories. C'est bien pourquoi il ne saurait être réduit à un simple usage logique, compris comme la mise en ordre de représentations sensibles.

À s'en tenir là, cependant, on négligerait sans doute la leçon la plus importante de ce rapprochement textuel. En effet, comme nous l'avons vu, la réflexion, comme acte logique, ne peut produire des caractères communs, donc des concepts, avec la forme de l'universalité que requiert la faculté de juger, et donc l'unité *analytique* des représentations, qu'en faisant fond sur leur unité *synthétique*. C'est bien pourquoi la réflexion logique n'est *que réflexion*, elle présuppose cette opération d'unification plus fondamentale qu'est la synthèse. C'est aussi ce qui fait la grande ambiguïté de cette opération, qui repose comme nous l'avons vu sur une inévitable *indécision* entre unité analytique et unité synthétique – et par conséquent entre matière logique et matière sensible, et en fin de compte entre phénomènes et noumènes. Or, si Locke a méconnu le problème de l'unité analytique, c'est peut-être dû à la manière dont il a aperçu, à travers son insistance sur la « composition » des idées, *le problème – plus fondamental aux yeux de Kant lui-même – de l'unité synthétique*.

Dans les *Progrès de la métaphysique*, Kant désigne explicitement la « composition » – autre nom de la « synthèse » – comme l'acte fondamental de l'entendement, et il affirme alors que la représentation du « composé » est rien de moins que « l'unique concept fondamental *a priori*, qui est de façon originaire dans l'entendement au fondement de tous les concepts d'objets des sens » [1]. En effet, toute intuition, par définition, est *simple*, et le fait de tracer par exemple un espace déterminé (même une ligne) suscite nécessairement un acte de composition originairement produit par l'entendement. Voilà qui est fort proche de Locke : celui-ci décrit, pendant tout le début du livre II de l'*Essai*, comment les idées « entrent dans l'entendement », et montre qu'elles ne peuvent le faire que comme « idées simples » – les idées complexes apparaissant ensuite comme le résultat d'une activité de l'entendement sur ce matériau initial.

1. *Progrès de la métaphysique*, AK XX, 271, trad. p. 25.

En outre, après avoir posé que les concepts *a priori* de l'entendement correspondent nécessairement aux différentes espèces « de composition (synthèse) consciente », Kant ajoute dans les *Progrès de la métaphysique* que, si ces concepts sont bien des fonctions logiques (qui, comme tels, doivent réaliser l'unité analytique requise par la faculté de juger), c'est seulement dans la mesure où ces fonctions logiques « représentent *a priori* l'unité synthétique de l'aperception du multiple donné dans une intuition en général ». Et c'est alors qu'il ajoute cette remarque, que nous avons déjà citée, sur l'*indécision* que cela crée, quant au statut analytique ou synthétique de l'unité ainsi suscitée dans les représentations :

> L'entendement ne manifeste son pouvoir que dans les jugements, qui ne sont rien d'autre que l'unité de la conscience dans la relation des concepts en général, *sans qu'on décide si cette unité est analytique ou synthétique*[1].

On voit bien que cette indécision – qui caractérise la réflexion logique – est ainsi le nœud du débat entre Locke (qui insiste sur la composition synthétique des idées simples) et Leibniz (guidé par l'exigence d'unité analytique), en même temps que le centre de symétrie de leurs erreurs amphibologiques.

Dès lors, il n'est pas inutile de s'intéresser de plus près à ce que Locke dit de l'opération qui consiste à « composer » ou à « combiner » les idées simples : encore une fois, si Locke n'a pas « vu » l'unité analytique comme telle, c'est peut-être précisément parce qu'il a saisi, par son insistance sur la *composition des idées*, quelque chose de l'unité *synthétique*. Kant suggère bien quelque chose de tel dans les *Prolégomènes* : après avoir reproché à Wolff et à Baumgarten de n'avoir pas su apercevoir la distinction entre jugements analytiques et jugements synthétiques, en raison de leur « dogmatisme », il reconnaît chez Locke une « indication en direction de cette distinction »[2], et cite un passage précis du livre IV de l'*Essai*, consacré à « l'accord ou l'opposition de nos idées dans la coexistence », leur « connexion nécessaire », qui fonde ou devrait fonder notre connaissance des « substances » (IV. 3.9). Dans cette perspective, la position de Locke est au moins aussi importante aux yeux de Kant que celle de Leibniz. Dans l'Amphibologie, Kant reproche justement à ce dernier d'avoir fait abstraction de la composition comme problème proprement fondamental : « Leibniz faisait de toutes les substances, parce qu'il se les représentait comme noumènes, et même des parties constitutives de la matière, dès lors

1. *Progrès de la métaphysique*, AK XX, 272, trad. p. 25. Nous soulignons.
2. *Prolégomènes*, AK IV, 270, trad. p. 33.

qu'il avait retiré en pensée tout ce qui en elles pouvait signifier une relation extérieure – donc aussi la *composition* –, des sujets simples dotés de facultés de représentation, en un mot, des *monades* » (B 321-322). Nous allons donc à présent suivre l'argumentation du livre II de l'*Essai* de Locke, et la conception de l'entendement qui s'y dessine à travers la logique de la composition des idées simples – et nous pourrons alors mieux voir ce que Kant a retenu de cette démarche, et les véritables attendus – beaucoup plus subtils qu'ils n'en ont l'air au premier abord – de son jugement sur Locke, en tant qu'il est étroitement articulé à la critique de Leibniz [1].

LA RÉFLEXION SELON LOCKE

Toute la « logique » déployée par Locke dans l'*Essai sur l'entendement humain*, et notamment l'opération de « composition » qui y joue un rôle central, est fondée sur la thèse initiale – constamment réaffirmée dans l'ouvrage – que toute la « matière » de notre connaissance consiste en des *idées simples*, reçues exclusivement de l'expérience. En outre, la notion de « réflexion » est étroitement liée à cette thèse, dans la mesure où Locke dérive toutes les idées simples de deux « sources » : la « sensation » et la « réflexion ». Il est évidemment essentiel de comprendre cela pour saisir ce qu'a pu en retenir Kant qui, comme nous l'avons vu, attaque précisément Locke sur ce thème : « Locke avait fait des concepts de l'entendement des concepts de la réflexion empiriques ou abstraits » (B 327).

Au début du chapitre 1 du livre II de l'*Essai*, Locke introduit pourtant la réflexion comme une « source d'idées » originale, complètement distincte de l'autre source qu'est la sensation :

> [...] D'abord, nos sens, tournés vers les objets sensibles particuliers, introduisent bien dans l'esprit plusieurs perceptions distinctes des choses. [...] Cette grande source de la plupart des idées que nous avons, en tant qu'elle dépend entièrement de nos sens, et qu'elle est dirigée par eux vers l'entendement, je l'appelle SENSATION.

1. A. Gurwitsch a brillamment mené une confrontation analogue entre Kant, Leibniz et Hume, autour du problème de la synthèse et de la composition : « Pour Kant, qui suit jusqu'à un certain point la théorie de Hume, l'enjeu est de rétablir une liaison entre les perceptions autosuffisantes ou les données des sens. En ce sens, l'unité et la liaison deviennent pour Kant un *problème*, ce qu'elles n'étaient pas pour Leibniz » (*Kants Theorie des Verstandes*, T.M. Seebohm (ed.), Dordrecht-Boston-London, Kluwer Academic Publishers, 1990, p. 87).

> [...] Ensuite, l'autre source, à partir de laquelle l'expérience fournit des idées à l'entendement, est la perception des opérations de notre propre esprit à l'intérieur de nous, en tant qu'il est occupé par les idées qu'il a reçues; lesquelles opérations, quand l'âme y réfléchit et les considère, fournissent à l'entendement un autre ensemble d'idées, qui n'auraient pas pu être obtenues des choses extérieures; à savoir, la perception, penser, douter, croire, raisonner, savoir, vouloir, et tous les différents actes de nos propres esprits. En tant que nous en sommes conscients, et que nous les observons en nous-mêmes, nous en recevons dans notre entendement des idées aussi distinctes que celles que nous recevons des corps qui affectent nos sens. Cette source d'idées [...], je l'appelle RÉFLEXION. (II. 1.2-4)

Il y a donc bien chez Locke, outre la sensation, une source d'idées que l'on peut qualifier de proprement intellectuelles, puisqu'elles « n'auraient pas pu être obtenues des choses extérieures », et que l'entendement découvre comme provenant *de lui-même*. Il est révélateur que Leibniz, dans les *Nouveaux Essais*, se soit engouffré dans cette brèche, qu'il ait vu dans la reconnaissance de cette source intellectuelle par Locke une contradiction par rapport à son refus de l'innéisme : « la réflexion n'est autre chose qu'une attention à ce qui est en nous. Cela étant, peut-on nier qu'il y ait beaucoup d'inné en notre esprit, puisque nous sommes innés, à nous-mêmes pour ainsi dire, et qu'il y a en nous : Être, Unité, Substance, Durée, changement, Action, Perception, Plaisir, et mille autres objets de nos idées intellectuelles ? »[1].

Cette objection fait bon marché, cependant, du statut précis que Locke donne à la « réflexion ». Il prend bien soin de préciser, à plusieurs reprises, que celle-ci est, tout comme la sensation, une source *empirique*, qui nous délivre des idées seulement dans et par l'*expérience*. Elle est « l'autre source, à partir de laquelle *l'expérience* fournit des idées à l'entendement ». Kant, pour sa part, a bien cela en vue, en parlant « des concepts de la réflexion *empiriques* » de Locke. Ce dernier exclut donc par avance que la réflexion puisse être source d'idées innées; bien au contraire, si l'entendement tire dans la réflexion des idées de lui-même, ce ne sont que des idées d'*opérations*. En particulier, la première de ces opérations – la première idée de réflexion, donc – est la *perception*. Or, si celle-ci est assurément quelque chose que l'entendement tire de son propre fonds, si elle révèle une forme de spontanéité, elle reste toujours articulée chez Locke avec une *passivité* fondamentale et première, qui en fait bien une opération *empirique* :

1. *Nouveaux Essais*, A VI, 6, 51.

> La perception, en tant qu'elle est la première faculté de l'esprit, qui s'exerce sur nos idées, est la première et la plus simple des idées que nous obtenons de la réflexion, et est appelée par certains la pensée en général. Pourtant, *thinking*, selon l'usage de la langue anglaise, signifie le type d'opération de l'esprit sur ses idées, dans lequel l'esprit est actif; dans lequel, avec quelque degré d'attention volontaire, il considère quelque chose. Or dans la perception simple et nue, l'esprit est, pour la plus grande part, seulement passif; et ce qu'il perçoit, il ne peut éviter de le percevoir. (II. 9.1)

La perception n'est – au moins « pour la plus grande part » – pas un acte. Considérée dans son rapport aux idées perçues, elle apparaît comme passive, seconde par rapport à ces idées. En même temps, elle est la « première faculté de l'esprit, qui *s'exerce* sur nos idées ». Autrement dit, il lui est aussi essentiel d'être, au moins pour une « petite » part, *active*. C'est la notion d'attention qui fait le lien entre les deux points de vue : plus l'esprit est attentif, plus il est actif, plus il « pense » ; moins il est attentif, au contraire, et plus il est proche de la « perception simple et nue ». Une idée n'est selon Locke véritablement présente à l'entendement que pour autant que celui-ci la *remarque*, par une opération d'attention qui conjugue étroitement activité et passivité :

> Il est certain que, quelles que soient les altérations produites dans le corps, si elles n'atteignent pas l'esprit, quelles que soient les impressions faites sur les parties externes, si elles ne sont pas remarquées de l'intérieur, il n'y a aucune perception. Le feu peut brûler nos corps, sans autre effet que lorsqu'il brûle une bûche, à moins que le mouvement ne soit prolongé jusqu'au cerveau, et qu'à cet endroit la sensation de chaleur, ou l'idée de douleur, ne soit produite dans l'esprit, ce qui constitue la *perception effective*. (II. 9.4)

La « perception » est ici comprise comme « perception *effective* » : pour qu'une brûlure soit perçue, il ne suffit pas qu'elle atteigne le corps ou même le cerveau. Il lui faut produire une idée dans l'esprit, autrement dit, il faut que l'esprit la *remarque*; si celui-ci est occupé par d'autres objets, il peut fort bien ne pas percevoir un son qu'il aurait autrement perçu avec la même altération des organes sensoriels. C'est aussi pourquoi Locke insiste sur le fait que la perception connaît des variations d'intensité, et des interruptions : nous pouvons penser avec plus ou moins d'intensité, et, lorsque nous dormons sans rêver, la pensée semble complètement s'arrêter. C'est ce qui conduit Locke à demander, au chapitre 19 du livre II : « n'est-il pas probable, *que la pensée est l'action, et non l'essence de l'âme*? En effet, les opérations des agents admettront aisément intensification et rémission;

mais on ne conçoit pas que les essences des choses soient capables de telles variations » (II. 19.4, souligné par Locke).

Bref, la perception, première idée de la réflexion, correspond à une opération qui s'accomplit par intermittences, et qui comporte une dimension essentielle de passivité; c'est donc bien une *expérience*, et en aucun cas quelque chose que l'on pourrait caractériser d'inné ou d'essentiel à l'esprit. La perception lockienne correspond donc à ce que Kant appellera l'aperception *empirique*, par opposition à l'aperception pure, qui justement précède toute expérience (sans pour autant être innée).

De cette caractérisation de la perception découle la caractérisation des idées originaires de la sensation et de la réflexion comme idées *simples*, qui constituent aux yeux de Locke le « matériau de toute notre connaissance ». En effet, elles correspondent au degré le plus élémentaire de perception, et plus précisément à une forme d'abstraction ou de séparation :

> Bien que les qualités qui affectent nos sens soient dans les choses elles-mêmes tellement unies et mélangées, qu'il n'y a aucune séparation, aucune distance entre elles; il est pourtant clair que les idées qu'elles produisent dans l'esprit, entrent simples et sans mélange par les sens [...]. La main sent douceur et chaleur dans le même morceau de cire; et pourtant les idées simples ainsi réunies dans le même sujet, sont aussi parfaitement distinctes, que celles qui viennent par des sens différents. (II. 2.1)

Ce texte est tout à fait essentiel pour comprendre la « composition » des idées qui est décrite dans le livre II de l'*Essai*. Car Locke montre ici que les idées, telles qu'elles entrent dans l'entendement, en tant qu'idées simples, sont essentiellement isolées ou séparées. On pourrait même dire que ce sont des idées *abstraites*; et ce, dans le sens rigoureux que Locke donne au mot « abstraction » : il la définit, au chapitre 12, comme l'action de « séparer des idées de toutes les autres idées qui les accompagnent dans leur existence réelle » (II. 12.1). À un autre endroit de l'*Essai*, il précise encore : « la véritable opération de l'esprit, dans l'abstraction, consiste à considérer une idée *sous nulle autre existence, que celle qu'elle a dans l'entendement* » (IV. 9.1). La doctrine des idées simples répond donc à la question qui introduit le livre II : « comment les idées arrivent-elles dans l'entendement ? ». Cette question est essentiellement liée au statut de la perception. Nous l'avons vu, ce qui constitue la perception comme acte, c'est d'abord l'attention que l'entendement porte aux idées. Or, notre attention est limitée, en ceci que l'esprit ne peut recevoir en lui qu'un nombre limité d'idées différentes, surtout lorsqu'il est déjà fortement occupé « ailleurs ». Mais cela signifie inversement que l'idée que l'esprit perçoit le mieux, qui « entre » le mieux en lui, est celle qui ne disperse pas son attention. *Autrement dit, c'est l'idée simple*. La compréhension de la perception comme acte d'attention et la définition de l'idée simple sont donc liées. S'il est vrai que « la véritable opération de l'esprit, dans l'abstraction, consiste à considérer une idée *sous nulle autre existence, que celle qu'elle a dans l'entendement* », ce qui existe le plus « dans l'entendement », c'est ce qui se manifeste le mieux à son attention, c'est donc l'idée la plus simple. C'est aussi pourquoi l'opération de l'esprit qui dans l'*Essai* suit la perception est la « distinction » (chapitre 11 du livre II), qui consiste précisément à séparer les idées qui peuvent l'être; l'idée simple est l'aboutissement de toute distinction, puisqu'il s'agit d'une « apparence uniforme, ou d'une conception uniforme dans l'esprit, [dans laquelle] on ne peut pas distinguer plusieurs idées » (II. 2.1).

Ainsi, vis-à-vis des idées simples, l'esprit est tout à la fois passif et actif : leur statut est conditionné par l'exigence d'attention (donc d'activité) que nécessite l'être perçu et donc l'être des idées dans l'entendement. On pourrait parler à cet égard, comme l'a suggéré Jean-Michel Vienne [1], d'une *abstraction originaire*, inhérente à la réception des idées simples, et qui consiste en cet acte d'attention qui s'inscrit au cœur même de la réceptivité et la rend possible. Cela étant, il s'agit en même temps d'un acte minimal : il s'agit du « premier degré » de la connaissance. Pour reprendre une expression que Kant utilise à propos de Locke, il s'agit du tout premier « effort » (B 118) de notre faculté de connaître. Autrement dit, avec l'idée simple, il s'agit pour Locke de dégager le degré minimum d'attention requis pour que quelque chose existe dans l'entendement, la toute première activité de l'esprit.

Un autre texte, tiré du chapitre sur la « durée », peut confirmer cette étroite articulation de la passivité et de l'activité dans la perception, et même renforcer sans doute son caractère passif. Locke définit en effet la durée à partir de la succession des idées en nous. Or, s'agissant de cette succession, il relève un fait d'expérience fondamental :

> Qu'[un homme] prenne, pour voir, n'importe quelle figure, n'importe quel degré de lumière ou de blancheur, ou n'importe quelle autre idée qu'il lui plaira de prendre; et il trouvera difficile, je suppose, de garder toutes les autres idées hors de son esprit; au lieu de cela, certaines d'entre elles, soit d'un autre type, soit des considérations différentes de la même idée (chacune de ces considérations étant une nouvelle idée) se succèderont

1. Voir J.-M. Vienne, *Expérience et raison. Les fondements de la morale selon Locke*, Paris, Vrin, 1991, p. 129-131 : « la sensation est déjà une abstraction en ce qu'elle découpe dans la réalité des idées séparées ».

> constamment les unes aux autres dans ses pensées, même s'il se méfie autant qu'il le peut.
> Tout ce qui en ce cas est dans le pouvoir de l'homme, je pense, est seulement de penser et d'observer quelles sont les idées qui sont tour à tour dans son entendement; ou bien, d'en choisir le genre, et de faire venir celles dont il a le désir ou l'usage. Mais empêcher que des idées neuves succèdent constamment aux précédentes, je ne pense pas qu'il le puisse, bien qu'il puisse en général choisir s'il veut ou non attentivement les observer et les considérer. (II. 14.14-15)

Là encore, l'entendement est actif en tant qu'il peut convoquer une idée, l'observer plus ou moins attentivement, ou orienter ses pensées en en choisissant le genre. Mais ici, ce pouvoir actif est borné non seulement par la nécessité de percevoir passivement ces idées, mais encore par le constant renouvellement des idées, lui aussi entièrement subi. Ce qui rend cette passivité vraiment radicale, c'est l'incise selon laquelle chacune des « considérations différentes d'une même idée » est déjà une « nouvelle idée » : même lorsque nous maintenons volontairement une idée dans l'esprit, celle-ci est dispersée dans les « différentes considérations » qu'elle suscite, et qui sont autant d'idées différentes. C'est ici qu'apparaît la radicalité du projet lockien : *comprendre les actes de l'entendement à partir de cette dispersion radicale de la perception dans l'expérience*. Et c'est pourquoi Locke insiste autant sur les idées simples, c'est-à-dire, sur ce niveau élémentaire et instantané de nos perceptions – c'est bien à partir de là que toute notre expérience et notre connaissance doivent se constituer : « le raisonnement et la connaissance de tout homme concernent seulement les idées qui existent dans son propre esprit, qui sont toutes des existences particulières » (IV. 17.8).

Nous ne pourrions pas connaître grand-chose, ni faire grand-chose, si notre entendement n'était pas capable *de diriger la succession constante et irrésistible de perceptions différentes* qu'il observe en lui-même, en choisissant leur « genre » ou en faisant « venir celles dont il a le désir ou l'usage ». C'est en cela que notre pouvoir de connaître – autrement dit notre entendement – consiste pour Locke. En cela, il s'oppose diamétralement à Leibniz, pour qui toute la suite des choses de l'univers est contenue – au moins inconsciemment – dans chaque perception; pour Locke, la perception, en tant que perception essentiellement consciente, *ne cesse de sortir d'elle-même*. On reconnaît là, évidemment, un des thèmes majeurs du débat que Leibniz engage avec Locke dans les *Nouveaux Essais*. Mais inversement, on reconnaît là aussi bien un des principaux reproches que Kant adresse à Leibniz dans l'Amphibologie : ne pas avoir accepté de *sortir du concept*, en raisonnant seulement selon les exigences de l'analyse logique. Nous avons vu en outre à quel point ce reproche était lié chez Kant au problème de l'aperception, dans la mesure où l'erreur de Leibniz est constamment ramenée dans l'Amphibologie au refus de « prêter attention » à la diversité de l'espace et du temps. On voit mieux alors à quel point la conception lockienne de l'entendement a pu servir à Kant de point de comparaison par rapport à Leibniz.

Mais cette caractérisation de la perception – et par suite de l'entendement – a une autre conséquence pour Locke : une certaine primauté des idées simples de la sensation par rapport aux idées simples de la réflexion. En effet, ce qui caractérise *toutes* les idées simples, c'est d'abord la passivité de l'entendement à leur égard; si elles procèdent bien d'une activité d'attention originaire, celle-ci est précisément réduite au minimum requis pour assurer leur existence dans l'entendement. La « plus grande part » de la perception consiste en la réception passive, « simple et nue » de l'idée, en tant justement qu'elle *suscite* ou *occasionne* l'attention. Or ce sont bien les idées de sensation qui exigent un minimum d'activité, un minimum d'efforts de la part de l'entendement, et qui *du même coup sont les premières à susciter son attention, et donc à initier la perception.*

Au chapitre 1 du livre II, juste après avoir introduit et défini les deux sources d'idées, Locke aborde l'examen de la question : « À quel moment un homme a-t-il pour la première fois des idées ? » (II. 1.9). Et, de ce point de vue chronologique, la réponse est clairement formulée : « je ne vois aucune raison de croire, que *l'âme pense avant que les sens ne lui aient fourni des idées* auxquelles penser » (II. 1.20). Locke ajoute un peu plus loin : « C'est à ces impressions faites sur nos sens par les objets extérieurs, que l'esprit semble en premier lieu s'employer dans des opérations telles que celles que nous appelons perception, se rappeler, la considération, raisonner, etc. » (II. 1.23). C'est la caractérisation de la perception comme action, plus précisément comme acte d'*attention*, qui justifie cela. Ainsi l'enfant nouveau-né est-il décrit comme un être encore largement en puissance, autrement dit inactif, qui « passe la plus grande partie de son temps à dormir, et qui est rarement éveillé ». Il ne fait donc pas encore – ou presque pas – *usage* de son entendement. Ce qui caractérise alors pour Locke les premières perceptions de cet enfant, à savoir la faim et la douleur (« la plus importune de toutes les sensations »), c'est qu'elles « forcent l'esprit à percevoir, et à y être attentif » (II. 1.21). C'est également pour Locke l'accumulation des sensations qui occasionne le progrès des pensées : « à mesure que les sens fournissent à l'esprit de plus en plus d'idées, ce dernier en arrive à être de plus en plus éveillé ; il pense d'autant plus, qu'il a de la matière sur laquelle penser » (II. 1.22).

Lorsque Kant, au paragraphe 13 de la *Critique*, parle de l'importance donnée par Locke à l'usage empirique de l'entendement, il semble bien viser cette compréhension de la perception, qui doit être initiée par la sensation. Locke est ainsi salué pour avoir recherché « les premiers efforts de notre faculté de connaître pour s'élever des perceptions singulières à des concepts généraux » (B 118-119). Et Kant lui accorde bien que, dans l'usage empirique, « ce sont alors les impressions des sens qui fournissent la première occasion d'exercer sur eux toute la faculté de connaître » (*ibid.*). De même, lorsque Kant accorde à Locke, au début de l'introduction de la *Critique*, que « toute connaissance commence avec l'expérience », cette description du commencement chronologique de la connaissance, par lequel notre entendement est « *éveillé* et mis en exercice », comporte une bipartition qui rappelle fort la distinction lockienne de la sensation et de la réflexion, puisque, « d'une part », les objets qui affectent nos sens « produisent d'eux-mêmes des représentations » (sensation), et d'autre part « mettent en mouvement l'activité de l'entendement » (les « opérations de l'esprit » dont la réflexion donne les idées – B 1). Et pour Locke, la primauté de la sensation est effectivement simplement chronologique : les premières idées sont des idées de la sensation, « *et ne diffèrent des autres idées qu'en ce qu'elles les précèdent dans le temps* » (II. 9.6).

Locke introduit ainsi quelque chose qui semble instaurer, sinon une hiérarchie, du moins un ordre entre la sensation et la réflexion : à savoir, que les idées de la réflexion sont des idées d'*opérations*. Locke précise même, dès le départ, que ce sont les idées des opérations de notre esprit, « en tant qu'il est occupé par les idées qu'il a reçues » (II. 1.4). Autrement dit, ces opérations ne peuvent être réfléchies qu'en tant qu'elles s'exercent déjà, sur d'autres idées. La réflexion serait donc dépendante de la sensation, dans la mesure où celle-ci donne une matière aux opérations de l'esprit. Ainsi, même si la réflexion est désignée par Locke comme « source » au même titre que la sensation, les opérations de l'esprit ne peuvent se manifester sans que soient déjà présentes les idées sur lesquelles elles s'exercent – celles de la sensation.

À la fin du chapitre 11, Locke explique ainsi pourquoi il a traité des « opérations de l'esprit » dans les chapitres 9, 10 et 11, c'est-à-dire après avoir examiné les idées simples de la sensation, et avant d'en venir aux idées complexes :

> Ces opérations de l'esprit à l'égard des idées reçues de la *sensation*, lorsqu'elles sont réfléchies, constituent elles-mêmes un autre ensemble d'idées, dérivées de cette autre source de la connaissance que j'appelle

> *réflexion*, et qui sont donc bien à leur place ici, après les idées simples de la *sensation*. (II. 11.14)

La première présentation des idées de la réflexion, qui précède l'examen des idées complexes, est justifiée parce que des opérations de l'esprit sont nécessaires à la réception des idées simples de la sensation. Ces idées de la réflexion ne se comprennent donc qu'à même la sensation, même si elles ne s'y réduisent pas. Ce sont donc les idées de la sensation qui, à ce stade de l'*Essai*, tiennent en quelque sorte le premier rôle. Il n'est donc pas si étonnant que Locke, de manière récurrente, désigne *l'ensemble* de nos idées simples – celles de la sensation et celles de la réflexion – comme « matériaux » de la connaissance : « ces idées simples, matériaux de toute notre connaissance, ne sont suggérées et fournies à l'esprit que par les deux voies mentionnées plus haut, à savoir la sensation et la réflexion » (II. 2.2); « ces idées simples [de la sensation et de la réflexion] suffisent à fournir les matériaux de toute connaissance humaine » (II. 7.10).

Locke donne un rôle structurant à cette analogie, au moment où, ayant achevé le relevé initial de toutes les idées simples, il s'engage dans l'étude des actes par lesquels, « à partir [des] idées simples, prises comme matériaux et fondations du reste, les autres idées sont formées ». Comme nous l'avons vu plus haut, ces actes sont au nombre de trois : 1) réunion, ou liaison; 2) comparaison; 3) séparation, ou abstraction. Or, Locke se contente, pour justifier cette tripartition, d'insister sur *l'analogie* entre la matière « logique » ou « intellectuelle » des idées simples, et la matière sensible et solide des corps *sentis* :

> Voilà qui montre que le pouvoir de l'homme et sa manière d'opérer *est à bien des égards le même dans le monde matériel et le monde intellectuel.* En effet, les *matériaux*, dans ces deux mondes, étant tels que l'homme n'a aucun pouvoir sur eux, pour les produire ou pour les détruire, tout ce qu'il peut faire revient soit à les *réunir*, soit à les *poser les uns à côté des autres*, soit à les *séparer* entièrement. (II. 12.1, nous soulignons)

L'analyse des pouvoirs de l'entendement (et donc ce que l'on pourrait appeler la logique de Locke) est de part en part guidée par cette analogie entre le monde intellectuel et le monde matériel. Les idées simples sont bel et bien le matériau de toute notre connaissance, et on peut donner à ce matériau un sens tout à la fois corporel et intellectuel. Il y a là plus qu'une simple figure de style : c'est une analogie structurelle, issue du rapport initialement identifié entre sensation et réflexion. Voilà sans doute une des raisons pour lesquelles Kant reproche à Locke d'avoir, à travers son système de « noogonie » – centré sur le commencement *empirique* de la connaissance – « sensualisé les concepts de l'entendement », considérés comme « concepts de la réflexion empiriques » (B 327).

Matière logique, ou matière sensible ? – Il nous semble que c'est bien une telle ambiguïté qui guide aussi le questionnement de Kant sur les « représentations données » qui servent de « matière » aux opérations logiques et formelles de comparaison, de réflexion et d'abstraction. Ces représentations, en tant qu'elles se prêtent à ces opérations, à la conceptualisation et au jugement, sont bien une matière logique, soumise aux exigences de l'unité analytique de l'aperception. Mais, comme nous l'avons vu, l'unité analytique ne se comprend pour Kant qu'à partir de l'unité synthétique, par conséquent en référence à une matière de représentations reçue de la sensibilité, selon les formes de l'espace et du temps. C'est bien sur cette diversité originaire de la matière sensible fournie dans l'expérience à notre entendement que Locke insiste, à travers sa caractérisation des idées simples, et de la dispersion de la perception comme acte d'attention empirique.

Réflexion et aperception

La conception lockienne de l'entendement repose donc entièrement sur l'exigence de ramener toutes les idées à leur aperception empirique : pour qu'une idée soit présente dans l'entendement, il faut qu'elle soit effectivement – et donc consciemment – perçue par lui. C'est bien ce que Kant dit de Locke : qu'il a raisonné sur l'usage empirique de l'entendement, à partir de la perception, et donc des premières impressions des sens ; qu'il a adopté le point de vue de ce qui « éveille » l'entendement et le « met en exercice ». C'est parce que Locke raisonne résolument à partir de l'aperception *empirique* qu'il place ainsi au fondement de la connaissance des idées simples, et la nécessité d'en *sortir*, de les composer entre elles ; cela implique que l'entendement ne trouve jamais *dans* ses idées ce qui peut en être connu, mais toujours en-dehors d'elles. Cette extériorité de l'aperception empirique ramène ainsi tout usage de l'entendement à la sensation, qui seule peut lui donner un contenu. Voilà ce qui commande, positivement, sa *sensualisation* des idées de la réflexion. Ce serait donc à partir de là que Locke aurait été conduit à considérer l'entendement comme une faculté de mettre en ordre logiquement (de composer, de comparer, de séparer) des idées simples originairement empiriques.

Or Leibniz, au contraire, refuse précisément de s'en tenir à l'aperception empirique, qui ne peut selon lui épuiser la puissance expressive de nos représentations. C'est justement ce qu'exprime l'exigence d'*analyse*, qu'il ne cesse d'opposer à Locke dans les *Nouveaux Essais* : la moindre de nos perceptions doit contenir *en elle* « toute la suite des choses de l'univers »[1], mais de manière confuse, c'est-à-dire, d'une manière que nous ne pouvons justement pas apercevoir empiriquement. En tant que telle, toute perception est fondamentalement intellectuelle, elle vient de l'entendement lui-même, et l'apparente extériorité des objets sensibles n'en est qu'une représentation confuse.

C'est donc au niveau de l'aperception empirique que se joue l'indécision de la « réflexion ». Si l'on considère cette aperception, comme Leibniz, du point de vue de l'unité analytique, du point de vue de ce qui doit être *implicitement* contenu en elle, on y saisira une matière intellectuelle : les caractères qui sont pensés *dans* le concept. Mais si on la considère en restant au niveau de la simple expérience, de la perception « simple et nue » de Locke, et donc du point de vue de l'unité synthétique, il s'agira plutôt d'une matière *sensible*, inscrite dans la *diversité* originaire de l'espace et du temps – diversité qui précisément oblige l'entendement à *sortir* en permanence du concept pour le lier à des caractères toujours différents. La matière représentative qui se donne à notre entendement dans l'aperception empirique, dans l'*usage* de nos facultés, et qui doit se prêter *à la fois* aux exigences de l'unité analytique et de l'unité synthétique, peut s'envisager selon ces deux points de vue, qui sont dans une certaine mesure complémentaires, mais aussi dans une certaine mesure contradictoires. C'est ce que Kant laisse entendre à la fin de l'Amphibologie :

> la cause [de l'erreur amphibologique] réside en ce que l'aperception, et avec elle la pensée, précède toute mise en ordre déterminée des représentations. Nous pensons donc quelque chose en général, et d'un côté nous le déterminons sensiblement, mais il reste cependant que nous distinguons l'objet représenté en général et *in abstracto* de cette manière de l'intuitionner. (B 345-346)

Dans l'usage de nos facultés, nous *commençons* toujours par l'aperception empirique, précisément dans le sens où « toute connaissance commence avec l'expérience » ; « avec » cette aperception, il y a évidemment déjà de la pensée, mais une pensée qui ne peut qu'être indissolublement liée à la détermination sensible (et synthétique) de l'objet, détermination qui spécifie originairement notre intuition de cet objet. Pour autant, dans cette même aperception, nous « distinguons l'objet de cette manière de l'intui-

1. *Nouveaux Essais*, A VI, 6, 55.

tionner» : autrement dit, nous le *pensons* selon les exigences propres de l'entendement, comme objet tel qu'en lui-même, indépendamment des conditions de cette synthèse sensible, et donc selon l'unité analytique de ce qui est contenu *dans* son concept. Ainsi se conjuguent, dans l'aperception empirique (qui est ce à quoi se ramène l'*usage* de l'entendement), deux manières *potentielles* de «mettre en ordre» les représentations *données* dans l'expérience: l'unité analytique et l'unité synthétique. C'est là que peut s'opérer le glissement entre matière sensible et matière intellectuelle – glissement que Kant, comme nous l'avons montré, reproche aussi bien à Locke qu'à Leibniz [1].

Voilà pourquoi les trois opérations de comparaison, de réflexion et d'abstraction – qui sont, comme nous l'avons vu, des opérations d'*attention* – œuvrent dans la *Logique* sur des « représentations données » : expression volontairement floue qui permet de renvoyer à la métaphysique la question de leur statut sensible ou intellectuel, précisément parce que cette question est indécidable au niveau de *l'usage* logique qui en est fait. Le statut ambigu de l'aperception empirique pourrait donc bien être la clef de l'Amphibologie – et peut-être une des clefs de la *Critique* tout entière.

Avant Kant, Leibniz lui-même a déjà bien perçu ce problème; il a saisi la radicalité du propos de Locke sur la perception, et en a fait un des enjeux centraux de sa lecture de l'*Essai*. Il a bien vu ce que peut avoir d'imparable la démarche lockienne de tout ramener résolument à une aperception empirique et effective, à ce qui «existe dans l'entendement» – ce qui entraîne forcément une certaine dépendance de la réflexion vis-à-vis de la sensation.

Dès le début des *Nouveaux Essais*, Leibniz accepte ainsi de contrevenir au mode d'exposition propre à son système, pour pouvoir «dialoguer» avec Philalèthe/Locke, en s'«accommodant aux expressions reçues, puisqu'en effet elles sont bonnes et soutenables et qu'on peut dire dans un certain sens que les sens externes sont cause en partie de nos pensées» [2]. Si l'on peut dire cela des sens, c'est bien en tant qu'ils *occasionnent notre aperception*, y compris celle des idées et principes innés : « il y a des idées et des principes qui ne nous viennent pas des sens, et que nous trouvons en nous sans les former, *quoique les sens nous donnent occasion de nous en apercevoir*» [3]. De même, lorsque Locke affirme que les idées sensibles et

1. Voir aussi, sur le même thème, la *Réflexion* 5049 : « C'est dans la conscience que réside toute connaissance, quelle qu'elle soit », AK XVIII, 72.

2. *Nouveaux Essais*, A VI, 6, 74.

3. *Ibid.*, nous soulignons.

les propositions particulières qui sont formées à partir d'elles précèdent dans l'exercice de nos facultés les idées plus abstraites et les vérités générales, c'est-à-dire, celles qu'on qualifie habituellement d'innées, Leibniz concède : « il est vrai que nous *commençons* plutôt de nous *apercevoir* des vérités particulières, comme nous commençons par les idées plus composées et plus grossières »[1]. Il reconnaît de même que ce qui est premier en droit ne l'est pas en fait, du point de vue de notre attention : « Ces caractères de lumière interne seraient toujours éclatants dans l'entendement, et donneraient de la chaleur dans la volonté, si les perceptions confuses des sens ne s'emparaient de notre *attention* »[2].

Ainsi, Leibniz accorde à Locke que, du point de vue de l'usage empirique conscient que nous faisons de notre entendement, la sensation, comme occasion, est chronologiquement première. À ce point de vue de l'usage empirique, il oppose néanmoins que, s'il doit y avoir des vérités nécessaires, elles ne sauraient avoir leur *origine* dans l'expérience et dans la sensation, mais dans l'entendement lui-même : « La *preuve originaire* des vérités nécessaires vient du seul entendement, et les autres vérités viennent des expériences ou des observations des sens. Notre esprit [...] est la *source* des premières, et quelque nombre d'expériences particulières qu'on puisse avoir d'une vérité universelle, on ne saurait s'en assurer pour toujours par l'induction, sans en connaître la nécessité par la raison »[3]. Or, on retrouve évidemment le même type d'objection chez Kant, qui exige des catégories, pour justifier leur usage dans des principes ayant nécessité et

1. *Nouveaux Essais*, A VI, 6, 83.

2. *Ibid.*, A VI, 6, 100. M. Kulstad, dans sa belle étude sur les notions d'aperception, de conscience et de réflexion chez Leibniz, propose un commentaire passionnant des *Nouveaux Essais* : il pointe notamment la définition de la réflexion (donnée par la préface) comme « attention à ce qui est *en nous* », en montrant que ce « en nous » véhicule une grande ambiguïté et, chez Leibniz lui-même, une certaine sensualisation de la réflexion. Cette étude montre bien que la réflexion leibnizienne entretient une relation complexe avec l'*aperception empirique*, et par conséquent avec la sensation (*Leibniz on Apperception, Consciousness and Reflection*, Münich, Philosophia Verlag, 1991, en particulier p. 123).

3. *Ibid.*, A VI, 6, 80, nous soulignons. L'*Échantillon des réflexions sur les livres I et II de l'*Essai *de Locke*, composé en 1698, présente cela de manière ramassée : « Pour prouver qu'il n'y a point d'idées nées avec nous, [Locke] allègue l'expérience qui fait voir que nous avons besoin d'occasions extérieures, pour penser à ces idées. J'en demeure d'accord, mais il ne me semble point qu'il s'ensuit que les occasions qui les font envisager, les font naître. Et cette expérience ne saurait déterminer si c'est par immission d'une espèce, ou par l'impression des traces sur un tableau vide, ou si c'est par le développement de ce qui est déjà en nous, que nous nous en apercevons. Il n'est pas extraordinaire qu'il y ait quelque chose en notre esprit dont nous ne nous apercevions point toujours » (A VI, 6, 10-11).

universalité, un « tout autre certificat de naissance que celui qui les fait naître d'expériences » (B 119).

On comprend alors que Kant puisse dire de Locke, non qu'il a *rendu sensibles* les concepts de l'entendement, ce qui, se comprenant de leur usage, aurait été légitime, mais bien plutôt qu'il les a *sensualisés*, autrement dit, qu'il a *converti l'usage empirique lui-même en origine*, et accordé par conséquent trop d'importance à la primauté simplement occasionnelle et chronologique de la sensation. Cette différence est résumée par le texte suivant :

> La sensibilité, soumise à l'entendement comme l'objet auquel celui-ci applique sa fonction, est la source de connaissances réelles. Mais cette même sensibilité, dans la mesure où elle influe sur l'acte même de l'entendement, et le détermine à juger, est le fondement de l'erreur. (B 351, note)

Ce texte doit être interprété avec précaution. En effet, Kant accorde à Locke que la sensation éveille et met en exercice la faculté de connaître. Pourtant, s'il y a sensualisation, c'est que la sensibilité influence abusivement l'acte du jugement, non dans son résultat ou dans son usage (ce qui serait légitime – c'est la leçon même de l'Analytique transcendantale), mais dans son principe même. Or, sur quoi l'influence de la sensibilité ne saurait-elle en aucun cas avoir de prise dans le jugement ? La Déduction transcendantale, surtout celle de la deuxième édition, le dit très clairement : c'est *l'aperception pure*, que Kant distingue soigneusement de *l'aperception empirique*. Alors que l'aperception empirique est toujours contingente, parce qu'elle est l'aperception d'un fait, l'aperception pure est au fondement de la nécessité des jugements objectifs. N'entrons pas pour l'instant dans les détails de cette distinction. Notons simplement que l'enjeu du rapport de forces qui s'établit dans le jugement entre la sensibilité et l'entendement est *l'aperception* et son unité. Seul l'entendement, par l'aperception pure, peut produire cette unité comme véritablement objective. Mais l'aperception empirique, dans laquelle des objets nous sont effectivement donnés comme phénomènes, est commandée par la sensibilité.

Le pouvoir de la sensibilité sur l'attention ou l'aperception, et par ce biais, sur la pensée elle-même, est un thème très classique. Les sensations sont immédiates, elles ne demandent pas d'effort, elles s'imposent au contraire d'elles-mêmes à la pensée. Pour cette raison, elles tendent à perturber ou à « contaminer » les représentations proprement intellectuelles, qui sont plus abstraites et moins immédiates, et qui par conséquent ne sont pas accessibles comme telles à notre attention empirique. Cette dernière apparaît ainsi comme le « lieu » – et l'enjeu – d'une véritable lutte d'influence entre la pensée et la sensibilité. Locke donne une valeur positive à cette influence de la sensibilité, qui seule peut venir éveiller nos facultés, les mettre en mouvement, les actualiser, en suscitant notre attention. Leibniz répond :

> Si l'esprit n'avait que la simple capacité de recevoir les connaissances ou la puissance passive pour cela, aussi indéterminée que celle qu'a la cire de recevoir des figures et la table rase de recevoir des lettres, il ne serait pas la source des vérités nécessaires [...] : car il est incontestable que les sens ne suffisent pas pour en faire voir la nécessité, et qu'ainsi l'esprit a une disposition (tant active que passive) pour les tirer lui-même de son fonds ; quoique les sens soient nécessaires pour lui donner de l'occasion et de l'attention pour cela, et pour le porter plutôt aux unes qu'aux autres [1].

Outre la simple capacité de connaître des vérités, il faut que l'esprit ait une « disposition », et que celle-ci soit déjà par elle-même une activité, sans quoi il n'y aurait pas de vérités nécessaires. Leibniz précise : « Où trouvera-t-on dans le monde une faculté qui se renferme dans la seule puissance sans exercer acte ? Il y a toujours une disposition particulière à l'action [...]. Et outre la disposition il y a toujours une tendance à l'action »[2]. Nous ne sommes pas simplement « capables » de connaître les vérités nécessaires : nous les « trouvons en nous ». Autrement dit : notre pensée est par elle-même active, elle est une « force représentative », ce qui signifie pour Leibniz que c'est elle qui, « de son fonds », suscite les vérités, et les éprouve comme nécessaires parce qu'elle ne fait alors que réfléchir sa propre activité représentative. Dans les vérités nécessaires, autrement dit, la pensée se découvre comme pouvant susciter *par et pour elle-même l'attention*.

L'insistance de Leibniz sur la spontanéité originaire de la pensée le conduit ainsi à critiquer la thèse centrale de Locke, en désolidarisant perception et aperception. Cette attaque est menée principalement sur deux fronts. D'abord, celui des « petites perceptions », ou « perceptions inconscientes », ou encore, « perceptions insensibles »[3] : contre Locke qui affirme que toute perception est nécessairement consciente d'elle-même, et subit par conséquent des interruptions, Leibniz affirme l'existence de perceptions inconscientes, à l'appui de la thèse selon laquelle l'âme pense toujours, et est toujours active.

1. *Nouveaux Essais*, A VI, 6, 79-80.
2. *Ibid.*, A VI, 6, 110.
3. *Ibid.*, A VI, 6, 56.

Le deuxième front est celui des vérités nécessaires : contre Locke qui affirme que l'attention est soumise à l'influence initiale des sens, Leibniz montre que les vérités nécessaires ne peuvent naître que de la pensée elle-même ; et l'aperception qui se manifeste dans la connaissance de ces vérités est bien différente de l'aperception empirique. Elle ne fait pas fond sur la réception passive d'idées sensibles, mais est aperception de l'activité originaire de l'âme, celle-là même qui est à l'œuvre dans les petites perceptions. Il est révélateur que Leibniz, dans la *Monadologie*, reprenne pour désigner ce niveau supérieur d'aperception le terme de « réflexion »[1]. Celle-ci est alors étroitement associée aux vérités nécessaires, et distinguée de l'aperception empirique. Leibniz tente ainsi de désolidariser la perception et l'aperception empirique, pour dégager d'une part une perception toujours active, bien qu'elle ne soit pas toujours consciente, et d'autre part, une aperception qui n'est pas simplement empirique, et dans laquelle l'esprit s'éprouve lui-même comme l'origine dynamique des vérités qu'il connaît, ce qui est beaucoup plus qu'une simple faculté passive de les connaître[2].

Lorsque Kant, dans la Déduction transcendantale, introduit l'aperception pure, par opposition à l'aperception empirique, l'enjeu est comparable : il s'agit de rendre compte de l'exigence de nécessité qui est à l'œuvre dans les jugements. En effet, « l'unité empirique de l'aperception » n'a pas de « validité nécessaire et universelle » (B 138). Or ce qui est visé dans le jugement, et exprimé par « la copule *est* », c'est au contraire la « relation de ces représentations à l'aperception originaire et leur *unité nécessaire* » (B 141). L'aperception pure se distingue de la simple aperception empirique en ce qu'elle produit dans les jugements une unité nécessaire qui seule peut donner à la liaison des représentations une validité objective. Cela vaut même pour les jugements empiriques : seule la relation des représentations à la nécessité émanant de l'aperception originaire nous permet de juger, et d'affirmer que « le corps *est* pesant », plutôt que simplement : « quand je porte un corps, je sens une impression de pesanteur » (B 141) – proposition dont l'unité ne relève que de l'aperception empirique, et est par conséquent subjective et contingente. C'est en négligeant l'aperception pure que Locke aurait succombé à l'emprise que les sens exercent sur l'aperception empirique, et « sensualisé les concepts de l'entendement ». Contre Locke, la radicalité de la problématique kantienne

1. *Monadologie*, § 30, *op. cit.*, p. 227.

2. Sur ce point, voir Ed. Curley, « Leibniz on Locke on Identity », dans *Leibniz : Critical and Interpretative Essays*, M. Hooker (ed.), Minneapolis, University of Minnesota Press, 1982, p. 322-323.

de l'expérience résiderait ainsi dans la mise au jour de l'aperception pure comme fondement légal et originaire de cette expérience. C'est de cette « conscience de soi », qui est « une et identique dans toute conscience » (B 132), qu'émanent la nécessité et l'objectivité de nos jugements.

On est tout proche ici de la « réflexion » de la *Monadologie*[1], qui donne accès aux « vérités nécessaires » (par opposition aux « vérités de fait »). Mais cette définition de l'aperception pure est tout aussi étroitement articulée à la conception lockienne de l'aperception – plus précisément, de la notion de « conscience », que Locke présente dans l'*Essai* de la manière suivante : « il est impossible à quiconque de percevoir, sans percevoir qu'il perçoit [...]. Il en va toujours ainsi en ce qui concerne nos sensations et nos perceptions présentes [...]. *La conscience accompagne toujours la pensée* » (II. 27.9). On rencontre dans la *Logique* une formule comparable : « la variété dans la forme de connaissance repose sur une condition qui *accompagne* toute connaissance : la *conscience* »[2].

Lorsque Kant, dans la Déduction transcendantale, introduit l'aperception pure, en affirmant que « le : *je pense* doit nécessairement *pouvoir accompagner* toutes mes représentations » (B 131), c'est donc très certainement cette conception lockienne de la « conscience » qui est visée. Le terme « *pouvoir* » est souligné par Kant : de fait, c'est ce terme qui, dans la proximité même des deux formules, marque une différence essentielle avec la « conscience » lockienne. Chez Locke, en effet, que la conscience accompagne toujours la pensée apparaît comme un *fait*, qui s'atteste comme tel à chaque nouvelle expérience. Chez Kant, c'est *en droit* que l'aperception pure *doit pouvoir* accompagner nos représentations. Cette remontée du fait au droit a deux conséquences. D'abord, l'aperception pure produit une unité nécessaire des représentations qu'elle « doit pouvoir » accompagner, unité que l'aperception empirique ne peut atteindre. Ensuite, l'aperception pure, contrairement à l'aperception empirique, n'est pas toujours empiriquement consciente. Que le je pense doive *pouvoir* accompagner les représentations signifie en effet aussi bien qu'il y a des représentations qui ne sont pas *effectivement* conscientes, mais qui le sont *en droit*, ou *potentiellement*. Au début de l'*Anthropologie*, l'opposition à Locke, sur ce thème, est explicite :

> Avoir des représentations sans pour autant en être conscient, cela semble contenir une contradiction. Car comment pouvons-nous savoir que nous

1. *Monadologie*, § 30, *op. cit.*, p. 227.
2. *Logique*, AK IX, 33, trad. p. 35. Nous soulignons.

> les avons si nous n'en sommes pas conscients ? Cette objection, *Locke la faisait déjà* et, pour cette raison, refusait l'existence même d'une telle sorte de représentations. Et pourtant, il se trouve que *nous pouvons posséder une conscience médiate d'une représentation, bien que nous n'en soyons pas immédiatement conscients*[1].

Cette conscience médiate, c'est celle du « je pense » qui *peut*, et même qui *doit pouvoir* accompagner la représentation. La suite du texte précise en quoi consiste cette médiateté, et par conséquent ce « pouvoir », en des termes plutôt leibniziens (mais aussi wolffiens) :

> De telles représentations s'appellent *obscures*; les autres sont *claires*, et quand leur clarté s'étend aussi aux représentations partielles du tout qu'elles constituent, et à leur liaison, ce sont des *représentations distinctes*; et ce, qu'il s'agisse de la pensée ou de l'intuition.
> Lorsque je suis conscient de voir un homme loin de moi, dans une prairie, bien que je ne sois pas conscient de voir ses yeux, son nez, sa bouche, etc., je ne fais à vrai dire que *conclure* que cette chose est un homme; car si je voulais prétendre, parce que je ne suis pas conscient de percevoir ces parties de la tête (et de la même manière les autres parties de cet homme), que je n'ai pas du tout ces représentations dans mon intuition, alors je ne pourrais pas non plus dire, que je vois un homme; car c'est de ces représentations partielles que le tout (de la tête ou de l'homme) est composé[2].

Kant oppose ici clairement à Locke, d'une part, les définitions de l'obscurité, de la clarté et de la distinction établies par Leibniz dans les *Méditations sur la connaissance, la vérité et les idées* de 1684, définitions auxquelles les *Nouveaux Essais* font plusieurs fois référence, et, d'autre part, la doctrine des petites perceptions. La médiateté de la conscience s'entend ici des représentations partielles qui composent le tout, qui seul est effectivement conscient. Nous ne pouvons pas percevoir le tout sans percevoir, inconsciemment, les parties dont il est composé. Kant, comme Leibniz, oppose ainsi à Locke l'existence de petites perceptions inconscientes, nécessairement constitutives des perceptions conscientes[3].

1. *Anthropologie d'un point de vue pragmatique* (dorénavant : *Anthropologie*), AK VII, 135. Nous soulignons.

2. *Ibid.*

3. Sur ce rapprochement entre la problématique kantienne de l'aperception transcendantale et la thème leibnizien des « petites perceptions », *cf.* A. Gurwitsch, *Kants Theorie des Verstandes*, *op. cit.*, chap. v (« Die Lehre von den "petites perceptions" »), p. 49-63. Pour bien saisir la portée de ce texte, on pourrait bien sûr aussi prendre en compte les inflexions que

Néanmoins, Kant ne s'éloigne peut-être pas autant de Locke qu'il y paraît : il précise en effet que ce travail de distinction peut opérer, « qu'il s'agisse de la pensée ou de l'intuition ». On retrouve ici l'indifférence de la forme logique (distinction ou confusion) à l'*origine*, sensible ou intellectuelle, des représentations. Ensuite, Kant précise, à propos de l'homme vu dans le champ, que c'est « dans mon *intuition* » que les représentations partielles sont contenues. Si je suis potentiellement conscient de celles-ci, cette potentialité est *intuitive* ; et c'est précisément cela qui permet d'*anticiper* le *concept* d'homme et les caractères logiques qui le composent (en particulier, ses yeux conceptuels, son nez conceptuel, et sa bouche conceptuelle) dans cette « chose » que je vois au loin dans la prairie, et que je juge être un homme – alors que j'ai peut-être affaire… à un épouvantail grossier, dépourvu d'yeux, de nez et de bouche…

Il faut donc préciser la manière dont Kant se situe par rapport à Leibniz et à Locke, sur ce thème de la distinction. Pour Leibniz, par la distinction, nous découvrons ce qui est contenu dans une idée, et ce contenu est ce qui la distingue en droit de toute autre idée, et fait qu'elle répond à une chose bien précise. Cette distinction des idées est en droit infinie, à la mesure de la puissance d'analyse (et donc de création) de l'entendement divin. Mais, en défendant cette possibilité de distinction infinie, Leibniz heurte de front une des thèses majeures de Locke, celle qui consiste à poser l'existence d'idées *simples*. Nous avons vu que chez Locke, l'importance des idées simples, considérées comme le matériau de toute la connaissance, était étroitement liée à la volonté lockienne de comprendre la connaissance en la référant toujours à l'aperception empirique. Ce thème est au cœur des critiques de Leibniz :

> Je crois qu'on peut dire que ces idées sensibles sont simples en apparence, parce qu'étant confuses, elles ne donnent point à l'esprit le moyen de distinguer ce qu'elles contiennent. […] Il est manifeste par exemple que le vert naît du bleu et du jaune mêlés ensemble ; ainsi on peut croire que l'idée du vert est encore composée de ces deux idées. Et pourtant l'idée du vert nous paraît aussi simple que celle du bleu, ou que celle du chaud. Ainsi il est à croire que ces idées du bleu et du chaud ne sont simples aussi qu'en apparence. *Je consens pourtant volontiers qu'on traite ces idées de simples, parce qu'au moins notre aperception ne les divise pas*, mais il faut

Wolff a fait subir à la doctrine leibnizienne de la distinction. Sur ce point, voir notre article, « Le sensible distinct et l'intellectuel confus – comment Kant établit contre Wolff l'autonomie de l'esthétique », dans *Kant et Wolff : héritages et ruptures*, Paris, Vrin (à paraître).

> venir à leur analyse par d'autres expériences et par la raison, à mesure qu'on peut les rendre plus intelligibles [1].

Leibniz voit bien que le statut de ces idées est lié à l'importance qu'a pour Locke l'aperception empirique. Le point essentiel de la critique porte sur la notion de contenu. En effet, Leibniz explique qu'on peut dépasser cette simplicité apparente « par d'autres expériences et par la raison ». Locke ne s'opposerait pas à cela : pour lui, comme pour Leibniz, les idées peuvent être enrichies par l'expérience, et l'expérience peut être guidée par la raison. Mais Leibniz s'éloigne de Locke lorsqu'il affirme que l'idée simple de vert *contient déjà* confusément les idées de bleu et de jaune. Car pour Locke, une idée ne contient que ce que l'aperception empirique y remarque, et d'autres expériences conduiraient à *sortir de cette idée*.

Kant réinvestit ce débat dans la *Logique*. Et s'il reprend à son compte, pour une part, la critique leibnizienne (ou wolffienne), il se situe néanmoins plutôt du côté de Locke. En effet, aux « disciples de Wolff », qui identifient indistinction et confusion, il oppose la mise au point suivante, qui reprend l'affirmation lockienne de l'idée simple :

> Il est vrai que la distinction est un effet de l'ordre, et l'indistinction, un effet de la confusion, et que par suite toute connaissance confuse est également une connaissance sans distinction. Mais la réciproque n'est pas vraie, toute connaissance indistincte n'est pas une connaissance confuse. Car dans les connaissances qui ne comportent pas de diversité, on ne trouve pas d'ordre, mais pas de confusion non plus. C'est le cas de toutes les *représentations simples*, qui ne deviennent jamais distinctes, non parce qu'on y trouve de la confusion, mais parce qu'on n'y trouve pas de diversité. Il faut dont les appeler indistinctes mais non pas confuses [2].

Si toute connaissance confuse est aussi une connaissance sans distinction, toute connaissance indistincte n'est pas pour autant confuse, parce qu'il y a des *connaissances simples*, dans lesquelles, faute de diversité, il n'y a ni ordre, ni distinction, ni confusion [3]. Ce point est développé par la *Réflexion* 1710 :

1. *Nouveaux Essais*, A VI, 6, 120. Nous soulignons.

2. *Logique*, AK IX, 34-35, trad. (modifiée) p. 36-37. Voir aussi les *Réflexions* 1690 et 1696 : « les connaissances simples ne sont ni distinctes ni confuses » (AK XVI, 84-86).

3. C'est sur ce thème que Lambert pouvait, lui aussi, prétendre concilier Locke et Wolff. Voir *Neues Organon, oder Gedanken über die Erforschung und Bezeichnung des Wahren und dessen Unterscheidung vom Irrtum und Schein*, Berlin, Akademie Verlag, 1990, Vorrede, p. XII : « dans le deuxième chapitre de l'Aléthiologie, je réunis les concepts simples de *Locke* avec la méthode de *Wolff*, et je pose à partir de là les fondements de nouvelles connaissances, qui sont *a priori* au sens le plus fort ».

> On ne peut pas confondre les caractères que l'on n'a pas encore. Dès lors, des connaissances peuvent être indistinctes à cause de caractères manquants ou à cause de la confusion des caractères. Les premières deviennent distinctes par ajout, les deuxièmes par séparation [1].

Une représentation peut être indistincte tout simplement parce que des caractères lui *manquent*, autrement dit, parce qu'ils ne sont pas encore contenus en elle. Cela revient à prendre position pour Locke, et contre la critique que lui adresse Leibniz (suivi par Wolff). Or, à ces deux sortes d'indistinction (celle qui est due à la confusion, et celle qui est due à l'absence de caractères), Kant fait correspondre, dans la *Logique*, *deux sortes de distinction*, l'une qui est « intellectuelle », l'autre qui est « sensible » :

> La distinction peut être de deux sortes.
> En premier lieu, *sensible*. – Celle-ci consiste en la conscience du divers dans l'intuition. Je vois par exemple la voie lactée comme une bande blanchâtre; les rayons lumineux provenant de chacune des étoiles qui la constituent doivent nécessairement être parvenus à mes yeux. Mais la représentation que j'en avais était claire seulement et ne deviendra distincte que grâce au télescope, parce que je vois maintenant chacune des étoiles contenues dans cette bande blanche.
> En second lieu, *intellectuelle – Distinction dans les concepts* ou *distinction d'entendement*. Elle dépend de l'analyse du concept au point de vue du divers qui s'y trouve contenu. C'est ainsi qu'on trouve dans le concept de vertu les caractères suivants : 1) le concept de liberté ; 2) le concept d'attachement aux règles (le devoir) ; 3) le concept de maîtrise de la force des inclinations [...]. Si nous décomposons ainsi le concept de vertu en ses éléments constituants, nous le rendons distinct par cette analyse même. Mais en rendant un concept distinct nous ne lui ajoutons rien ; nous ne faisons que le définir. Par conséquent, les concepts ne sont, par la distinction, nullement perfectionnés quant à la *matière*, mais uniquement quant à la *forme* [2].

La distinction intellectuelle consiste à décomposer un concept pour amener à l'aperception ce qui s'y trouve déjà contenu. Kant insiste ici sur le caractère simplement formel de cette opération, qui revient en somme, à une définition. La matière d'un concept n'est pas perfectionnée lorsqu'on le rend ainsi distinct, parce qu'aucun caractère ne lui est ajouté. Au contraire, dans la distinction esthétique, il y a manifestement un perfectionnement

1. AK XVI, 90.
2. *Logique*, AK IX, 35, trad. (modifiée) p. 37-38.

non seulement quant à la forme, mais aussi quant à la matière : elle est la conscience du divers dans l'intuition, en tant que ce divers n'était *pas encore contenu* dans notre représentation. Kant distinguera d'ailleurs plus loin dans la *Logique*, la distinction simplement analytique, et la « distinction synthétique », qui repose sur l'ajout de caractères et l'extension du concept dans son contenu, pour conclure : « c'est le rôle de la synthèse de rendre l'*objet* distinct, c'est celui de l'analyse de rendre le *concept* distinct »[1].

Si Kant reprend le thème leibnizien des petites perceptions et de la distinction, c'est donc aussi bien pour le reverser au compte *de l'esthétique*. C'est ce que montre l'exemple de la voie lactée et des étoiles qui la composent. On peut parler de « petites perceptions », mais qui ne peuvent être rendues distinctes que par la synthèse dans l'intuition sensible et dans l'espace. Leibniz refuse cette sortie du concept, et pour lui, les petites perceptions montrent bien plutôt que c'est tout l'univers qui est déjà contenu dans chaque représentation, même si l'aperception de ce contenu n'est accessible qu'au pouvoir d'analyse infini de l'entendement divin :

> [...] en conséquence de ces petites perceptions le présent est plein de l'avenir et chargé du passé, que tout est conspirant [...] et que dans la moindre des substances, des yeux aussi perçants que ceux de Dieu pourraient lire toute la suite des choses de l'univers[2].

Pour Kant, la distinction esthétique permet aussi, d'une certaine manière, de dégager ce qui était déjà présent dans nos représentations ; mais c'est seulement en tant qu'on passe par la condition formelle de la sensibilité, qui, en tant que condition pure du divers, nous conduit à sortir de notre concept[3]. Bien entendu, Kant introduit dans ce débat un élément nouveau, qui ne se trouve ni chez Locke, ni chez Leibniz, mais qui est d'une certaine manière à mi-chemin entre les deux : la possibilité d'une *synthèse pure*, liée aux formes *a priori* de la sensibilité, qui précèdent toute expérience. La synthèse (par exemple celle des jugements géométriques purs) ne dépend donc pas entièrement de l'expérience – ce qui constitue évidemment un déplacement considérable par rapport à l'empirisme de Locke. C'est d'ailleurs au niveau de cette synthèse pure, dans le divers fourni *a priori* par

1. *Logique*, AK IX, 63-64, trad. p. 70-71.

2. *Nouveaux Essais*, A VI, 6, 55.

3. Sur ce point, *cf.* Y. Belaval, « Sur un point de comparaison entre Kant et Leibniz », dans *Kritik und Metaphysik Studien. Heinz Heimsoeth zum achtzigen Geburtstag*, Berlin, Walter de Gruyter, 1966, p. 5.

les formes de la sensibilité, que l'aperception pure introduit une unité par le biais des catégories : la logique transcendantale montre ainsi comment il est possible d'« amener la synthèse pure des représentations à des concepts » (B 104). Telle est bien aux yeux de Kant la caractérisation la plus originaire du *pouvoir de juger*. Mais pour prendre toute la mesure du problème que représente la synthèse, et pour saisir à quel point, sur ce problème, Kant joue malgré tout Locke contre Leibniz, il faut en outre remarquer que ce pouvoir de juger, si originaire soit-il, ne définit encore que la *possibilité de l'expérience*. La synthèse ne prend son sens que dans la réalisation *empirique* de cette possibilité, dans la donation *effective* de phénomènes qui seuls confèrent à nos représentations une réalité objective. Dans l'Esthétique transcendantale, Kant présente l'espace et le temps comme ces formes qui « font que le divers du phénomène *peut être* ordonné selon certains rapports » (B 34). Nous soulignons « peut être » ; cette modalisation est un ajout de la deuxième édition, qui exprime que la synthèse pure et l'aperception pure sont des *potentialités* qui appellent inévitablement leur *réalisation* dans une expérience. Si la voie lactée contient déjà en elle, esthétiquement, la possibilité d'y rencontrer individuellement les étoiles qui la composent, celles-ci ne pourront évidemment être saisies que dans la sensation, dans une synthèse qui sera donc empirique. Nous reviendrons plus loin sur ce problème. Il nous suffira de dire pour l'instant que la synthèse, même pure, est étroitement articulée à l'aperception empirique, qui seule fournit à nos représentations un *contenu effectif et objectif*. Et sur ce point, Kant se situe donc clairement du côté de Locke.

S'il est vrai que « le : *je pense* doit *pouvoir* accompagner toutes les représentations », et si cela signifie, *contre Locke*, qu'il y a des perceptions qui ne sont que potentiellement conscientes, c'est pour Kant seulement dans l'intuition sensible, et finalement dans l'expérience, que cette potentialité peut véritablement s'actualiser, dans la mise au jour effective et empirique de perceptions partielles (ou caractères) qui n'étaient pas déjà contenues dans mon concept, mais seulement *dans l'intuition empirique de l'objet*. Le « je pense » qui doit pouvoir accompagner toutes les représentations – autrement dit l'aperception pure ou originaire – est un *pouvoir*, qui ne *s'actualise* que comme « je pense » *empirique*.

On peut en trouver une confirmation dans un passage des Paralogismes de la seconde édition : il s'agit de la fameuse note où Kant qualifie le « je pense » de « proposition empirique » (B 422, note). Cela pose évidemment problème, dans la mesure où ce « je pense » apparaît dans la déduction transcendantale comme l'opérateur de l'unité *a priori* de l'aperception, unité qui est donc indépendante de l'expérience. Or, si le « je pense » est qualifié de proposition empirique, c'est selon Kant parce que « sans quelque représentation *empirique*, qui fournit la *matière* à la pensée, *l'acte* "je pense" ne pourrait pas du tout avoir lieu » (*ibid.*). Ici encore, c'est la « matière » fournie par la sensation (c'est-à-dire, la part empirique de l'intuition sensible) qui suscite et éveille l'*acte* de penser. La sensation, comme part proprement empirique de la représentation, est donc ce qui rend *effective* la pensée comme acte d'aperception, en l'occasionnant. Même Leibniz formule dans les *Nouveaux Essais* quelque chose de très proche : « [...] mais quant à l'homme ses perceptions sont *accompagnées* de la puissance de réfléchir, *qui passe à l'acte lorsqu'il y a de quoi* »[1].

Dans la caractérisation de l'aperception pure proposée par Kant, on retrouve donc le double front que Leibniz dressait contre la doctrine lockienne de la perception et de la conscience : d'une part, la référence aux vérités nécessaires – l'aperception pure étant le fondement de la nécessité dans nos jugements, nécessité que ne peut atteindre l'aperception empirique ; d'autre part, l'existence de perceptions inconscientes – pour Kant, le je pense doit *pouvoir* accompagner les représentations, ce qui signifie, contre Locke, qu'il existe des représentations dont la conscience est seulement médiate. Cependant, ce double front est chez Kant ordonné à l'aperception empirique et à la possibilité de l'expérience. Alors que pour Leibniz l'expérience n'est qu'une « occasion » de nous apercevoir d'un ordre des choses intrinsèquement intellectuel, que la pensée tire exclusivement de son propre fonds, pour Kant, elle est *l'horizon* de toute aperception pour nous possible. Dès lors, la nécessité qui émane de l'aperception pure n'est telle que de rendre l'expérience possible ; les perceptions dont la conscience n'est que médiate, ne sont telles qu'en tant qu'elles « doivent pouvoir » être réalisées dans une aperception empirique. Le terme « accompagner », que Kant emprunte à Locke pour caractériser l'aperception pure, montre bien que l'aperception pure ne peut s'actualiser que comme aperception empirique, qui elle-même ne s'atteste que de réfléchir une expérience suscitée par la sensation – chez Locke, il s'agit de la perception, dans sa part passive et sensible ; chez Kant, il s'agit de la synthèse, que le « je pense », si originaire soit-il, ne fait jamais qu'*accompagner*[2].

1. *Nouveaux Essais*, A VI, 6, 139.

2. A. Gurwitsch a ainsi souligné une différence significative entre les conceptions leibnizienne et kantienne de l'aperception et de la réflexion : « Remarquons que Leibniz distingue simplement entre les perceptions irréfléchies et l'aperception, qui consiste en la réflexion, là où Kant introduit pour sa part une distinction interne à la réflexion elle-même,

Ainsi, la référence à Locke, et à la « sensualisation des concepts de l'entendement » qu'il a opérée, a peut-être plus d'importance pour Kant qu'on ne le croit habituellement. Dans la *Théorie kantienne de l'expérience*, Hermann Cohen reproche à Locke d'avoir fondé la réflexion sur l'expérience, de l'avoir rendu subrepticement seconde par rapport à la sensation, alors que c'est au contraire l'expérience (comme Kant l'a ensuite montré) qui devrait être fondée, dans sa légalité, sur la pensée pure. Cohen écrit ainsi à propos de la distinction lockienne entre réflexion et sensation :

> La réflexion doit être une source de connaissance propre et autonome ; mais dès lors le contenu de la conscience ne vient pas entièrement des sens. Pourtant, lorsqu'elle est introduite, la réflexion est appelée *internal sense* ; comme si c'étaient exclusivement les sens qui pouvaient fournir un contenu. Comment la réflexion peut-elle alors être à son tour un *power intrinsecal*, ce que, comme on l'espère, la sensation doit être tout autant ? Ainsi, l'évaluation des deux principaux genres en lesquels le contenu de la conscience, dans la relation avec les choses, est distingué, alors même qu'elle est introduite pour la première fois, est déjà flottante [1].

Ainsi Locke n'aurait-il pas su saisir dans toute sa profondeur sa propre caractérisation de la réflexion comme source. Mais en même temps, Cohen lui-même concède à Locke que la référence à l'expérience et à la sensation (qui est l'élément proprement empirique de nos représentations) est indépassable pour caractériser « ce qui est d'abord et immédiatement contenu de conscience en rapport avec les choses données qui apparaissent » [2]. Il est assurément vrai que Locke a en quelque sorte négligé la dualité des sources de la connaissance – sensation et réflexion – qu'il avait lui-même introduite, au profit de leur liaison dans l'expérience et dans l'usage empiriquement conscient de nos facultés. Mais s'agit-il là véritablement de superficialité ? Ne faut-il pas plutôt y reconnaître une *irréductibilité de l'usage que nous faisons de ces sources, et de leur réunion dans cet usage, à ce que nous pouvons savoir isolément de chacune d'elles* ? N'y a-t-il pas, outre l'originarité des deux sources (que Locke n'ignore pas), *une originarité de l'usage empirique lui-même*, usage dans lequel s'établit leur liaison ? De fait, dans la *Critique*, l'aperception pure, si originaire soit-elle, est pensée au plus près de l'aperception empirique, en tant qu'elle doit nécessairement

selon qu'il s'agit de l'aperception empirique ou de l'aperception transcendantale » (*Kants Theorie des Verstandes*, *op. cit.*, p. 19).

1. *Kants Theorie der Erfahrung*, 3ᵉ éd. 1918, dans *Werke*, Hildesheim, Olms, 1987, p. 67.

2. *Ibid.*, p. 68.

s'y *actualiser*, et s'y *réaliser*, en se rapportant nécessairement à la sensation comme matière de cet usage. Or, cette liaison et cette actualisation empirique des deux sources a elle-même quelque chose d'originaire, du moins pour nous hommes, s'il est vrai qu'elle relève « d'un art caché dans les profondeurs de l'âme humaine » (B 180-181). Pour Kant, nous ne pouvons pas savoir comment les deux sources s'unissent en une même expérience, et l'usage empirique acquiert par là-même un statut d'origine. Or, cette originarité paradoxale de l'usage est selon nous au cœur de la pensée de Locke, de sa sensualisation des idées de la réflexion, et Kant, nous semble-t-il, l'a très bien perçu.

La référence à Locke pourrait bien ainsi ouvrir la voie à une compréhension du rapport entre entendement et sensibilité qui ne procède pas d'une « racine commune », mais qui trouve son « troisième terme » dans l'expérience et dans l'usage empirique de nos facultés. Une telle compréhension, on le voit, s'opposerait aussi bien à l'interprétation de Heidegger qu'à l'interprétation de Cohen. En effet, c'est bien à une « racine commune » (l'imagination transcendantale), et non à un *usage commun*, que Heidegger a prétendu ramener la sensibilité et l'entendement, dans son commentaire de la *Critique de la raison pure*.

Or, le traitement réservé à Locke, dans ce commentaire, est justement révélateur des présupposés de ce choix interprétatif. On le sait : Heidegger estime que la deuxième édition de la Déduction transcendantale constitue un recul par rapport à la radicalité atteinte, dans le questionnement sur les sources, par la première édition, justement parce que l'importance accordée par celle-ci à l'imagination, comme « racine commune », ou comme « troisième source », s'y trouve estompée. Or, un des signes de ce recul est justement pour Heidegger l'importance nouvelle accordée par Kant, dans la seconde édition, aux empiristes anglais, et particulièrement à Locke, lorsqu'il est convoqué au paragraphe 13 comme repoussoir de la démarche proprement transcendantale. Il s'agit du texte sur la « déduction empirique » que nous avons commenté. Voici comment Heidegger interprète cette référence à Locke :

> [Au § 13,] Kant revient sur la différence entre Analytique transcendantale et questionnement psychologique. [...] Il renvoie expressément à Locke [...] Or que cette claire dissociation de son questionnement transcendantal d'avec le questionnement psychologique fût chargée aux yeux de Kant d'une signification principielle, c'est ce que montre déjà le fait que, dans la seconde édition, il a de nouveau ajouté plusieurs alinéas sur l'empirisme anglais, destinés à distinguer la « déduction empirique » des concepts de leur fondation transcendantale. Et ce qui est frappant, c'est que ce passage sur l'empirisme anglais, autrement dit cette récusation de la psychologie,

> a été inséré en remplacement de l'alinéa supprimé de la première édition, qui renvoyait à l'imagination comme troisième source fondamentale. Voilà qui suggère que *Kant, dans l'introduction de ces trois pouvoirs, et spécialement de l'imagination, croyait ne devoir découvrir chez lui-même qu'une contribution psychologique* [1] *!*

Pour Heidegger, Locke n'est donc convoqué au début de la Déduction transcendantale qu'en vue de réfuter son « psychologisme » – et que cette réfutation remplace dans la seconde édition la référence à l'imagination suggère que Kant s'est mépris sur la radicalité du questionnement qu'il avait lui-même engagé dans la première édition, et a cru voir dans la mise au jour de l'imagination comme troisième source une simple « contribution psychologique » qu'il fallait éliminer, au même titre qu'il fallait dépasser la déduction simplement empirique menée par Locke. Cependant, s'il est vrai que le remplacement de l'alinéa renvoyant à l'imagination par ce passage sur l'empirisme anglais est significatif, ce n'est peut-être pas dans le sens que propose Heidegger. Tout le problème, en effet, est de savoir ce qu'il faut entendre ici par « psychologique ». Heidegger, sur ce point, tient au fond le même discours que Cohen, en reprochant à Locke le caractère simplement empirique ou factuel de sa recherche, inadéquate par là-même à rendre compte de l'origine de l'expérience – même si, pour Heidegger, à la différence de Cohen, cette origine réside dans l'imagination plutôt que dans l'aperception pure. Voilà pourquoi la pensée de Locke est ici réduite à une « contribution psychologique ». Or, Kant prête sans doute, comme nous avons tenté de le suggérer, une tout autre radicalité à cette pensée. Si la réfutation de Locke « prend la place » de l'imagination comme troisième source au début de la déduction transcendantale, c'est sans doute parce que Kant veut poser de manière plus claire que dans la première édition la différence entre le point de vue des sources (à propos duquel il s'oppose à Locke), et le point de vue de l'usage qui doit les réunir – usage auquel il prête (avec Locke) un autre type d'originarité – qui n'est autre que la facticité irréductible de l'aperception empirique, et de la « réflexion » qui l'accompagne [2].

1. *Interprétation*, p. 283.

2. Cette originarité propre à la facticité de l'aperception empirique nous paraît particulièrement bien mise en évidence par le commentaire que J. Benoist propose de la note de la page B 422 déjà citée : « on ne peut préserver ainsi la fonction transcendantale du « Je pense » de l'empiricité de l'être-pensant, comme le montre la note de B 422, non pas au sens où avec lui serait donné un être qui pense (au sens de l'empiricité de la psychologie [...]), *mais au sens d'une empiricité plus radicale et plus énigmatique*, [...] dont le Je transcendantal est indubita-

L'USAGE DE L'ENTENDEMENT

Le problème de la réflexion, et des amphibologies qu'elle suscite, est ainsi étroitement lié chez Kant à l'ambivalence de l'aperception empirique et de la *matière* qu'elle nous offre (les « représentations données » de la *Logique*) – point auquel ramène tout *usage* de l'entendement. En cela, Kant reprend à son compte la perspective pragmatique de Locke, qui annonce à bien des égards le problème de la *synthèse*. Mais en même temps, il intègre à cette perspective, de manière subtile et puissante, les critiques formulées par Leibniz à l'encontre de Locke dans les *Nouveaux Essais*, en montrant que certaines représentations ne peuvent pas être dérivées de l'expérience, d'un « je pense » simplement empirique, mais qu'elles sous-tendent au contraire la possibilité de l'expérience, en tant qu'elles procèdent de ce « je pense » *potentiel* qu'est l'aperception pure. Kant reprend ainsi le thème leibnizien de *l'analyse* des représentations, de cette intelligibilité qui « doit pouvoir » accompagner toutes nos représentations; et inversement, il affirme – cette fois plutôt contre Leibniz – que ce *pouvoir* pur ne peut justement s'actualiser que dans l'aperception empirique et la sensibilité.

On pourrait trouver déjà chez Wolff une tentative pour concilier ainsi l'exigence leibnizienne d'analyse des représentations et la démarche « historique » de Locke, fondée sur l'aperception empirique. D'abord, par l'importance que Wolff accorde en général à la psychologie empirique – ce qui constitue déjà en soi une rupture avec l'héritage leibnizien; ensuite, par le rôle que Wolff donne dans cette psychologie empirique à l'opération de « réflexion ». Celle-ci correspond d'un côté à l'exigence de distinction : elle est « l'attention dirigée successivement sur les différents éléments qui sont contenus dans les choses que nous percevons »[1]. La réflexion wolffienne est donc bien ce qui nous mène à des représentations distinctes, c'est-à-dire dont on peut justifier la possibilité interne, et qu'on peut séparer de représentations qui ne leur sont liées dans l'expérience que de manière contingente. Mais en même temps, la réflexion n'est pour Wolff qu'une forme développée d'*attention* – elle-même définie comme « la faculté d'apercevoir plus clairement un élément donné au sein d'une représentation

blement rendu solidaire par Kant » (*Kant et les limites de la synthèse*, Paris, PUF, 1995, p. 317, nous soulignons).

1. *Psychologia empirica*, § 257, dans *Gesammelte Werke*, *op. cit.*, vol. II.5, p. 187 (« Attentionis successiva directio ad ea, quae in re percepta insunt, dicitur *Reflexio*. [...] *anima habet facultatem super rebus perceptis reflectendi*. [...] si super arbore reflectimus successive attentionem nostram dirigimus ad folia, furculos, ramos, truncum... »).

composée »[1]. Bref, Wolff insiste beaucoup plus nettement que Leibniz sur le fait que l'analyse logique des représentations, et la justification rationnelle de leur possibilité, doivent être articulées à l'aperception empirique.

Kant reprend, radicalise et transforme cet usage wolffien de la notion de réflexion, en même temps qu'il fait du concept une représentation essentiellement universelle, justement parce qu'elle ne tire son sens et son contenu que de s'*appliquer* dans des expériences (et donc des synthèses) toujours nouvelles et différentes. La matière du concept devient alors, comme nous l'avons vu, quelque chose de beaucoup plus ambivalent et problématique, soumise à la fois aux exigences de l'unité analytique et de l'unité synthétique. Et la réflexion, opération logique qui consiste à dégager cette matière à partir de « représentations données » est articulée de manière beaucoup plus complexe que chez Wolff à l'aperception empirique. C'est ce qui fait toute la richesse, chez Kant, du thème de l'*usage de l'entendement*, auquel fait explicitement référence le titre de l'Amphibologie. Nous voudrions ici approfondir cela, pour mieux comprendre en quoi cet usage implique inévitablement une confusion de la matière logique du concept et de la matière sensible de l'intuition. C'est à partir de là que nous pourrons véritablement saisir le rôle de la réflexion transcendantale, dans la mesure où le problème de cette confusion *dans l'usage* commande de part en part la remontée critique (ou transcendantale) aux *sources* de cet usage.

Aussi bien dans la *Logique* que dans la *Critique*, la caractérisation du concept est étroitement associée à l'usage qui peut en être fait. Parce que le concept est pour Kant une représentation universelle, son contenu est déterminé par son application dans des cas différents. On pourrait même dire que la considération de son contenu intrinsèque est subordonnée à la diversité de ses applications possibles. La valeur du concept réside avant tout en ce qu'il est un « principe de connaissance » :

> Tout concept, comme *concept partiel*, est contenu *dans* la représentation des choses; comme *principe de connaissance*, c'est-à-dire comme *caractère*, ces choses sont contenues *sous* lui. Du premier point de vue, tout concept a un *contenu*; du second point de vue, il a une *extension*. [...] *L'universalité ou la valeur universelle du concept repose non pas sur le fait que le concept est concept partiel mais sur le fait qu'il est un principe de connaissance* [...] L'extension ou la sphère d'un concept est d'autant plus

1. *Psychologia empirica*, § 234, dans *Gesammelte Werke*, *op. cit.*, vol. II.5, p. 167.

> grande que davantage de choses peuvent se trouver sous lui et peuvent être pensées grâce à lui [1].

On retrouve ici le rapport problématique entre l'unité analytique de l'aperception et son unité synthétique : si l'entendement retrouve grâce au concept le même contenu, les mêmes caractères dans différentes représentations (unité analytique), la valeur véritable du concept réside plus fondamentalement dans le fait qu'il peut être appliqué, précisément, à des représentations *différentes* (unité synthétique), représentations qu'il contient *sous lui* plutôt qu'*en lui*. C'est cela, en effet, qui permet à l'entendement de « surplomber » la diversité infinie des « représentations données », afin pour ainsi dire de « s'y retrouver ».

C'est dans cette perspective que la « réflexion » joue pour Kant un rôle central. C'est à elle qu'il revient, comme chez Wolff, de *guider l'aperception empirique*, pour dégager le contenu du concept – de manière analytique, certes, mais aussi et surtout – et cela n'est pas chez Wolff – en vue de toutes les synthèses dans lesquelles ce concept peut être engagé, comme « principe de connaissance ». La réflexion a donc avant tout pour but de guider le concept vers la plus grande extension possible.

Il est frappant de constater que, sur ce point, Kant s'éloigne aussi bien de Locke que de Leibniz ou Wolff. Malgré tout ce qui les sépare, ces trois auteurs ont en commun de toujours placer au centre de leur propos les représentations *singulières*. Pour Wolff, aussi bien que pour Leibniz, le concept est avant tout le concept *d'une chose*, en particulier lorsqu'il est distinct. Pour Locke, « le raisonnement et la connaissance de tout homme concernent seulement les idées qui existent dans son propre esprit, qui sont toutes des existences particulières » (IV. 17.8). Dans ce contexte, il est remarquable que Locke et Wolff fassent tous deux de l'*abstraction* l'opération de production des représentations générales. Ainsi, pour Locke :

> Les Idées deviennent générales, en étant séparées des circonstances de temps, de lieu, et de toutes autres idées, qui pourraient les déterminer à telle ou telle existence particulière. Par cette voie de l'abstraction elles reçoivent le pouvoir de représenter plus qu'une seule individualité (III. 3.7)

De même, chez Wolff, l'opération qui consiste à produire une représentation universelle est l'*abstractio*, définie comme l'acte d'abstraire ce qui

1. *Logique*, AK IX, 95-96, trad. p. 105. Nous soulignons. Voir aussi la *Réflexion* 2881, AK XVI, 556.

est commun à plusieurs notions, tandis que la réflexion consiste à distinguer ce qui est contenu dans nos perceptions singulières[1].

Or, pour Kant, le caractère commun qui constitue le contenu du concept n'est pas le résultat de l'abstraction, c'est-à-dire d'une séparation. Il est au contraire, comme « principe de connaissance », le *fondement positif de l'abstraction*, dans la mesure où celle-ci présuppose justement qu'aient été sélectionnés préalablement les caractères communs, dans leur lien synthétique avec les caractères distincts. D'où la précision que Kant apporte dans la *Logique*, juste après avoir décrit les trois actes de comparaison, de réflexion et d'abstraction :

> On n'emploie pas toujours correctement en logique le terme : *abstraction*. Nous ne devons pas dire : abstraire *quelque chose* (*abstrahere aliquid*), mais abstraire *de quelque chose* (*abstrahere ab aliquo*). Si par exemple dans un drap écarlate je pense uniquement la couleur rouge, je fais abstraction du drap ; si je fais en outre abstraction de ce dernier en me mettant à penser l'écarlate comme une substance matérielle en général, je fais abstraction d'encore plus de déterminations, et mon concept est devenu par là encore plus abstrait.
> [...] L'abstraction n'est que la condition *négative* qui permet la production des représentations à valeur universelle ; la condition *positive*, c'est la comparaison et la réflexion. Car l'abstraction *ne fait naître* aucun concept ; – l'abstraction ne fait que l'achever et l'enfermer dans les limites déterminées qui sont les siennes[2].

L'abstraction est l'acte d'écarter de la conscience les déterminations par lesquelles des représentations diffèrent. Mais cet acte ne fait qu'« achever » le concept ; ce sont la comparaison et la réflexion qui le font « naître ». C'est ce que montre l'exemple du drap écarlate : faire abstraction du drap, l'écarter de la conscience, suppose de penser uniquement la couleur rouge (autrement dit de réfléchir). L'acte positif de retenir dans l'aperception un caractère commun est plus fondamental que l'acte d'en écarter d'autres. C'est donc bien à la réflexion qu'il revient de *guider* à la fois la comparaison et l'abstraction (et à travers elles l'aperception) dans la production logique du concept, compris comme représentation universelle.

Cette relativisation du rôle de l'abstraction a une importance cruciale pour Kant. Toutes ses remarques sur la comparaison, la réflexion et l'abstraction qu'on trouve dans la *Logique* ou les *Reflexionen* sont, au

1. *Philosophia rationalis sive logica*, Pars II, dans *Gesammelte Werke*, *op. cit.*, vol. II.1.2., p. 515.

2. *Logique*, AK IX, 95, trad. p. 104.

départ, des commentaires du paragraphe 254 de l'*Auszug aus der Vernunftlehre* de Meier, qui dérive les concepts généraux de la seule abstraction (et qui plus généralement, ramène tous les concepts – singuliers ou généraux – à trois origines : expérience, abstraction, ou liaison arbitraire).

Remettre ainsi au premier plan l'universalité dans la caractérisation du concept revient donc à se démarquer aussi bien de Locke que de la tradition leibnizo-wolffienne. Locke n'a pas su prendre la mesure du pouvoir qu'a l'entendement de *guider* et même d'*anticiper* ses synthèses successives – la « composition » des idées. C'est précisément pourquoi, là où Locke classait les opérations de l'esprit sous les trois titres de la « composition », de la « comparaison » et de l'« abstraction », Kant remplace la composition par la réflexion : l'exigence de synthèse se trouve ainsi combinée, malgré tout, avec l'anticipation dans les « représentations données » des caractères conceptuels que l'on va pouvoir y *reconnaître*, bref, avec l'exigence d'analyse – ce qu'exprime la reprise du vocabulaire wolffien. Dans la Déduction transcendantale, Kant précise bien que la synthèse, en elle-même, c'est-à-dire comme simple fonction de l'imagination, est « aveugle » (B 103) – qualificatif déjà utilisé au début de l'Analytique à propos d'une intuition sensible qui ne serait lié à aucun concept (B 75) : c'est précisément à l'entendement qu'il revient de lui indiquer où elle va, de lui donner des règles, bref, d'opérer, non pas la synthèse, mais « l'unité de la synthèse » (B 104).

D'un autre côté, la « réflexion » n'est plus comme chez Wolff l'attention à ce qui est contenu dans une perception singulière, mais la capacité à reconnaître des caractères communs dans des représentations différentes, dans la synthèse, ce qui permet d'appliquer le concept comme représentation universelle. Au début de la Doctrine transcendantale de la méthode, Kant utilise une métaphore qui exprime bien cette double exigence : toute notre connaissance par raison pure peut être comparée à une « maison d'habitation tout juste assez spacieuse pour servir aux occupations qui sont les nôtres sur la plaine de l'expérience, et *assez haute pour la dominer du regard* » (B 735, nous soulignons). On pourrait dire de même de la réflexion qu'elle ne peut opérer qu'en rapport avec l'expérience, tout en nous permettant en même temps de *surplomber* cette expérience, non pas de très haut, mais suffisamment pour *anticiper* l'usage que nous pouvons y faire de nos facultés. Kant peut ainsi affirmer : « tout ce que l'entendement peut accomplir *a priori*, c'est anticiper la forme d'une expérience possible en général » (B 303).

Le statut si problématique de la réflexion tient à cette anticipation qui s'opère, dans la constitution des concepts, sur la matière des représentations données, et par laquelle l'entendement combine de manière complexe – et dans une certaine mesure, contradictoire – les exigences de l'unité analytique (ce que l'on pense *déjà* dans le concept et que l'on *retrouve* dans les représentations données) et celles de l'unité synthétique (les caractères que l'on ne pense *pas encore*, et qu'il faut *ajouter* au concept dans son application). L'usage de l'entendement consiste dans l'anticipation et la reconnaissance du concept dans des représentations données qui sont pourtant toujours nouvelles et singulières.

Dans la *Logique*, Kant souligne ce que cette anticipation peut avoir d'artificiel ou d'arbitraire. Il affirme ainsi que « la forme d'un concept, comme représentation discursive, est toujours *factice* »[1]. Voilà aussi pourquoi la réflexion peut être qualifiée d'opération « simplement formelle » de production du concept. Mais cette facticité est aussi la marque de la *spontanéité* de la pensée. Autrement dit, par la réflexion, l'entendement prend en considération des caractères, *du point de vue de l'usage qu'il peut en faire*. Cette spontanéité dans l'usage de nos représentations, corrélée à la facticité de la forme universelle du concept, apparaît dans de nombreux textes. C'est une caractéristique fondamentale de la pensée humaine, que Kant n'hésite pas à présenter comme une sorte de *désinvolture*. Songeons évidemment à la préface de la seconde édition de la *Critique* : « la raison n'aperçoit que ce qu'elle trace elle-même selon ses propres plans » (B XIII).

Heidegger insiste beaucoup sur ce point dans son interprétation de « l'essence du concept » chez Kant. Cette essence consiste en ce que le concept est, comme l'exprime le terme *Begriff*, *saisie* de l'objet en ce qu'il a d'universel. Dans le concept, la représentation d'un objet est rendue possible précisément en ce qu'elle excède cet objet, en direction de ce qu'il a de commun avec d'autres objets. Et Heidegger insiste sur le caractère actif de ce mode de représentation, par opposition à la passivité de la réceptivité sensible : « Il y a dans le concept 1) la "prise" (-ceptus) active et spontanée, 2) l'"embrassement" (cum-) de plusieurs termes, et 3) la "compréhension-sous-soi" »[2]. Ce que Heidegger rend très clair, c'est que l'*acte* logique qui consiste à « penser uniquement » les caractères communs de représentations diverses est *par lui-même* déjà universel, qu'il installe d'emblée, au niveau de la « simple forme », la représentation dans l'universalité, devançant ainsi la pensée effective d'un contenu commun, et la rendant en fait possible. Heidegger prolonge ainsi l'exemple des arbres,

1. *Logique*, AK IX, 93, trad. p. 102.
2. *Interprétation*, p. 212.

remarquant que même dans une comparaison « aussi grossière », la « réflexion » joue un rôle très paradoxal :

> Nous voyons, il est vrai, des objets que nous appelons déjà et aussitôt des « arbres », mais avant tout nous les comparons et nous remarquons leur diversité *du point de vue* du tronc, par exemple : pour remarquer leur diversité, nous devons d'emblée considérer les divers objets prédonnés quant à leur tronc, leurs branches, nous devons les envisager selon une direction déterminée [...]. Donc la considération du tronc, des branches est une *prise de vue déterminée*, libre et spontanée, telle qu'elle puise dans le *prédonné* intuitif lui-même ce qu'elle vise *librement*. Ainsi, c'est seulement si d'abord nous considérons les objets d'une certaine manière, selon une certaine visée, que nous pouvons les comparer, que nous pouvons alors remarquer qu'ils sont différents *à ce point de vue* [1].

La « liberté » dont parle ici Heidegger, et qu'il associe à la spontanéité, n'est autre que la facticité de l'acte réflexif, qui sélectionne un point de départ, une référence commune pour la comparaison, qui seule va donner au concept sa valeur. La spontanéité de la pensée consiste ainsi à porter la forme de l'universalité au-devant du contenu. Bien sûr, la forme suppose ici le contenu pour s'accomplir ; elle reste dépendante des « représentations données » comme support de ses actes. La forme garde ici son sens factice de « simple forme ». Mais elle est « libre », comme dit Heidegger, de « puiser » dans ce « prédonné intuitif lui-même » les caractères universels qui vont devenir la référence de la comparaison et de l'abstraction. Il y a évidemment circularité, dans la mesure où ces caractères universels ne pourront être confirmés dans leur statut que par la comparaison et l'abstraction. Mais cette circularité est inévitable, dès lors que la forme du concept est conçue comme spontanéité, comme élaboration première de l'universalité.

Cette circularité dans la conscience de l'universalité, expression d'une pensée qui en quelque sorte « prend les devants » par rapport aux représentations données, visant toujours déjà l'usage des caractères communs dans un jugement possible, pourrait bien être interprétée comme *intentionnalité*, et c'est manifestement ce qui retient Heidegger dans ces développements [2]. Mais, comme nous l'avons vu, on peut aussi bien l'interpréter comme une refonte radicale de l'exigence leibnizienne d'analyse des représentations, désormais combinée étroitement avec le primat de la synthèse.

1. *Interprétation*, p. 214-215.

2. Sur la pertinence explicative de cette notion vis-à-vis de la problématique kantienne, *cf.* A. Gurwitsch, *Kants Theorie des Verstandes*, *op. cit.*

Quoi qu'il en soit, il est clair que la réflexion conduit toujours l'aperception empirique au-devant des caractères universels, au-devant du concept, tel qu'il doit se trouver déjà contenu dans d'autres représentations données. En d'autres termes, la réflexion ne porte jamais sur une représentation isolée, mais elle anticipe toujours déjà les autres « représentations données » dont ce concept pourrait être prédiqué. C'est aussi bien dire que ces « représentations données » qui servent de matière à la réflexion, même lorsqu'elles sont intuitives, ne sont jamais prises en vue par elle comme de *simples intuitions*. La réflexion n'est jamais tournée vers un arbre singulier en tant que tel, mais toujours vers ce qui, dans cet arbre, est potentiellement pensable d'autres arbres; elle ne peut que déborder l'intuition pour la penser déjà en fonction d'autres jugements possibles. Cela signifie que les représentations données, lorsqu'elles sont des intuitions, sont pourtant d'une certaine manière *déjà conceptuelles*, elles sont déjà, *par avance*, forcément ramenées à ce qu'elles peuvent avoir de commun avec d'autres représentations passées ou à venir – autrement dit elles sont déjà les *représentations d'autres représentations*, ce qui est bien dans la *Critique* la caractérisation du concept comme représentation réfléchie ou discursive – par contraste justement avec l'intuition (qui est la représentation immédiate d'un objet).

Ainsi l'anticipation qu'opère la réflexion correspond-elle plus fondamentalement à *l'anticipation du concept dans l'intuition*, et par conséquent de l'intellectuel dans le sensible. Dans la *Critique*, Kant écrit qu'« un concept ne se rapporte jamais immédiatement à un objet, mais à quelque autre représentation de celui-ci (cette autre représentation pouvant être une intuition, ou elle-même déjà un concept) » (B 93). Dans cette dernière parenthèse, on retrouve l'indécision des « représentations données » de la *Logique* : le concept ne représente pas directement l'objet, mais est toujours déjà une « représentation de représentation » – et cette dernière représentation est soit une intuition soit « *déjà* un concept ». Ce « déjà » exprime bien l'anticipation du concept qu'opère la réflexion logique. La suite du texte relie clairement cela à l'usage du concept dans le jugement :

> Le jugement est donc la connaissance médiate d'un objet, par conséquent la représentation d'une représentation de celui-ci. Dans tout jugement, il y a un concept qui vaut pour de multiples représentations et qui, sous cette multiplicité, saisit aussi une représentation donnée, cette dernière étant immédiatement rapportée à l'objet. (B 93)

Parce que le concept n'est que médiat, il faut qu'il soit ramené en fin de compte à une « représentation donnée » qui doit bien être intuitive; mais inversement, cette « représentation donnée » n'est saisie que pour autant qu'elle est prise dans le réseau des « multiples représentations » pour lesquelles le concept « vaut » – autrement dit, elle n'est saisie qu'en tant qu'elle a « déjà » quelque chose de conceptuel, dans le dépassement toujours anticipé de sa singularité intuitive. C'est bien pourquoi Kant ne dit pas ici « intuition » mais bien « représentation donnée » – où l'on retrouve l'expression volontairement vague et récurrente de la *Logique*, qui laisse ouvert, précisément, le statut intuitif ou conceptuel de cette représentation.

On trouve dans la *Logique* un exemple très simple d'un tel mélange du concept et de l'intuition : contrairement à un « sauvage », qui voyant pour la première fois et « de loin » une maison, n'en aura qu'une « simple intuition », notre représentation de cette maison sera, dit Kant, « *intuition et concept en même temps* » [1] : en effet, nous savons, pour notre part, qu'elle a pour fonction l'habitation humaine, et nous la comparons d'emblée, sous tel ou tel point de vue (sélectionné par la réflexion) à d'autres maisons que nous connaissons, ou que nous pourrions connaître. Il n'est peut-être pas hasardeux que cet exemple concerne un objet si quotidien : cela marque bien que c'est dans et par l'*usage* de l'entendement, en particulier son usage le plus *habituel*, que le concept vient ainsi se mêler à l'intuition. Kant souligne d'ailleurs que la différence entre le sauvage et nous ne réside pas dans la *matière* de la connaissance (nous voyons la même maison que lui), mais bien plutôt dans la *forme*, c'est à dire, « la manière dont nous connaissons l'objet », bref, dans la façon dont notre entendement *utilise* cette matière.

Cette anticipation du concept dans l'intuition, qui peut conduire à une véritable *confusion* des deux modes de représentation, permet d'éclairer un élément central de l'Amphibologie : dans ce texte, Kant attribue à la « réflexion logique » une tendance inévitable à *homogénéiser* les représentations :

> la *réflexion logique* est une simple comparaison, dans la mesure où il y est fait totalement abstraction de la faculté de connaître dont relèvent les représentations données, à tel point qu'elles doivent être traitées, pour ce qui est de leur place dans l'esprit, comme homogènes. (B 318-319)

C'est ce qui autorise Kant, dans le même passage, à qualifier la réflexion logique de « simple comparaison de concepts », toujours par opposition à la réflexion transcendantale qui est tournée pour sa part vers la différence entre les sources de la connaissance et les différents types de représentation

1. *Logique*, AK IX, 33, trad. p. 35. Nous soulignons.

qui en sont issus. Cette expression tranche quelque peu avec le texte de la *Logique*, où réflexion et comparaison sont distinguées, et où la réflexion opère sur des « représentations données », et non pas simplement sur des concepts. Simplement Kant insiste-t-il davantage dans l'Amphibologie sur l'aspect problématique de la réflexion, dans son rôle logique d'anticipation du concept dans les représentations – anticipation qui nous conduit à négliger les conditions sensibles de la donation des objets au profit des conditions conceptuelles de leur pensabilité. La « singulière précipitation » dont a fait preuve Leibniz (B 337) est la forme la plus poussée de cette anticipation de l'unité analytique.

C'est donc en se plaçant sur ce terrain de l'*usage de l'entendement*, et des anticipations logiques qui le constituent, et des confusions qu'elles suscitent quant au statut de nos représentations, que l'on peut vraiment comprendre l'enjeu de l'Amphibologie. Et pour prendre toute la mesure de cet enjeu, il faut bien voir que le même problème vaut pour *tout usage de l'entendement*. Béatrice Longuenesse a souligné avec justesse que dans la *Logique*, le caractère factice des concepts, quant à leur forme, est affirmé « non seulement des concepts empiriques, mais aussi des concepts mathématiques et des catégories », même si « les trois sortes de concepts diffèrent quant à leur matière ou contenu »[1]. S'agissant des catégories, elle rappelle bien qu'il s'agit de concepts dont « l'universalité est originaire, *a priori*, et non pas empiriquement engendrée ». Pourtant, comme tout autre concept, explique-t-elle, ce n'est que par « application » dans la comparaison, la réflexion et l'abstraction que les catégories « peuvent être reconnues dans le sensible »[2].

Même l'usage des catégories, par lequel elles sont rapportées à des objets, doit être saisi à partir de la réflexion logique, et de sa désinvolture. Cela apparaît dans la manière dont Kant dégage, au début de l'Analytique des concepts, la « table des catégories », à partir, on le sait, du « fil conducteur » que constitue la table des « formes logiques du jugement ». Du jugement, la *Logique* propose la définition suivante : « un jugement est la représentation de l'unité de la conscience de différentes représentations, ou la représentation de leurs rapports en tant qu'elles constituent un

1. *Kant et le pouvoir de juger*, *op. cit.*, p. 144-145.

2. *Ibid.* S'agissant des concepts mathématiques, cet argument vaut aussi : « certes, ils sont susceptibles de *construction*, c'est-à-dire de présentation *a priori* dans l'intuition sensible. Et cependant, reconnaître dans le sensible *empirique* figures, volumes, mesures, mouvements, relève aussi des opérations de comparaison, réflexion, abstraction ».

concept »[1]. On est très proche de la « réflexion », comme « prise en considération de la manière dont différentes représentations peuvent être réunies en une conscience ». Cette proximité est encore plus manifeste dans la définition que Kant propose de la « forme du jugement » : « la détermination de la manière dont les différentes représentations, en tant que telles, appartiennent à *une* conscience »[2]. D'ailleurs, la *Logique* identifie expressément « l'objet de la réflexion logique » et « la simple forme des jugements »[3]. La table des formes logiques du jugement est donc bien obtenue par la « réflexion logique », c'est-à-dire, par la prise en considération des différentes formes de l'unité analytique, ce qui présuppose que le contenu du concept soit déjà acquis. Toute la difficulté de ce passage est de comprendre comment sont dégagées, à partir de ces simples formes logiques, les catégories, qui accomplissent pour leur part l'unité *synthétique* du divers de l'intuition – autrement dit qui opèrent au niveau du *contenu* même des représentations :

> C'est analytiquement que des représentations différentes sont amenées sous un concept (une opération dont traite la logique générale). Cela étant, amener, non pas les représentations, mais bien plutôt la *synthèse pure* des représentations *à* des concepts, voilà ce qu'enseigne la logique transcendantale. (B 104)

On retrouve ici l'indécision que suscite le rapport entre unité analytique et unité synthétique, indécision dont nous avons vu qu'elle est constitutive de la « réflexion ». La *Critique* ne lève pas vraiment cette indécision, mais l'interroge beaucoup plus profondément, à partir de deux constats, dont le rapport est problématique : d'une part, seule la sensibilité est donatrice d'intuitions, et donc la *synthèse du divers* fourni par celle-ci est nécessairement à la source de tous nos concepts, y compris des catégories. D'autre part, du point de vue de *l'usage*, il faut bien cependant que la synthèse aboutisse à des concepts – lesquels doivent se soumettre alors aux formes logiques du jugement, c'est-à-dire aux formes de l'unité analytique. Si l'on peut dégager la table des catégories à partir de la table des formes logiques du jugement, c'est ainsi parce que l'unité synthétique *originaire* qu'accomplissent les catégories doit se soumettre *aussi* en fin de compte aux formes de l'unité analytique, qui en est le résultat nécessaire. Kant ne cesse de répéter que la logique générale ne peut rien nous dire de l'unité synthétique

1. *Logique*, AK IX, 101, trad. p. 110.
2. *Ibid.*
3. *Ibid.*, AK IX, 101, trad. p. 111.

et donc de l'origine des concepts – fussent-ils des concepts purement intellectuels comme les catégories. Par contre, elle peut nous fournir un fil conducteur pour dégager ces dernières, en nous indiquant les formes de *l'usage* (analytique) qui en est nécessairement fait par l'entendement. Voici en effet comment Kant justifie la mise en place de ce fil conducteur :

> Cette même fonction, qui donne une unité aux différentes représentations *dans un jugement*, celle-là même donne aussi une unité à la simple synthèse de différentes représentations *dans une intuition*, et c'est cette unité qui, exprimée en ce qu'elle a d'universel, s'appelle le concept pur de l'entendement. Le même entendement donc, et ce précisément par les mêmes actes qui lui permettaient d'accomplir, au moyen de l'unité analytique, la forme logique du jugement, introduit aussi, au moyen de l'unité synthétique du divers dans l'intuition en général, un contenu transcendantal dans ses représentations [...]. (B 105)

Kant parle ici de la « fonction » de la pensée dans le jugement. Un peu plus haut, il a proposé une définition de ce terme : « j'entends par fonction l'unité de l'action, qui consiste à ordonner des représentations différentes sous une représentation commune » (B 93). Notons que la « fonction » n'est pas l'action elle-même, mais « l'unité de l'action ». Cette formule est tout à fait décisive pour comprendre le statut que Kant donne au « fil conducteur ». En effet, la forme logique dont il est ici question ne constitue pas en elle-même l'action du jugement : elle ne représente que son unité « analytique ». Elles n'est donc que la forme de la *réflexion logique* sur cette action. Autant dire qu'elle *présuppose* que cette action, qui consiste à réunir sous une représentation commune les différentes représentations soit elle-même accomplie à un autre niveau, plus fondamental : celui de la synthèse.

La table des fonctions logiques « épuise » l'entendement, au sens où il s'y trouve entièrement mesuré comme « pouvoir » de juger (B 105). Les formes logiques expriment ce que l'entendement peut faire, *analytiquement*, de représentations données, quelles qu'elles soient, elles décrivent l'usage du concept comme « prédicat de jugement possible », et délimitent déjà, mais d'un point de vue simplement formel, ce possible – et donc le pouvoir de juger. Dès lors, la mise en œuvre originaire de ce *même pouvoir*, au niveau de la donation elle-même, doit forcément conduire à ce résultat : pourtant, cela ne peut se faire que dans la synthèse, et donc en même temps de manière complètement hétérogène vis-à-vis des exigences de l'analyse. En aucun cas donc, il ne s'agit ici de montrer que les catégories seraient simplement des formes logiques *appliquées à un donné sensible* – ce qui ferait bon marché de l'intervention originaire des formes propres de la sensibilité et de la synthèse. Si l'on peut remonter des formes logiques aux catégories, c'est donc en tant qu'elles sont *deux manifestations distinctes d'un même pouvoir*, selon qu'il s'applique à des représentations déjà données, ou au niveau plus originaire de leur donation elle-même.

La manière dont la réflexion logique intervient, quelques pages plus loin, dans la Déduction transcendantale (de la seconde édition), permet de confirmer cette interprétation. Au paragraphe 20, Kant se réfère en effet aux formes logiques du jugement, pour franchir une étape décisive de la légitimation des catégories comme conditions de possibilité de l'expérience. Il s'agit plus précisément d'établir que « toutes les intuitions sensibles se rangent sous les catégories, comme les seules conditions sous lesquelles le divers de ces intuitions peut se réunir en une conscience » (B 143). C'est l'aboutissement d'une première « preuve », qui est partie de « l'unité synthétique originaire » exigée par l'entendement pur, pour montrer que cette unité était nécessairement prescrite par l'intermédiaire des catégories à une « intuition donnée en général ». Au paragraphe 20, Kant rappelle les principales étapes de cette preuve et en livre la dernière étape :

> Le divers d'une intuition sensible donnée se range nécessairement sous l'unité synthétique de l'aperception, car ce n'est que par elle que l'unité de l'intuition est possible (§ 17). Mais l'action de l'entendement, par laquelle le divers de *représentations données* (*qu'il s'agisse d'intuitions ou de concepts*) est amené sous une aperception en général, est la fonction logique des jugements (§ 19). Par conséquent, tout divers, pour autant qu'il est donné dans une intuition empirique, est déterminé vis-à-vis d'une des fonctions logiques du jugement, par laquelle il est en effet amené à une conscience en général. Cela étant, les catégories ne sont rien d'autre que ces fonctions pour juger, dans la mesure où le divers d'une intuition donnée est déterminé vis-à-vis d'elles (§ 13). Le divers d'une intuition donnée se range donc nécessairement aussi sous les catégories. (B 143, nous soulignons)

La preuve part de l'exigence d'unité *synthétique* de l'aperception en général, au sens où « le “je pense” doit pouvoir accompagner toutes mes représentations ». De cette exigence d'unité de « l'aperception en général », Kant conclut à l'action de l'entendement qui seule la rend possible. Mais cette action est ici considérée du point de vue de la réflexion *logique* qui l'accompagne, en tant qu'elle amène des « *représentations données* [...] sous une aperception en général ». De même, c'est toujours du point de vue de la réflexion logique qu'est exigé, dans la suite, que tout divers soit « déterminé vis-à-vis d'une des fonctions logiques du jugement ». Enfin, c'est parce que les catégories ne sont justement *rien d'autre que ces mêmes fonctions logiques* (certes, «en tant que le divers de l'intuition est déterminé vis-à-vis d'elles») que la conclusion recherchée est atteinte dans la dernière phrase [1].

L'action de l'entendement dont parle ce texte est fondamentalement une unification synthétique du divers de l'intuition. Mais de cette action, en tant que synthétique, Kant ne dit rien ici. Il *suffit* à la preuve d'insister sur *un aspect* de cette action: si elle produit l'unité synthétique du divers de l'intuition, elle doit produire *du même coup* son unité analytique. Dit plus simplement: même si l'on ne sait pas comment l'unification synthétique s'opère, on sait qu'elle a nécessairement aussi pour *résultat* l'unité analytique, donc qu'elle est déterminée vis-à-vis des fonctions logiques du jugement. La soumission synthétique du divers de l'intuition aux catégories est ainsi déduite à partir de *sa conséquence nécessaire*, qui est l'unité analytique de ce divers. La pointe de l'argumentation réside donc dans la deuxième phrase: «l'action de l'entendement, par laquelle le divers de *représentations données* (*qu'il s'agisse d'intuitions ou de concepts*) est amené sous une aperception en général, est la fonction logique des jugements». Cette référence aux «représentations données», qui peuvent être indifféremment des intuitions ou des concepts, suggère qu'ici, c'est le point de vue de *l'usage* qui prime : quelle que soit *l'origine* ou la nature (intuition ou concept) des représentations, et quel que soit le rapport – au fond assez mystérieux – qui s'établit dans l'unité synthétique entre le concept et l'intuition, des *représentations données* ne peuvent de toute façon être ramenées à l'unité de l'aperception qu'en étant déterminées en fin de compte vis-à-vis des fonctions logiques du jugement, c'est-à-dire, du point de vue de la réflexion logique, et ce point de vue convertit du même coup ces représentations données en concepts. Tout divers de «représentations données», qu'il s'agisse d'intuitions ou (déjà) de concepts, doit être amené à l'unité analytique; cela vaut donc *en particulier* pour le divers de l'intuition (même si cela présuppose une synthèse préalable). C'est pourquoi les catégories, qui ne sont rien d'autre que les formes de cette unité analytique, «dans la mesure où le divers d'une intuition donnée est déterminé vis-à-vis d'elles», sont les conditions sous lesquelles ce divers doit nécessairement,

1. On comprend ainsi qu'il ne s'agisse ici que d'une première preuve, puisque la possibilité de l'unité synthétique elle-même n'a pas encore été interrogée. Sur ce point, voir l'étude magistrale de D. Heinrich, «Die Beweissstruktur von Kants transzendantaler Deduktion», dans *Kant. Zur Deutung seiner Theorie von Erkennen und Handeln*, G. Prauss (ed.), Köln, Kiepenheuer & Witsch, 1973, p. 91 et 93.

en fin de compte, se ranger. Et ainsi la table des catégories peut-elle être dégagée à partir de la table des formes logiques du jugement.

La Déduction transcendantale propose ainsi une compréhension positive de ce que nous avons appelé la désinvolture de la réflexion logique, comme anticipation du concept : que cette réflexion porte sur des « représentations données » signifie certes qu'elle néglige l'origine des représentations ; mais cela signifie aussi que comme telle, elle vaut indifféremment pour *toutes* les représentations, intuitions ou concepts, et donc, en particulier, pour le divers de l'intuition.

Cette compréhension de la réflexion oriente aussi la *Logique* dans son ensemble : la référence constante aux « représentations données » neutralise d'emblée, dans ce texte, la question de l'origine de ces représentations, la question de leur statut intuitif et conceptuel, et la question de la synthèse. Elles n'y sont considérées que selon l'usage intellectuel qui peut en être fait, selon les seules formes de l'unité analytique. En d'autres termes, conformément à ce qu'en dit l'Amphibologie, la « réflexion » de la *Logique* ne tient effectivement pas compte du « lieu » – sensibilité ou entendement – où sont comparées les représentations. Dans la mesure où elle prête attention « uniquement aux caractères communs » et *anticipe* ainsi la forme analytique de l'universalité, elle *doit* négliger l'origine des représentations et le problème de l'unité synthétique. Si la logique est « formelle » en tant qu'elle fait abstraction du « lieu » de la comparaison, c'est donc bien en même temps parce que cette abstraction est ce qui caractérise *la forme propre du concept* de manière intrinsèque ; c'est parce que la réflexion logique, comme telle, consiste à oublier la différence entre l'entendement et la sensibilité, et que cet oubli est la condition même du concept. La spontanéité de la pensée, garantie de sa liberté et de son universalité, est à la mesure de cet oubli. *Ainsi, la logique n'est pas formelle que par méthode : elle l'est parce que son objet d'étude lui-même (la pensée) a une forme propre qu'il imprime à la connaissance, et qui implique précisément d'oublier l'origine des représentations.*

Ces textes logiques prennent ainsi un sens décisif, parce qu'ils montrent bien en quoi le concept est un mode originaire et irréductible de représentation, qui ne naît, en quelque sorte, que de lui-même. L'universalité n'est pas seulement le produit factice de l'activité de l'entendement, elle est aussi et surtout la *forme originaire de la pensée*, celle qui est requise par la faculté de juger. *Elle est la forme de la pensée, au même titre qu'il y a des formes de l'intuition.* Ce qui peut conduire Kant à affirmer, par exemple : « La forme est soit l'intuition soit la réflexion »[1]. Dans la Déduction transcendantale, il met exactement sur le même plan l'impossibilité de savoir « pourquoi nous disposons précisément de ces formes pour les jugements plutôt que d'autres », et l'impossibilité de savoir « pourquoi l'espace et le temps sont les seules formes de l'intuition pour nous possible » (B 146).

On peut alors mieux formuler le problème que recouvre (en l'occultant nécessairement) l'expression de « représentations données ». Ces dernières sont en effet les représentations qui se découvrent, dans *l'usage* de l'entendement, à l'aperception empirique, et qui constituent en tant que telles la matière des opérations logiques de comparaison, de réflexion et d'abstraction. Mais, comme Kant ne cesse de le rappeler, cela ne préjuge en rien de leur *origine*, pure ou empirique, sensible ou intellectuelle; or précisément, l'entendement, entièrement tendu vers l'unité de l'expérience, ne peut qu'anticiper celle-ci en permanence dans ces représentations données, en tant qu'elle y serait *déjà contenue*. L'unité analytique se trouve ainsi constamment anticipée dans l'unité synthétique.

La réflexion logique ne peut dès lors que brouiller la différence pourtant radicale entre les deux sources de notre connaissance, entendement et sensibilité. Non seulement la forme logique de l'analyse est anticipée dans les « représentations données », mais elle ne peut que s'y retrouver étrangement et problématiquement *entremêlée* avec les formes de la sensibilité, qui sont les formes de la *synthèse*.

Ce problème apparaît dès l'Esthétique transcendantale: espace et temps y sont d'abord présentés comme des *concepts*, dont il convient d'éclairer la nature. Ce n'est qu'au cours de leur « exposition métaphysique » que Kant en vient à les caractériser comme des « intuitions pures » (B 40 pour l'espace, B 47 pour le temps). Dans la mesure où l'espace et le temps sont au fondement des phénomènes, nous en faisons évidemment aussi un usage conceptuel; nous ne cessons de les reconnaître, *analytiquement*, comme des caractères universels constamment présents dans nos représentations. Les formes sensibles rejoignent ici les formes logiques comme ce que nous devons *anticiper* dans l'expérience. L'espace et le temps sont ces formes « toutes prêtes dans notre esprit » (B 34) dont nous savons *a priori*, donc *par avance*, que toute intuition empirique va devoir s'y inscrire. C'est pourquoi la notion de forme est chez Kant associée *de manière générale* à la distinction et à l'analyse: « Toute philosophie s'occupe de la forme, c'est-à-dire de la distinction par l'analyse [...]. Par là

1. *Réflexion* 2834, AK XVI, 536.

elle n'apprend pas vraiment à connaître quelque chose que l'on ne savait pas, mais plutôt à mieux connaître ce que l'on savait »[1]. Or comme nous l'avons vu, la distinction peut être soit logique (et c'est alors seulement qu'elle s'obtient véritablement « par analyse »), soit esthétique (et alors la représentation est rendue distincte par ajout de caractères dans la synthèse).

C'est ainsi l'entrelacement perpétuel des formes logiques et des formes sensibles – et leur concurrence – dans l'usage de l'entendement, et donc dans l'aperception empirique, à même les « représentations données », qui rend si nécessaire la réflexion transcendantale, pour faire la part de ce qui revient à la sensibilité et à l'entendement dans l'unification des représentations. Penser l'usage de l'entendement, où toutes les représentations sont forcément rendues homogènes, en le ramenant à la diversité irréductible de ses sources, et plus particulièrement identifier ce que l'entendement y apporte en propre : tel est donc l'enjeu de l'Amphibologie, et de la « réflexion transcendantale » qui s'y trouve définie.

La confusion des phénomènes et des noumènes

Ainsi Locke et Leibniz auraient-ils tous deux *anticipé* dans les choses une forme qui leur permettait de donner une unité à l'expérience, et à la matière diversifiée de l'aperception empirique. Il s'agissait dans le cas de Locke des formes de la sensibilité ; dans le cas de Leibniz, de la forme logique de l'unité analytique. Mais dans les deux cas, l'erreur vient aux yeux de Kant d'une certaine désinvolture de l'entendement vis-à-vis des « représentations données » qui s'offrent dans l'aperception empirique à l'exercice du jugement ; chacun des deux auteurs, par ce qui est au fond une faute d'*inattention* – une faute au niveau de l'aperception empirique, donc – a négligé l'une des deux formes d'unification qui, ensemble seulement, mais selon une collaboration problématique, rendent possible notre expérience : l'unification synthétique selon l'espace et le temps, et l'unification analytique requise par la faculté de juger.

La pointe du raisonnement de Kant est cependant que, dans les deux cas, l'erreur amphibologique porte sur la *même matière*, sur les mêmes « représentations données », qui donnent à l'aperception empirique son contenu. En outre, il s'agit bien à chaque fois d'anticiper cette matière en tant qu'*objet* de notre connaissance. La *Logique* l'affirme très clairement :

1. *Réflexion* 1696, AK XVI, 86.

« la matière [de la connaissance] est l'objet », par opposition à la forme, justement, qui n'est que « la manière dont nous connaissons l'objet »[1] – définition qui, notons-le, vaut aussi bien pour les formes de l'intuition sensible que pour les formes logiques du jugement.

Le problème posé par la réflexion n'est donc pas simplement un problème de gestion subjective des « représentations données » saisies dans l'aperception empirique. Ce qui est en jeu à travers l'indécision sur l'usage – analytique ou synthétique – qui doit être fait de cette matière, c'est bien le rapport de la représentation à des *objets*. C'est ce difficile problème qu'élude en fait la logique générale ou formelle, qui fait abstraction « de tout contenu de la connaissance, *c'est-à-dire de toute relation de celle-ci à l'objet* » (B 79, nous soulignons). Kant ne perd jamais de vue dans la *Critique* le vieux problème scolastique – relayé par le cartésianisme – de la *réalité objective* : toute représentation – qu'elle soit une intuition ou (déjà) un concept – doit toujours être au bout du compte *représentation d'un objet*. Et, loin que cette référence objective doive se comprendre comme une relation se surajoutant extérieurement, ou en quelque sorte après coup, à la représentation, elle est bien plutôt intimement inscrite dans la teneur même de celle-ci, dans son contenu – puisqu'encore une fois, la matière de la représentation n'est rien d'autre que l'objet lui-même.

On retrouve dans cette affirmation l'approche cartésienne de la réalité objective, telle qu'elle a été formulée notamment dans la troisième Méditation, ou encore telle qu'elle a été présentée par Arnauld dans *Des vraies et des fausses idées* : « comme donc il est clair que je pense, il est clair aussi que je pense à quelque chose »[2]. On peut d'ailleurs remarquer que chez Arnauld, la *réflexion* est étroitement associée à ce thème : toute perception est « essentiellement représentative de quelque chose » et, en même temps, est aussi « essentiellement réfléchissante sur elle-même ». À partir du moment où les « perceptions » renferment en elles-mêmes la réalité objective de la chose qu'elles représentent, la réflexivité qui leur est essentielle est aussi saisie de cette réalité objective :

> Toute perception étant essentiellement représentative de quelque chose, et selon cela s'appelant *idée*, elle ne peut être essentiellement réfléchissante sur elle-même, que son objet immédiat ne soit cette *idée* ; c'est-à-dire, la *réalité objective* de la chose que mon esprit est dit apercevoir ; de sorte que,

1. *Logique*, AK IX, 33, trad. p. 35.

2. *Des vraies et des fausse idées*, dans *Œuvres philosophiques d'Arnauld*, E.J. Kremer et D. Moreau (éds.), Bristol, Thoemmes Press, 2003, p. 204 (rééd. à partir des *Œuvres de Messire Antoine Arnauld*, Paris et Lausanne, Sigismond d'Arnay, 1775-1783).

> si je pense au soleil, la réalité objective du soleil, qui est présente à mon esprit, est l'objet immédiat de cette perception, et le soleil possible ou existant, qui est hors de mon esprit, en est l'objet médiat, pour parler ainsi [1].

Kant s'inscrit à sa manière dans cette tradition : s'il accorde tant d'importance à l'aperception pure, c'est bien parce qu'elle rend originairement possible la visée des *objets* en tant que tels, et non pas simplement une liaison subjective des représentations dans l'esprit. L'unité de l'aperception est bien, en son sens le plus fort, l'unité *objective* de l'aperception. C'est cette unité qui permet de dire, par exemple : « le corps *est* pesant ». Dans ce jugement, la copule « est » a la valeur d'une liaison objective. Alors que si l'on avait dit : « quand je porte un corps, je sens une impression de pesanteur » (B 142), on aurait une liaison simplement subjective. L'aperception pure est cette visée originaire de l'objet, *tel qu'il est en lui-même*, tel donc qu'il constitue la *réalité objective* des représentations.

Tout le problème est évidemment que l'entendement humain, ne peut conquérir l'unité objective de l'aperception que sur le terrain de la *synthèse*. La matière des représentations doit être donnée dans la sensibilité, et celle-ci lui imprime, selon ses formes propres, une irréductible diversité. Or, comme on le voit dans l'exemple précédent, et conformément à la forme propre de la pensée, la visée de l'objet transcendantal a une orientation avant tout *analytique* : c'est *en lui-même* que le corps est pesant. À ne considérer que la forme logique du jugement, la réalité objective devrait être contenue analytiquement *dans* la représentation elle-même, et le jugement objectif devrait être un jugement d'*identité*, commandé par le simple principe de contradiction. Cependant, comme la donation de l'objet ne peut avoir lieu que dans la sensibilité, la réalité objective de la représentation ne peut jamais être atteinte par une simple réflexion analytique. Il faut en passer par la synthèse. L'objet est dès lors défini comme « ce dans quoi le divers d'une intuition donnée se trouve *réuni* » (B 137, nous soulignons).

Dès lors, tout ce que nous avons dit de l'indécision entre analyse et synthèse dans l'usage de l'entendement s'étend forcément aussi aux objets. C'est bien l'objet tel qu'en lui-même que l'entendement vise ou plus précisément *anticipe* constamment dans l'expérience ; mais il ne peut le faire qu'à partir d'un contenu objectif qui doit être donné dans l'intuition sensible, qui dès lors est soumis *a priori* aux formes de la sensibilité, et qui n'apparaît donc que comme *phénomène*. Sur le plan objectif, l'indécision

1. *Des vraies et des fausse idées*, dans *Œuvres philosophiques d'Arnauld*, *op. cit.*, p. 204.

entre analyse et synthèse correspond donc inévitablement à une indécision entre le *nouménal* et le *phénoménal*. Dans la *Dissertation*, Kant reprochait déjà à Wolff d'avoir, avec sa doctrine du sensible comme intellectuel confus (c'est-à-dire mal *analysé*), mis à bas la distinction entre les phénomènes et les noumènes. Et inversement, la critique des « axiomes subreptices » montrait bien déjà à quel point l'expérience pouvait conduire à donner à la diversité phénoménale de l'espace et du temps une portée abusivement nouménale. Dans la *Critique*, cette confusion est l'une des premières choses que Kant cherche à combattre, dès l'Esthétique transcendantale :

> L'espace ne représente vraiment aucune propriété de quelques choses telles qu'en elles-mêmes, pas plus que ces choses dans leur rapport réciproque, c'est-à-dire qu'il n'en représente aucune détermination, qui serait inhérente aux objets eux-mêmes, et qui subsisterait, même si l'on faisait abstraction de toutes les conditions subjectives de l'intuition. (B 42)

Mais s'il faut poser ainsi l'idéalité de l'espace, son statut de simple forme subjective, c'est bien parce qu'*a contrario* il y a quelque chose qui pourrait nous conduire à considérer effectivement l'espace comme une propriété inhérente aux choses telles qu'en elles-mêmes. L'indécision sur la forme de la connaissance – sensible ou intellectuelle, synthétique ou analytique – entraîne donc bien une tendance à confondre les phénomènes et les noumènes.

Cette confusion est au centre de l'Amphibologie. Avoir anticipé une forme simplement subjective – sensible *ou* logique – *comme forme des choses elles-mêmes*, et avoir considéré dès lors la forme concurrente, issue de l'autre source de connaissance, comme secondaire et non originairement inscrite dans ces choses : voilà l'erreur commune à Locke et à Leibniz. Rappelons la fin du texte où Kant renvoie les deux « grands hommes » dos à dos :

> Au lieu de chercher dans l'entendement et dans la sensibilité deux sources complètement différentes de représentations, qui ne pourraient cependant juger objectivement des choses qu'en *liaison*, chacun de ces grands hommes s'en tenait à l'une des deux seulement, *qui à son avis se rapportait immédiatement aux choses telles qu'en elles-mêmes*, tandis que l'autre ne faisait rien, sinon confondre ou mettre en ordre les représentations de la première. (B 327, nous soulignons)

Leibniz et Locke ont en commun de n'avoir pas pris la mesure du rapport problématique qui s'établit dans le jugement entre unité analytique et unité synthétique ; dès lors, ils ont l'un et l'autre homogénéisé trop vite la matière du jugement, dont il concevait l'unification selon un type de forme seulement – sensible pour Locke, logique pour Leibniz. À cela, Kant oppose d'emblée, dans l'Amphibologie, la *dualité* fondamentale et indépassable qui caractérise les choses dans leur rapport à notre connaissance :

> quand il s'agit de savoir si les choses elles-mêmes sont identiques ou différentes, en accord ou en opposition, etc., les choses peuvent avoir un double rapport à notre faculté de connaître – à l'entendement et à la sensibilité –, et de cette place qu'elles occupent dépend cependant la manière dont elles se rapportent les unes aux autres ; [et dès lors,] seule la réflexion transcendantale, c'est-à-dire la mise en rapport de représentations données avec l'un ou l'autre de ces modes de connaissance, pourra déterminer le rapport qu'elles entretiennent entre elles. (B 318)

Il faut souligner ici que ce sont bien *les mêmes choses* – et les mêmes « représentations données » que nous avons d'elles – qui peuvent être toujours considérées selon ces deux points de vue à la fois complémentaires et divergents. C'est la *même matière* qui se prête, qui doit se prêter à ces deux types de formes, à ces deux manières de la connaître. La position de Kant concernant l'articulation de ces deux points de vue est constante tout au long de la *Critique* : il n'est pour nous de *contenu objectif* que ce qui nous est *donné*, selon les formes de notre sensibilité, à savoir le *phénomène*. Cette donation, dans le divers de l'espace et du temps, impose *a priori* à l'entendement l'exigence d'unité *synthétique*. Certes, *le même contenu, le même objet*, doit aussi être *pensé* (au-delà de cette diversité dans laquelle l'inscrit sa simple apparition phénoménale), tel qu'il est en lui-même. Cette pensée se fera alors, comme chez Leibniz, selon les exigences de l'unité *analytique*. Mais tout le problème est qu'une telle pensée, devant faire abstraction des conditions spécifiques de l'intuition sensible (donc de la synthèse), ne peut que se retrouver vide de contenu, sans aucune intuition qui lui corresponde.

Le double rapport de l'objet à la sensibilité et à l'entendement renvoie ainsi à son double statut de phénomène (en tant qu'il est donné) et de noumène (en tant qu'il est pensé). La préface de la deuxième édition insiste ainsi sur le fait que la *Critique* nous apprend à « appréhender l'objet dans *une double signification*, c'est-à-dire comme phénomène ou comme chose telle qu'en elle-même » (B XIX). Il ne faut pas sous-estimer cette *équivocité* fondamentale du rapport à l'objet, qui sous-tend toute la problématique critique, le fait que ces deux significations soient étroitement *entremêlées* dans l'expérience[1]. Car, si l'on ne dispose pas de la réflexion transcendantale, donc de la distinction des deux sources de la connaissance, cette « double signification » peut bien vite donner lieu à une *confusion des phénomènes et des noumènes*. Et tel est, justement, le point commun aux deux erreurs de Locke et de Leibniz.

On peut préciser cela en se rapportant aux « Remarques générales » de l'Esthétique transcendantale. En effet, le reproche d'amphibologie fait à Leibniz apparaît déjà, *dès ce passage de l'Esthétique*, c'est-à-dire, là où la *Critique* parle de l'expérience *dans sa composante sensible*. Kant précise en effet, au sujet de l'idéalité transcendantale de l'espace et du temps :

> Que dès lors toute notre sensibilité ne soit rien d'autre qu'une représentation confuse des choses, qui contiendrait simplement ce qui revient à ces choses telles qu'en elles-mêmes, mais seulement sous une accumulation de caractères et de représentations partielles, que nous ne séparons pas avec notre conscience, voilà une falsification du concept de sensibilité et de phénomène, qui en rend toute la doctrine vide et sans objet. [...] La représentation d'un corps dans l'intuition [ne contient] vraiment rien qui pourrait appartenir à un objet tel qu'en lui-même, mais simplement l'apparition de quelque chose, et la manière dont nous en sommes affecté, et cette réceptivité de notre faculté de connaître s'appelle sensibilité et reste, quand bien même on pourrait percer à jour le phénomène jusqu'à son fondement, séparée de la connaissance de l'objet tel qu'en lui-même par une distance infinie. (B 61-62)

On reconnaît ici le reproche formulé dans l'Amphibologie à propos des formes de la sensibilité. Mais ce reproche, dans le contexte de l'Esthétique, révèle plus nettement que l'amphibologie leibnizienne est aussi un mauvais usage *des intuitions sensibles*, considérées abusivement comme des représentations (confuses) des choses telles qu'en elles-mêmes. La suite du texte s'inscrit dans la même perspective :

> Par ailleurs, nous distinguons fort bien, parmi les phénomènes, ce qui est essentiellement attaché à l'intuition, et qui vaut pour tout sens humain en

1. Voir aussi B 306 : « Quand nous appelons être des sens (*phaenomena*) certains objets, en tant que phénomènes, [...] il est déjà contenu dans notre concept que nous leur opposons du même coup, en tant qu'objets pensés simplement par l'entendement, soit *précisément les mêmes objets tels qu'ils sont ainsi constitués en eux-mêmes*, soit encore d'autres choses possibles, qui ne sont vraiment pas des objets de nos sens, et nous nommons ces objets êtres de l'entendement (*noumena*) » (nous soulignons). G. Lebrun a abordé certains aspects de ce problème en parlant avec justesse du « piège que recèle l'usage empirique de l'entendement » (« L'aporétique de la chose en soi », dans *Kant sans kantisme*, P. Clavier et F. Wolff (éds.), Paris, Fayard, 2009, p. 118).

> général, de ce qui ne revient à cette intuition que de manière accidentelle, dans la mesure où cela ne vaut pas de la relation constitutive de la sensibilité en général, mais seulement d'une disposition ou organisation particulière à tel ou tel sens. Et on qualifie alors la première connaissance comme une connaissance qui représente l'objet tel qu'en lui-même, tandis que la deuxième n'en est que le phénomène. Mais cette différence n'est qu'empirique. Si l'on s'en tient là (comme cela arrive communément) et que l'on ne considère pas cette intuition empirique à son tour (ce qui devrait arriver) comme un simple phénomène, telle qu'on ne peut rien y rencontrer qui touche une chose telle qu'en elle-même, alors notre distinction transcendantale est perdue, et nous croyons bien alors connaître les choses telles qu'en elles-mêmes, bien que partout (dans le monde sensible), y compris dans notre exploration la plus poussée des objets, nous n'ayons affaire à rien d'autre qu'à des phénomènes. (B 62-63)

Comment comprendre ce passage? Kant vient de montrer que la compréhension leibnizienne et wolffienne du phénomène comme représentation intellectuelle confuse était illusoire: un phénomène n'est jamais qu'un phénomène, et ne nous mènera jamais à la représentation de la chose telle qu'en elle-même. Mais «par ailleurs», ajoute ici Kant, nous restons capables de distinguer, *parmi les phénomènes*, ce qui est «essentiellement attaché» à l'intuition et à tout sens humain, et ce qui n'a de valeur que contingente et subjective. Autrement dit, nous sommes malgré tout capables de distinguer des phénomènes plus objectifs que d'autres.

Il y a ici, sans doute, une référence à la distinction opérée par Leibniz entre les «phénomènes imaginaires» et les «phénomènes réels»[1]. Tout le problème est qu'une telle distinction crée une certaine indécision, en ce qu'elle peut conduire à prétendre que les phénomènes réels, par opposition aux phénomènes imaginaires, nous apprennent aussi quelque chose de la «nature des choses hors de nous», ou du moins nous en rapprochent

1. *De modo distinguendi phaenomena realia ab imaginariis* (A VI, 4, 1500-1504). On peut noter, certes, que les phénomènes réels restent bien pour Leibniz des *phénomènes*, qui comme tels comportent quelque chose de «relatif à nos perceptions»: «la notion de la grandeur, de la figure et du mouvement n'est pas si distincte qu'on s'imagine, et enferme quelque chose d'imaginaire et de relatif à nos perceptions, comme le sont encore (quoique bien davantage) la couleur, la chaleur et autres qualités semblables dont on peut douter si elles se trouvent véritablement dans la nature des choses hors de nous» (*Discours de métaphysique*, XII, dans *Monadologie. Discours de métaphysique*, *op. cit.*, p. 166). Cependant, l'identification de phénomènes «réels», ou plus réels, associée ici nettement au critère de la *distinction*, suggère bien que l'on peut s'approcher graduellement des choses telles qu'en elles-mêmes, au moins en droit, par un travail d'intellectualisation des phénomènes. C'est cela précisément que critique Kant.

graduellement, autrement dit, qu'ils ont malgré tout une portée nouménale. Comme le dit Kant, « on qualifie alors la première connaissance [phénomènes réels] comme une connaissance qui représente l'objet tel qu'en lui-même, tandis que la deuxième n'en est que le phénomène [imaginaire] » ; mais cette prétention n'est qu'illusoire, car pour Kant, on ne sort jamais des phénomènes, et la distinction ne peut avoir de portée qu'« empirique ».

Or, dans cette perspective, il est frappant de constater que tout ce que Kant dit ici peut viser non seulement Leibniz, mais tout aussi bien, et de manière parallèle, la démarche *de Locke* – et plus précisément, la distinction opérée par ce dernier entre les « idées de qualités premières » et les « idées de qualités secondes ». Il s'agit en effet, chez Locke, d'une différence interne aux idées de la sensation, mais qui semble bien accorder un statut quasiment nouménal aux « idées de qualités premières ». Celles-ci (solidité, étendue, figure, mobilité) sont pour Locke des qualités qui « *existent réellement* dans les corps eux-mêmes » (II. 8.10). Les qualités secondes (comme les couleurs, par exemple), au contraire, « ne sont en vérité rien du tout dans les objets eux-mêmes, sinon des pouvoirs de produire différentes sensations en nous par leurs qualités premières » (II. 8.10)[1].

Kant pourrait donc bien avoir en vue, dans ce passage de l'Esthétique, une erreur commune à Leibniz et à Locke consistant à *confondre les phénomènes (ou en tout cas, certains phénomènes) et les choses telles qu'en elles-mêmes, en désignant un certain ensemble de « qualités » sensibles plus objectives que d'autres, comme des qualités des choses telles qu'en elles-mêmes*. C'est à cela que ferait aussi écho le passage de l'Amphibologie où Kant reproche à Locke d'avoir considéré que la sensibilité pouvait se rapporter « immédiatement aux choses telles qu'en elles-mêmes » (B 327).

Ce reproche est d'autant plus significatif s'agissant de Locke que celui-ci, dans l'*Essai*, se montre très méfiant à l'égard de ce qu'il appelle les « suppositions » substantielles : il pointe sans cesse notre tendance abusive à conclure de nos idées, en particulier de nos idées sensibles, au « sujet » substantiel dans lequel elles trouvent leur origine, notre besoin de nous représenter comment nos idées « peuvent subsister par elles-mêmes », au-delà de leur éphémère existence dans l'entendement. Pour Locke, les idées que nous avons des substances « ne sont rien d'autre que des collections d'idées simples, avec la supposition de quelque chose, à quoi elles appartiennent, et dans quoi elles subsistent ; cependant, de ce quelque chose supposé, nous n'avons aucune idée claire et distincte » (II. 23.37). Ainsi, la

1. Sur cette distinction, voir *Prolégomènes*, AK IV, 289.

substance est réduite à une « collection d'idées simples », et la cause réelle qui devrait garantir la réunion et l'existence réelle de celles-ci hors de nos perceptions, à une simple « supposition ».

Locke ne cesse ainsi de répéter que les idées simples de sensations, quelles qu'elles soient, ne sont rien d'autres que des idées de pouvoir. C'est d'ailleurs bien ainsi qu'il définit le terme de « qualité » : « le pouvoir de produire une idée dans notre esprit, je l'appelle *qualité* du sujet dans lequel ce pouvoir se trouve » (II. 8.8). Mais dans le cas des qualités premières, il y a une nette hésitation, car elles sont finalement désignées comme des qualités réellement objectives : Locke affirme explicitement que solidité, étendue, figure, et mobilité « *existent réellement* dans les corps eux-mêmes » (II. 8.10). S'agissant de l'idée de solidité notamment, Locke n'hésite pas à parler de substantialité : « là où nous imaginons quelque espace occupé par une substance solide, nous concevons cette occupation de telle manière, qu'elle exclut toutes les autres substances solides » (II. 4.2). Ou encore : « De toutes les idées, elle est celle qui semble le plus intimement liée au corps, qui semble lui être la plus essentielle » (II. 4.1). S'agissant de l'idée d'étendue, le propos est plus mesuré, mais Locke laisse cependant la question ouverte : « Si l'on demandait (comme c'est l'usage) si cet espace vide de corps est une substance ou un accident, je serais enclin à répondre que je n'en sais rien : et je n'aurai pas honte d'avouer mon ignorance, jusqu'à ce que ceux qui posent la question me montrent une idée claire et distincte de substance » (II. 13.20). Lu d'un point de vue kantien, Locke semble donc bien être tout proche de donner un statut nouménal aux idées de qualités premières – qui correspondraient alors au choses telles qu'elles sont en elles-mêmes.

Cela montre à quel point une démarche « empirique » comme celle de Locke peut tout à fait conserver une dimension proprement *métaphysique*, au sens où elle reste lestée d'une lourde référence substantielle, et même lestée *de l'intérieur*, en quelque sorte, puisque ce « saut » vers la substance (en termes kantiens, vers le nouménal) s'opère bien au sein des idées de la sensation.

Si l'usage empirique de l'entendement peut ainsi se convertir lui-même en usage transcendantal, on comprend que l'erreur de Locke puisse être rapprochée de celle de Leibniz, et même l'éclairer d'un nouveau jour, dans la mesure où Leibniz a lui aussi été abusé à sa manière par l'expérience elle-même. Leibniz et Locke seraient ainsi associés à deux manières de confondre le phénomène avec la chose telle qu'en elle-même. D'un côté (Leibniz), l'objet tel qu'il est donné comme phénomène (dans l'espace et le temps) est certes distingué de la chose telle qu'en elle-même, *mais seule-*

ment selon la forme logique : et c'est pourquoi le phénomène doit malgré tout représenter (confusément) la nature des choses hors de nous. D'un autre côté (Locke), la représentation de la chose telle qu'en elle-même est située encore plus directement *parmi les phénomènes eux-mêmes*, plus précisément, au niveau des phénomènes les plus objectifs, mais dans ce cas-là, on prête trop de réalité aux *formes de la sensibilité*.

Le voisinage de ces deux erreurs exprime ainsi une sorte de balancement entre les formes logiques du jugement et les formes de la sensibilité, concurrentes dans la détermination de l'objet ; ce balancement est le corrélat, au niveau objectif, de l'indécision entre unité analytique et unité synthétique dont nous avons vu qu'elle caractérisait l'opération de « réflexion ». Mais c'est surtout le *point commun* aux deux erreurs qui doit maintenant retenir davantage notre attention : que l'on penche pour les formes de la sensibilité ou pour les formes logiques, à quoi correspond dans les deux cas ce besoin identique d'*anticiper dans le phénomène ces formes comme étant celles de la chose telle qu'en elle-même* ? À quoi correspond plus précisément cette *équivocité de l'objet* qui a abusé, dans des sens différents mais complémentaires, Locke aussi bien que Leibniz ?

C'est ici qu'il est particulièrement important de nous placer sur le terrain que le titre de l'Amphibologie nous indique : celui de l'*usage de l'entendement*. Plus précisément, l'amphibologie serait issue de la « confusion entre l'usage empirique de l'entendement et son usage transcendantal ». Kant a expliqué ces notions dans le chapitre précédent :

> Que donc l'entendement ne puisse faire de tous ses principes *a priori* et même de tous ses concepts aucun usage autre qu'empirique, et en tout cas jamais un usage transcendantal, voilà une proposition qui [...] laisse entrevoir d'importantes conséquences. L'usage transcendantal d'un concept, dans quelque principe, est le suivant : il est rapporté à des choses *en général et en elles-mêmes*, tandis que dans l'usage empirique, il est rapporté seulement à des *phénomènes*, c'est-à-dire à des objets d'une *expérience* possible. (B 297-298)

L'usage empirique est l'application des concepts aux objets de l'expérience possible, tandis que l'usage transcendantal s'applique – ou serait censé s'appliquer – aux noumènes. Dès lors, la confusion entre l'usage empirique et l'usage transcendantal dont parle le titre de l'Amphibologie correspond bien aussi à une confusion, au niveau de l'objet, entre le phénomène et le noumène.

Au début de la Dialectique transcendantale, Kant dit encore de l'« usage transcendantal » des catégories qu'il est une « faute de la faculté de juger qui n'est pas comme il se doit tenue en bride par la critique, et qui n'accorde pas assez d'attention aux limites du terrain sur lequel il est permis à l'entendement pur de jouer» (B 352). On retrouve dans cette dernière formule le thème du *manque d'attention* qui caractérise l'erreur en général, comprise comme «influence *inaperçue* de la sensibilité sur l'entendement», et l'amphibologie en particulier. Or c'est précisément parce que l'usage de l'entendement repose avant tout sur ce que nous apercevons *effectivement*, et donc *empiriquement* (et non pas sur l'aperception pure qui est simplement *potentielle*), qu'il confond à tout instant la visée d'objet propre à l'entendement pur, et celle qui caractérise la donation sensible.

Dans l'usage empirique, seul le phénomène qui apparaît dans l'espace et le temps peut effectivement être donné à nos sens et, à travers eux, à notre pensée. Et, dans le cadre de cet usage, l'entendement ne peut que se référer à ce phénomène pour donner un contenu à sa visée d'un objet transcendantal, pour *réaliser* la visée potentielle de l'aperception pure au niveau de l'effectivité – ce qui implique bien de négliger dans une certaine mesure que le phénomène n'est qu'un phénomène, distinct de la chose telle qu'en elle-même.

De fait, lorsque nous faisons usage de l'entendement, dans l'expérience, nous ne cessons de considérer le phénomène comme la chose telle qu'en elle-même, et même nous *devons* en un sens le considérer comme tel. Kant ne dit pas autre chose dans l'Esthétique transcendantale, lorsqu'il distingue, à propos de l'espace et du temps, leur idéalité transcendantale, et leur réalité empirique: du point de vue transcendantal, c'est-à-dire, du point de vue de la réflexion sur les sources de notre connaissance, l'espace et le temps sont de simples formes subjectives de notre sensibilité – ce qui différencie radicalement le phénomène de la chose telle qu'en elle-même; mais du point de vue empirique, l'espace et le temps doivent bien être considérés comme les formes réelles des choses auxquelles nous avons affaire. Dans les *Progrès de la métaphysique*, on trouve une formule encore plus nette: «dans le langage de l'expérience, [les] objets des sens, puisque je ne peux les comparer qu'avec d'autres objets des sens, sont pensés comme des choses telles qu'en elles-mêmes»[1]. Parler ce «langage de l'expérience», c'est se placer du point de vue de l'usage empirique de l'entendement, point de vue qui a en quelque sorte sa pertinence propre, et qui brouille la distinction des sources de la connaissance.

1. *Progrès de la métaphysique*, AK XX, 269, trad. (modifiée) p. 22.

À la fin de l'Amphibologie, après avoir donné plusieurs formulations différentes de l'erreur de Leibniz, Kant conclut ainsi sur ce thème de la confusion entre usage empirique et usage transcendantal :

> la critique de cet entendement pur ne lui accorde pas de créer un champ nouveau d'objets, en-dehors de ceux qui peuvent se présenter à lui comme phénomènes, ni de se répandre dans des mondes intelligibles, fût-ce dans leur simple concept. La faute qui nous conduit à cela selon l'apparence la plus irrésistible, et qui peut certes être excusée, mais non pas justifiée, réside en ceci, que l'usage de l'entendement est détourné de sa destination pour être rendu transcendantal, et que les objets, c'est-à-dire les intuitions possibles, doivent se régler sur des concepts, et non pas les concepts sur des intuitions possibles (dans la mesure où ce n'est que sur elles que leur validité objective repose). (B 345)

C'est ici l'erreur de Leibniz – le versant intellectuel de l'amphibologie – qui est plus particulièrement visée, et explicitement décrite comme un *détournement de l'usage empirique en usage transcendantal*, dans lequel ce sont bien les « intuitions possibles » qui servent de matériau à la réflexion, mais qui sont abusivement pensées à partir de concepts, abstraction faite des conditions originaires de leur donation sensible. Mais surtout, Kant poursuit – et c'est pratiquement le dernier mot de l'Amphibologie – en identifiant une *cause encore plus profonde* de cette tendance à confondre le phénomène et le noumène :

> Mais cette faute trouve à son tour sa cause en ce que l'aperception, et avec elle la pensée, précède toute mise en ordre déterminée possible des représentations. Nous pensons donc quelque chose en général, et d'un côté nous le déterminons sensiblement, mais il reste cependant que nous distinguons l'objet représenté en général et *in abstracto* de cette manière de l'intuitionner ; il ne nous reste plus alors qu'une manière de le déterminer simplement par la pensée qui, bien qu'elle soit une simple forme logique sans contenu, nous apparaît pourtant comme étant une manière pour l'objet d'exister tel qu'en lui-même. (B 345)

La première phrase de cette citation exprime le point de vue de l'usage empirique de l'entendement, en ce qu'il a d'irréductible au point de vue des sources : dans l'usage, l'entendement se réfère avant tout aux représentations dont nous sommes *effectivement conscients* – les « représentations données » de la *Logique* ; l'aperception *empirique* y est donc première. Dans cette aperception, l'objet est visé selon sa double signification, phénoménale et nouménale : « nous pensons quelque chose en général, et d'un côté nous le déterminons sensiblement ». Kant écrit : « l'aperception, *et avec elle la pensée*... ». Cela suggère bien que la pensée n'est qu'une composante de l'aperception, et qu'elle s'y conjugue à tout instant, de manière problématique, avec la sensibilité. C'est en ce sens que l'aperception « précède toute mise en ordre déterminée possible des représentations » ; car cette mise en ordre se fera soit selon les formes de la sensibilité (synthétiquement), soit selon la forme logique (analytiquement), sans que l'on puisse vraiment trancher entre les deux [1].

Leibniz a prétendu dépasser cette limitation de l'usage de l'entendement aux seuls objets sensibles, vers un usage transcendantal, en visant des objets « en général et *in abstracto* » (comme l'indique la fin de la citation précédente), par la seule force de la forme logique, sans pouvoir en réalité les déterminer, faute d'intuition correspondante. Mais c'est bien la confusion initiale, dans l'aperception empirique, de la pensée et de l'intuition sensible, de l'analyse et de la synthèse, de l'objet transcendantal et du phénomène, qui a autorisé ce passage à l'usage transcendantal. Et c'est la même confusion qui explique l'erreur de Locke. Nous avons vu à quel point la référence à l'aperception, et plus précisément à l'aperception empirique, consciente et effective, était constamment au centre du propos de l'*Essai*. Nous avons aussi vu que cela conduisait Locke à quasiment assimiler matière sensible et matière intellectuelle. Mais, aux yeux de Kant, ni Locke ni Leibniz n'ont su véritablement prendre la mesure des difficultés soulevées par la double signification de l'objet, ils ont bien plutôt été abusés par elle, ce qui les a conduit à sous-estimer, respectivement, le rôle propre de l'entendement, ou le rôle propre de la sensibilité.

Tout le problème est donc d'affronter cette double signification de l'objet en tant que telle, et d'arbitrer entre ces deux visées concurrentes qui

1. M. Fichant interprète ce passage, dont il montre fortement le caractère stratégique, d'une manière différente, en considérant que l'aperception dont il est ici question est l'aperception pure, celle qui « doit pouvoir » accompagner toutes les représentations : l'illusion amphibologique serait ainsi « possible en raison de l'antécédence du *Je pense*, dans l'unité originaire de l'aperception ou conscience de soi » (« L'Amphibologie des concepts de la réflexion : la fin de l'ontologie », art. cit. p. 89). Il nous semble cependant que seule l'aperception empirique, dont la pensée n'est précisément qu'une composante, peut être désignée ici comme moteur de l'illusion amphibologique, qu'elle seule peut lui donner une telle *influence* sur l'esprit, dans l'*usage* de ses facultés (selon une antécédence qui serait donc ici empirique et non pas apriorique). C'est bien parce que Leibniz a d'abord sous-estimé, à partir de ce que Kant désigne à plusieurs reprises comme *une simple faute d'attention*, la différence entre les phénomènes et les noumènes, qu'il a pu sur cette base prétendre viser le nouménal par la seule force de la forme logique, en faisant abstraction à trop bon compte de la diversité originaire du sensible. C'est bien dans ce lien entre la réflexion et l'aperception empirique que se joue selon nous la confusion des phénomènes et des noumènes, et par conséquent, comme nous avons tenté de le montrer, la double critique de Locke et de Leibniz.

se conjuguent dans l'aperception empirique; d'un côté, il faut montrer, contre Locke, que les catégories ne sont pas simplement des actions logiques appliquées à un contenu sensible. Elles doivent être par elles-mêmes, et ce indépendamment de l'expérience, *déjà des concepts d'objet*. C'est ce qui justifie de remonter de l'aperception empirique à l'aperception pure, à ce que l'entendement doit pouvoir penser *a priori* de l'objet comme tel. Kant demande ainsi au début de la Déduction transcendantale : « la question se pose de savoir si n'interviennent pas préalablement des concepts *a priori*, en tant que conditions sous lesquelles *quelque chose, sans être intuitionné, est cependant pensé comme objet en général* » (B 125, nous soulignons). Bien sûr, cet « objet en général », qui n'est pas intuitionné mais uniquement pensé, reste par là foncièrement indéterminé. Il n'en demeure pas moins que cette pensée est essentielle à la constitution même de l'expérience, et c'est pourquoi Kant, au paragraphe 14, poursuit : « car toute connaissance empirique des objets est nécessairement conforme à de tels concepts, dès lors que, sans leur présupposition, rien n'est possible comme objet de l'expérience » (B 125). C'est cet objet en général, tel qu'il est anticipé par la pensée avant l'expérience, que Kant nomme « objet transcendantal » (B 344).

Mais, d'un autre côté, cet objet dont la visée est à la source de notre connaissance, ne peut correspondre, dans *l'usage*, à aucune intuition. Il faut donc montrer, contre Leibniz, que l'application des catégories doit être restreinte aux objets *d'une expérience possible*, déterminés originairement par les formes de la sensibilité – faute de quoi elles se réduiraient effectivement à des formes logiques sans contenu. Dans cette perspective, l'objet en général doit alors être qualifié de « *noumène* ». Cette appellation se comprend par opposition au « phénomène », qui seul peut constituer un objet déterminé pour les concepts de l'entendement, dans une connaissance. Ainsi, alors que l'« objet transcendantal » se comprend du point de vue de l'origine, le « noumène » se comprend comme corrélat d'un (impossible) *usage transcendantal*. Bref, le *même objet* dont la visée est au fondement de l'expérience doit être en même temps distingué du phénomène, et rejeté hors des limites de l'expérience et de la connaissance. Pour Kant, c'est à partir de cette double caractérisation contradictoire de l'« objet en général » visé par l'entendement que la limitation critique de la connaissance aux phénomènes peut être aperçue. Ainsi lit-on à la fin de l'Amphibologie :

> L'entendement limite donc la sensibilité, sans étendre pour autant son propre champ, et en avertissant celle-ci de ne pas prétendre se rapporter aux choses telles qu'en elles-mêmes, mais exclusivement à des phéno-

> mènes, il se donne à penser un objet tel qu'en lui-même, mais seulement comme objet transcendantal, qui est la cause du phénomène (il n'est donc pas lui-même phénomène), et qui ne peut être pensé ni comme grandeur, ni comme réalité, ni comme substance, etc. (parce que ces concepts requièrent toujours des formes sensibles, dans lesquelles ils déterminent un objet). (B 344)

C'est l'entendement qui « avertit » la sensibilité que les objets qu'elles donnent ne sont jamais que des phénomènes, dans la mesure où il pense pour sa part un objet tel qu'en lui-même, autrement dit un « objet transcendantal ». La pensée de cet objet indéterminé des catégories, qui précède toute expérience et la rend possible, est donc le fondement de la distinction entre phénomènes et noumènes.

Il y a ainsi, chez Leibniz et chez Locke, une erreur due à une « influence inaperçue de la sensibilité sur l'entendement », un problème d'aperception, donc, au sens où l'entendement n'a pas su « avertir » la sensibilité, à partir de sa pensée d'un objet en général, de la détermination originaire par laquelle elle spécifiait cet objet et en faisait toujours déjà un phénomène (et « seulement » un phénomène). Leibniz et Locke n'ont pas vu que « l'objet en général », tel qu'il est pensé avant toute expérience, comme « objet transcendantal » ou comme « noumène », est d'emblée spécifié et déterminé, dans sa donation même, par les formes de la sensibilité, là aussi avant toute expérience, et ne peut par conséquent être connu que comme phénomène; et ils ne l'ont pas vu précisément parce que la réflexion logique, en guidant l'aperception empirique, opère sur une matière sensible à laquelle, dans l'usage, elle donne forcément trop d'universalité, et donc un statut nouménal. L'aperception empirique induit en permanence une confusion quant au statut – intellectuel ou sensible – de la matière, des « représentations données », qu'elle donne à saisir.

Les concepts de la réflexion

Ce n'est donc pas par hasard que Locke et Leibniz ont, chacun de leur côté, et de manière symétrique, confondu les phénomènes et les choses telles qu'en elles-mêmes : *il y a là une homogénéisation qui est inhérente à tout usage des représentations*, en tant qu'elles doivent être appliquées à des objets des sens. Articuler la différence originaire des sources à leur liaison nécessaire (mais problématique) dans l'usage objectif de l'entendement, telle est, selon nous, la tâche que Kant assigne à la réflexion transcendantale.

Il faudrait ainsi distinguer, dans la *Critique*, deux niveaux (complémentaires) de questionnement : le premier, qui caractérise en propre le style transcendantal de Kant, est la mise au jour des sources *a priori* de la connaissance, et la considération de cet *a priori* comme *possibilisation de l'expérience*. De ce premier niveau relève la considération séparée des éléments purs de la connaissance, les formes *a priori* de la sensibilité d'une part, les concepts purs de l'entendement d'autre part. Le deuxième niveau, nécessairement associé au premier, est celui de l'*effectuation de l'expérience*, qui réunit, dans l'usage empirique, ces éléments purs, et les rapporte à des objets. En se situant au premier de ces deux niveaux, on dira que toute connaissance ne *dérive* pas de l'expérience. En se situant au deuxième niveau, on dira cependant que toute connaissance *commence* avec l'expérience, c'est-à-dire, avec l'application des concepts purs de l'entendement à la matière sensible. Ce deuxième niveau est celui de l'usage, mais il a pourtant une originarité propre, puisqu'il introduit ce troisième terme, purement empirique si l'on ose dire, qu'est la *matière des représentations* – avec toute l'indécision que cela implique quant au statut, intellectuel ou sensible, de cette matière.

Mais dès lors, la réflexion transcendantale ne consisterait-elle pas à arbitrer entre les deux sources, non pas à partir d'une « racine commune », mais bien plutôt à partir de cette liaison – ou même, de cette confusion – qui s'opère *de fait* dans l'usage de l'entendement ? C'est sur cette base que l'on peut comprendre le statut des « concepts de la réflexion » qui sont examinés dans l'Amphibologie : chacun de ces concepts (identité, différence, accord, opposition, intérieur, extérieur, forme, matière) donne lieu à une *interprétation logique* et à une *interprétation sensible*. Pour chacun des concepts de la réflexion, Kant oppose à Leibniz, qui a privilégié l'interprétation logique, qu'il y a *aussi* une interprétation sensible du même concept. Si ces concepts sont aussi ambivalents, c'est parce que ce sont, non pas des concepts-sources comme le sont les catégories (concepts *a priori* d'un objet en général, qui précèdent l'expérience), mais bien plutôt des concepts liés à l'usage de l'entendement et par conséquent à l'aperception empirique. C'est bien ainsi que Kant les présente d'emblée : « *le rapport dans lequel les concepts peuvent se trouver les uns avec les autres dans un état d'esprit* consiste dans l'identité et la différence, l'accord et l'opposition, l'intérieur et l'extérieur, et enfin le déterminable et la détermination (matière et forme) » (B 317, nous soulignons). Les concepts de la réflexion réfléchissent le rapport des concepts dans un « état d'esprit ». Cette expression semble bien désigner *l'aperception empirique*. De fait, Kant précise dans un autre texte que « par esprit, on entend simplement le pouvoir de réunir les représentations données et de réaliser l'unité de l'aperception empirique »[1]. Les concepts de la réflexion sont les concepts de cette unité, et c'est à ce titre qu'ils sont *équivoques*, pouvant correspondre d'une part à la comparaison sensible selon la synthèse, et d'autre part à la comparaison intellectuelle selon l'analyse.

Cette équivocité correspond à la double signification – phénoménale et nouménale – de l'objet, et corrélativement des « représentations données » sur lesquelles fait fond l'usage de l'entendement. On peut se référer sur ce point à la *Réflexion* 5051 :

> Tous les concepts en général, d'où qu'ils puissent tirer leur matière, sont des représentations réfléchies, c'est-à-dire utilisées selon le rapport logique de la validité universelle. Cependant, il y a des concepts dont tout le sens n'est rien d'autre que telle ou telle réflexion, à laquelle des représentations qui surviennent peuvent être soumises. Ils peuvent être appelés concepts de la réflexion (*conceptus reflectentes*) et, puisque toute espèce de réflexion se produit dans le jugement, ils saisiront absolument en eux-mêmes la simple action de l'entendement, qui dans le jugement est appliquée au rapport, comme fondement de la possibilité du jugement[2].

On retrouve ici la caractérisation de la réflexion logique, qui donne aux concepts la forme de l'universalité. Kant précise que cela vaut indifféremment pour tous les concepts, « d'où qu'ils puissent tirer leur matière ». Cette généralité de la réflexion est bien celle de l'usage : l'essentiel est bien que ces représentations réfléchies puissent être *utilisées* en fin de compte dans des jugements universels, et à cette fin, l'entendement ne cesse de *présupposer* la conciliation entre les exigences de l'analyse et celles de la synthèse, ce qui entretient une indécision sur la matière du jugement. C'est précisément cette *désinvolture nécessaire de la réflexion logique et de l'usage*, vis-à-vis des « représentations qui surviennent », qui occasionne le *double sens* des « concepts de la réflexion ». Ceux-ci ont simplement pour contenu « telle ou telle réflexion », par laquelle l'entendement réunit les « représentations données ». Il s'agit donc de concepts *opératoires*, par lesquels l'entendement prend en considération, non pas l'objet, mais ce qu'il y a d'irrémédiablement subjectif, de désinvolte et d'équivoque dans notre manière de connaître les objets[3]. Et si la réflexion transcendantale

1. Lettre à Sömmering du 10 août 1795, AK XII, 32.

2. *Réflexion* 5051, AK XVIII, 73.

3. R. Malter a bien montré, dans un article stimulant, que les concepts de la réflexion concernent le « versant subjectif » de la « formation concrète des jugements », dans l'« usage de l'entendement », et que c'est pour cette raison qu'ils sont aussi difficiles à situer dans la

peut être présentée, en termes quasiment moraux, comme un «*devoir*», auquel « ne peut échapper quiconque veut porter *a priori* quelque jugement sur les choses» (B 319, nous soulignons), c'est peut-être parce qu'elle consiste à combattre la tendance naturelle qui conduit l'entendement, dans son usage empirique le plus habituel, à céder à cette équivocité.

D'un côté, donc, il faudra bien que les concepts de la réflexion correspondent aux formes logiques du jugement, puisque « toute espèce de réflexion se produit dans le jugement». C'est ainsi qu'ils sont d'abord considérés dans l'Amphibologie : « lorsque nous réfléchissons de manière simplement logique, nous comparons nos concepts entre eux uniquement dans l'entendement, pour savoir si deux d'entre eux contiennent la même chose, s'ils se contredisent ou non, si quelque chose est contenu à l'intérieur du concept ou bien si cela s'ajoute à lui, [...] » (B 335). Cette réflexion est soumise aux exigences d'une pensée strictement analytique. Mais, d'un autre côté, comme tout jugement objectif se fait sur fond de synthèse, et donc selon les formes de la sensibilité, ces concepts devront réfléchir aussi bien l'équivalent sensible des mêmes rapports logiques. L'intériorité logique se trouvera ainsi inévitablement «doublée» par l'intériorité sensible dans l'espace, la différence des concepts par la différence des lieux ou des temps, l'opposition logique (la contradiction) par l'opposition réelle, etc. Dans chaque cas, cette équivalence a quelque chose d'inadéquat ou d'insatisfaisant; mais cette inadéquation est pourtant irréductible, dès lors que les formes de notre sensibilité ne sont précisément pas des formes logiques.

Les concepts de la réflexion expriment ce va-et-vient problématique entre l'intellectuel et le sensible dans l'usage de nos facultés, ils réfléchissent les rapports qui s'établissent entre les représentations *dans un état d'esprit*, donc dans l'aperception empirique. C'est ce qui les rend très différents des catégories, qui sont au contraire aux *sources* (purement intellectuelles) de la synthèse. Kant s'en explique dans les *Prolégomènes* :

> [Le système des catégories] montre encore une utilité qu'on ne saurait assez apprécier en ce qu'il exclut tous les concepts d'un genre différent qui pourraient sans cela se glisser parmi les concepts purs de l'entendement et qu'il assigne sa place à chaque connaissance. Ces concepts, dont grâce au fil conducteur des catégories j'avais également dressé la table sous le nom

classification kantienne des représentations : «Reflexionsbegriffe. Gedanken zu einer schwierigen Begriffsgattung und zu einem unausgeführten Lehrstück der Kritik der reinen Vernunft», *Philosophia naturalis*, 19 (1982), p. 125-150 (et en particulier p. 133-134 pour les formules que nous citons).

> de concepts de la *réflexion*, se mêlent dans l'ontologie, sans que de légitimes prétentions les y autorisent, aux concepts purs de l'entendement; et pourtant, alors que ces derniers sont des concepts dont la fonction est de connexion et, de ce fait, des concepts de l'objet lui-même, les concepts de réflexion servent uniquement à la comparaison de concepts déjà donnés, et ils ont par conséquent une nature et un usage tout différents; ma division méthodique m'a permis de les sortir de cette confusion [1].

Le concept pur de l'entendement est un concept de «*connexion*» (*Verknüpfung*), c'est-à-dire qu'il rend originairement possible l'unité synthétique de l'aperception. Il est «la synthèse pure, représentée universellement», et comme tel, il se situe toujours *en amont* de la donation d'un contenu déterminé; il est la représentation selon des règles de l'ouverture même de l'entendement à de nouveaux caractères, à un contenu toujours différencié puisque *synthétique*.

Au contraire, les concepts de la réflexion partent d'un *contenu déjà donné*, les «représentations données», ou les «représentations qui surviennent». Ils ont ainsi une orientation d'abord *analytique*, au sens où «avant toute analyse de nos représentations, celles-ci doivent être préalablement *données*» (B 103); ils s'installent sur le terrain d'une expérience effective, où des concepts sont déjà déterminés, dans leur contenu même, selon les conditions spécifiques de leur donation préalable, et donc de notre intuition sensible. La réflexion présuppose l'usage, s'exerce à partir de l'usage, et c'est à ce titre qu'elle est amphibologique; le contenu que fournissent les représentations données est en effet forcément *hétérogène*, devant correspondre à la fois aux exigences propres de l'entendement et aux conditions spécifiques de la donation sensible.

De ce point de vue, il est remarquable que la question de *l'usage* des catégories elles-mêmes fasse nécessairement réapparaître la question de cette *hétérogénéité* :

> Dans toutes les subsomptions d'un objet sous un concept, la représentation du premier doit être *homogène* à la représentation du second, c'est-à-dire que le concept doit contenir ce qui est représenté dans l'objet qui doit être subsumé sous lui, car c'est précisément ce que signifie l'expression : un objet est contenu sous un concept. [...] Cela étant, les concepts purs de l'entendement sont, comparés aux intuitions empiriques (et même aux intuitions sensibles en général), entièrement *hétérogènes*, et ne peuvent jamais être rencontrés dans quelque intuition que ce soit. Dès lors, comment la *subsomption* des intuitions sous ces concepts est-elle possible, et avec

1. *Prolégomènes*, AK IV, 326, trad. p. 98-99.

> elle *l'application* de la catégorie à des phénomènes, étant donné que personne ne dira que celle-ci, par exemple la causalité, pourrait aussi être intuitionnée par les sens et être contenue dans le phénomène ? (B 176-177)

L'usage d'un concept, c'est-à-dire son application à un objet, suppose de manière générale que la matière du concept – les caractères qui sont pensés *en* lui – soit rendue *homogène* à la matière de la représentation objective qui est subsumée sous lui. Il s'agit bien ici des exigences de la réflexion logique, qui doit *reconnaître* les caractères constitutifs du concept dans des représentations données. Mais on voit bien ici à quel point cette homogénéisation ne va pas de soi, et repose en fait sur une hétérogénéité fondamentale. Car, s'agissant des catégories précisément, il est impossible de dégager analytiquement leur contenu *dans* les représentations empiriques – à la manière dont par exemple le concept d'arbre peut être formé. Ce défaut d'analyse logique est irréductible : il tient à ce que la catégorie n'est rien d'autre que « la synthèse pure, représentée universellement » (B 104) : il n'y a pas de véritable contenu, ici, mais l'ouverture originaire de l'entendement, selon des règles, à la donation de nouveaux caractères dans une intuition en général.

Les catégories sont des concepts purement intellectuels, et originaires, mais en même temps simplement *potentiels*, dans la mesure où elles rendent l'expérience *possible* : or l'effectuation de cette possibilité, dans la synthèse et dans l'expérience, installe l'entendement dans l'hétérogénéité des représentations *données*, qui seules donneront une réalité objective à ses concepts purs. Tout renvoie donc au *pouvoir de juger*, et à son actualisation dans l'usage empirique de nos facultés. C'est pourquoi Kant précise, à propos de l'Analytique des concepts, que celle-ci ne saurait correspondre à une « décomposition du contenu des concepts », mais à la « décomposition, encore rarement tentée, du pouvoir même de l'entendement » (B 90). On pourrait dire, en ce sens, que le contenu des catégories est un contenu *virtuel*, toujours présent *en puissance* dans l'expérience, et toujours en deçà du contenu effectif qui est saisi par la réflexion.

C'est pourquoi l'application des catégories aux phénomènes appelle la médiation du temps, seul élément qui, dans cette application, peut être considéré comme homogène à la fois avec les catégories (par son universalité, et parce qu'il est *a priori*) et avec le sensible ; mais cette médiation est synthétique, et conduit la pensée à constamment sortir d'elle-même – le temps restant lui-même une simple forme ouvrant la *possibilité* de la donation d'un contenu qui, en fin de compte, ne pourra être qu'empirique. En outre, si le temps permet que les catégories puissent être malgré tout appliquées, Kant précise que cela trahit en quelque sorte leur visée initiale :

« la sensibilité *réalise* l'entendement *en le restreignant* » (B 187, nous soulignons). Cette restriction est encore plus nette avec l'espace qui, bien qu'étant la forme de tous les phénomènes externes, crée déjà, dans la référence même à cette extériorité, une hétérogénéité encore plus irréductible vis-à-vis de la visée intellectuelle de l'entendement. Les concepts de la réflexion – identité, différence, accord, opposition, intérieur, extérieur, forme et matière – expriment, dans leur double sens, cette hétérogénéité qui sous-tend toute application de nos concepts. La réflexion transcendantale est ainsi décrite comme « la comparaison des représentations qui précède le concept des choses, *dans toute sa diversité* » (B 325, nous soulignons).

Mais ce double sens exprime aussi, du même coup, la tendance continue et inévitable de l'entendement à « oublier » cette hétérogénéité, à rechercher malgré tout l'intellectuel dans le sensible, et donc à homogénéiser le contenu sensible et le contenu intellectuel. Il faut bien, malgré tout, que les formes de la sensibilité « affectent » ou « contaminent » la réflexion logique, puisque ce n'est que par elles que l'entendement pourra acquérir un contenu susceptible d'être pensé. Cette contamination, que la *Dissertation de 1770* prétendait encore éviter, est ainsi élevée dans la *Critique* au rang d'élément incontournable de notre expérience :

> L'espace et le temps contiennent un divers de l'intuition pure *a priori*, mais relèvent en même temps des conditions de la réceptivité de notre esprit, auxquelles il doit se soumettre pour pouvoir recevoir des représentations des objets, et qui dès lors doivent toujours en *affecter* aussi le concept. (B 102, nous soulignons)

Les formes de la sensibilité sont hétérogènes aux formes logiques mais doivent néanmoins « affecter » les concepts dans leur constitution logique, à partir du moment où ceux-ci sont appliqués à des objets. C'est donc cette caractéristique de l'*usage* qu'expriment les concepts de la réflexion, dans la mesure où l'*intérieur*, par exemple, comme représentation spatiale, contamine la réflexion logique, qui va rechercher ce qui est contenu *dans* le concept.

Cette contamination nécessaire du concept par le sensible est donc le corrélat inévitable de l'usage de l'entendement, en tant qu'il est constamment occupé à « épier les phénomènes » pour « y trouver des règles » (A 126) ; elle est donc liée à ce que nous avons appelé la désinvolture de la réflexion logique, entièrement tournée vers la recherche de « caractères communs » dans les représentations qui lui sont données. Or il est évident que l'espace et le temps, bien que n'étant pas conceptuels par eux-mêmes, se prêtent pourtant à un usage conceptuel, et influencent donc naturellement et subrepticement ce travail de la réflexion. Dès lors qu'on se situe dans le registre de la donation et donc de l'application des catégories, l'entendement doit en quelque sorte *se laisser affecter* par les formes sensibles, en même temps qu'il y opère la synthèse.

Kant appelle *affinité* le « principe objectif » par lequel l'entendement doit ainsi anticiper, *a priori*, que les données des sens, *dans leur contenu même*, peuvent être associées selon des lois universelles (A 122), et donc se prêter, en quelque sorte *d'elles-mêmes*, à la saisie de caractères communs par la réflexion logique – au niveau de l'usage empirique de nos facultés. L'affinité est un principe qui exige que le divers de l'intuition empirique, dans son contenu, vienne se *spécifier*, *de lui-même*, pour accomplir la visée de l'entendement, et donner un contenu effectif aux catégories. Or c'est bien une telle spécification des phénomènes que réalisent l'espace et le temps : ils fournissent pour ainsi dire un terrain d'application aux catégories, en se prêtant à des déterminations universelles. C'est en vertu de cette affinité qu'ils viennent nécessairement contaminer les formes mêmes de la pensée, tout en restant des conditions de *notre sensibilité*, qui limitent l'usage de l'entendement à la nature – spécifique, précisément – de notre intuition sensible, et restent donc hétérogènes au contenu transcendantal originairement visé, à la source (mais de manière simplement potentielle), par les catégories.

Dans la Première introduction de la *Critique de la faculté de juger*, Kant souligne que la faculté de juger réfléchissante ne peut s'exercer qu'à la condition de trouver dans « l'immense diversité » des phénomènes une « affinité suffisante » pour pouvoir les « ranger sous des concepts empiriques » [1]. Il ajoute alors que cette affinité doit être considérée comme une « technique de la nature », qui se révèle donc dans l'usage empirique de l'entendement, et qui se distingue de la « nomothétique » selon les catégories, qui constituent *a priori*, à la source, des lois transcendantales pour toute nature *possible*. C'est bien au niveau de cette « technique de la nature », toute proche de « l'art caché » du schématisme (B 180), que se joue nécessairement une homogénéisation *empirique*, subreptice et néanmoins incontournable, de l'intellectuel et du sensible, pour faire converger les formes de la pensée et les formes de la sensibilité. C'est ce processus de contamination réciproque du sensible et de l'intellectuel qui va permettre de reconnaître un contenu intellectuel – *via* la réflexion logique et l'unité analytique – dans un contenu sensible qui lui reste forcément hétérogène. On ne s'étonnera donc pas que l'affinité prenne dans certains textes un sens

1. AK XX, 215.

extrêmement fort, où se joue le rapport même entre l'entendement et la sensibilité en tant que tels. Ainsi, dans l'*Anthropologie* :

> Le mot *affinité* [*Verwandschaft*] (*affinitas*) rappelle [...] l'action réciproque de deux matières spécifiquement différentes, corporelles, qui agissent intérieurement l'une sur l'autre et tendent à l'unité [...]; cette *unification* produit un troisième terme qui a des propriétés qui ne peuvent être produites que par l'unification de deux matières hétérogènes. C'est bien ainsi que l'entendement et la sensibilité se mêlent, comme frères et sœurs [*verschwistern*], dans leur dissemblance, pour produire notre connaissance, comme si l'un avait en l'autre son origine, ou les deux dans une souche commune; ce qui ne peut pourtant pas être le cas; du moins la manière dont le dissemblable pourrait être issu d'une racine commune est-elle pour nous inconcevable [1].

Le rapport de l'intuition sensible et du concept pur peut ainsi être comparé au rapport de deux matières chimiques qui réagissent : il s'agit dans les deux cas d'un rapport fondamentalement empirique. Ce n'est que dans l'expérience que l'entendement et la sensibilité manifestent leur affinité, en donnant lieu au troisième terme qu'est la connaissance. En tant qu'il apparaît dans l'expérience, le « troisième terme » n'est pas ici *l'origine* mais le *résultat* de l'affinité. Or, dit Kant à la fin du texte, cette affinité empirique peut nous conduire, en réfléchissant sur cet usage, à dériver l'une des deux matières de l'autre, donc à commettre l'amphibologie lockienne ou leibnizienne, ou à les ramener à une racine commune : dans l'usage empirique, sensibilité et entendement s'unissent « *comme si* l'un avait en l'autre son origine, ou les deux dans une souche commune ». La racine commune n'est donc, au mieux, qu'une analogie pour rendre compte d'une unification empirique, qui ne se manifeste comme telle que dans *l'usage* ou la *technique* de nos facultés. Il n'y a donc pas de *troisième source*, mais l'unité d'un usage, qui, lorsqu'il est *réfléchi*, peut donner lieu soit à une sensualisation (Locke), soit à une intellectualisation (Leibniz), soit enfin à la recherche d'une racine commune (...Heidegger); simplement cette réflexion sur l'usage doit-elle pour Kant, à la différence de ces auteurs, se comprendre analogiquement, sur le registre du « comme si... ».

Les concepts de la réflexion, tels qu'ils sont présentés, dans leur double sens, par l'Amphibologie, et en tant que concepts de *l'usage*, représenteraient ainsi tout à la fois cette affinité entre le sensible et l'intellectuel, et leur hétérogénéité irréductible, dans laquelle l'entendement trouve sa

1. *Anthropologie*, AK VII, 177.

restriction en même temps que sa réalisation. La topique transcendantale, qui distingue et délimite ces deux « lieux » transcendantaux que sont la sensibilité et l'entendement, bouclerait en quelque sorte la démarche de l'Analytique, en justifiant *in fine* l'avertissement qui avait été formulé dès le départ : la nécessaire réunion des sources dans l'expérience ne doit pas nous conduire à les confondre ; au contraire, elle rend *d'autant plus nécessaire* qu'on les distingue.

Au paragraphe 39 des *Prolégomènes*, nous l'avons vu, Kant place clairement les concepts de la réflexion dans le registre de l'usage, en les distinguant des catégories comme concepts originaires ; il remarque néanmoins leur tendance à se *mêler indûment* aux catégories. Le verbe utilisé, *verschwistern*, est significatif : c'est celui-là même qui désigne (selon les termes de l'*Anthropologie*) la réunion paradoxale de l'entendement et de la sensibilité dans l'affinité. Les concepts de la réflexion pourraient donc bien être considérés comme les concepts de l'affinité, de cette technique de la nature par laquelle entendement et sensibilité communiquent étroitement, et homogénéisent leurs représentations dans l'usage, sans jamais complètement coïncider. Malgré le pouvoir qu'ils exercent sur la réflexion, ces concepts ne peuvent donc pas être comptés parmi les concepts de l'entendement, dans la mesure où ils expriment, précisément, la contamination nécessaire de l'intellectuel par le sensible (et inversement) dans l'expérience. Ils ne sont par conséquent ni purement intellectuels, ni purement sensibles (comme l'espace et le temps), mais en quelque sorte « sans patrie » (pour reprendre librement une expression suggestive utilisée par Heidegger à propos de l'imagination transcendantale)[1]. Ce statut intermédiaire leur donne un rôle qui dépasse largement le cadre de la seule Amphibologie. C'est ce que nous voudrions montrer maintenant plus en détail, en nous attachant plus particulièrement aux concepts de *matière* et de *forme* qui, de l'aveu même de Kant, sont ceux qui exercent la plus grande influence sur la réflexion.

MATIÈRE(S) ET FORME(S)

Le terme de « matière » témoigne chez Kant d'une grande équivocité, et il semble fort difficile de dégager une définition commune de la diversité de ses emplois. Évidemment, « matière » signifie d'abord, pour Kant,

1. *Kant et le problème de la métaphysique*, *op. cit.*, p. 194.

l'objet des sens externes, autrement dit, la nature corporelle. C'est ce qu'on pourrait appeler un sens *objectif* de la matière, et c'est celui qui semble le plus immédiatement compréhensible. Mais il y a aussi chez Kant un ensemble d'emplois de ce terme qui lui confèrent un sens qu'on pourrait qualifier de *réflexif*: «matière» désigne alors, plutôt qu'un objet, un élément *de nos représentations*. Kant parle ainsi de la sensation comme «matière» de l'intuition, par opposition à l'espace et au temps qui en sont les formes. Toujours dans cette dimension réflexive, le terme peut prendre aussi un sens logique: Kant parle ainsi de la «matière» d'un concept, en entendant par là l'ensemble des caractères qui s'y trouvent contenus.

Quelle attitude convient-il d'adopter face à cette équivocité, à cette prolifération de «matières» dans le texte kantien? Faut-il conclure à leur simple homonymie? On serait tenté, en effet, de considérer que le *sens propre* de ce terme est son sens objectif et physique, et que les autres emplois de ce terme ne sont à prendre qu'au *sens figuré*. Dès lors, la sensation ne serait «matière» de l'intuition, les caractères logiques ne seraient «matière» du concept que par métaphore. Nous avons rencontré une ambiguïté comparable dans notre lecture de Locke: l'*Essai* parle de «matière» à propos des corps, mais aussi à propos des idées simples, en tant qu'elles constituent le support intellectuel fondamental des opérations de l'entendement.

Certes, la réflexion transcendantale consiste avant tout pour Kant à *distinguer* les différentes sortes de matière, plutôt qu'à les *rapprocher*. Cependant, dès lors qu'il s'agit de l'usage de l'entendement, les distinctions que nous venons d'esquisser tendent en quelque sorte à s'estomper. C'est ce qui apparaît clairement dans le chapitre sur le schématisme: appliquer les catégories aux phénomènes, c'est rendre leur matière (l'objet transcendantal) *homogène* à ces derniers. Ce rapprochement donne lieu à des formulations qui sembleraient extrêmement surprenantes si l'on raisonnait seulement du point de vue des sources. Ainsi Kant peut-il affirmer:

> La réalité est, dans le concept pur de l'entendement, ce qui correspond à une sensation en général, donc ce dont le concept indique en lui-même une existence (dans le temps) [...]. Dans la mesure où le temps est seulement la forme de l'intuition, par conséquent des objets en tant que phénomènes, *ce qui correspond en eux à la sensation est la matière transcendantale de tous les objets comme choses en elles-mêmes* (la choséité, la réalité). (B 182, nous soulignons)

«Ce qui correspond [dans le phénomène] à la sensation»: voilà précisément ce que Kant, dès les premières lignes de l'Esthétique transcendantale, nomme la « matière » du phénomène, par opposition à sa forme spatio-temporelle[1]. Or, ici, cette « matière du phénomène », justement en tant qu'elle diffère du temps qui est « seulement la forme de l'intuition », est purement et simplement identifiée à la « matière transcendantale de tous les objets comme choses en elles-mêmes ». Comment concilier cela avec le résultat fondamental de l'Analytique qu'est la distinction des phénomènes et des noumènes, ou encore avec la doctrine des « deux souches » de la connaissance ? En outre, Kant parle très souvent de la sensation comme de la part la plus *subjective* de nos représentations : comment peut-elle être ici identifiée à la matière des objets comme choses telles qu'en elles-mêmes ? La suite du Système des principes confirme pourtant cette identification : « la perception », c'est-à-dire, une « conscience dans laquelle intervient une sensation », est ce qui « procure au concept [pur] sa matière » (B 207).

Ce n'est pas seulement la différence entre matière sensible et matière intelligible qui tend ainsi à s'estomper lorsqu'on adopte le point de vue de l'usage. C'est aussi bien vrai de la différence entre le sens *objectif* du terme, et son sens *subjectif* ou *réflexif*. Si la matière du phénomène, c'est-à-dire, ce qui correspond en lui à la sensation, peut être considérée comme la matière transcendantale des choses telles qu'en elles-mêmes, cela revient à dire que la matière de l'intuition (sens réflexif) est la matière de l'objet lui-même (sens objectif). On peut aussi penser à la déclaration de la *Logique* que nous avons citée plus haut : « la matière du concept est l'objet »[2]. La matière logique du concept, élément *subjectif* de notre représentation (sens réflexif), est donc *aussi l'objet* qui est pensé sous le concept (sens objectif).

Nous voudrions étudier ici les rapports qui se nouent ainsi entre ces différentes « matières », en tant qu'elles ne nous semblent pas simplement homonymes, bien qu'il soit impossible pour autant de réduire la diversité des emplois de ce concept. La distinction entre la matière sensible des phénomènes et la matière intelligible des noumènes reste chez Kant indépassable. De même, précisément parce que les choses telles qu'elles nous apparaissent ne sont pas les choses telles qu'elles sont, le sens réflexif (logique ou esthétique) de « matière » ne saurait purement et simplement coïncider avec son sens objectif. C'est bien pourquoi le concept de matière reste avant tout pour Kant un *concept de la réflexion*, et ne donne lieu,

1. « Dans le phénomène, je nomme *matière* de celui-ci ce qui correspond à la sensation, tandis que je nomme *forme* du phénomène ce qui fait que le divers du phénomène peut être mis en ordre selon certains rapports » (B 34).

2. *Logique*, AK IX, 91, trad. p. 100.

comme tel, à une exposition développée que dans l'Amphibologie, qui souligne surtout son essentielle et irréductible *indétermination*.

Dans la *Critique*, c'est d'abord la matière *logique* des concepts – de *tous* les concepts – qui se caractérise par cette indétermination. Pour le voir, on peut se reporter à la section de la Discipline de la raison pure consacrée aux « définitions ». Cela concerne au premier chef les concepts empiriques. Ainsi, les caractères logiques qui sont contenus dans notre concept de l'or ne sont pas fixés, puisque « tel peut, en plus du poids, de la couleur, de la dureté, penser encore à cette propriété qu'a l'or de ne pas rouiller, alors que tel autre n'en sait peut-être rien [...]. De nouvelles observations conduisent à en retirer certaines [caractéristiques] et à en ajouter d'autres », si bien que le concept « ne s'inscrit jamais dans des limites déterminées » (B 756). C'est dans l'expérience que certains caractères de la représentation se révèlent susceptibles d'être utilisés comme caractères universels, comme prédicats de jugements possibles – mais sans que cette possibilité puisse jamais s'attester autrement que par le fait de cet usage. Nous l'avons aussi vu avec l'exemple des arbres : dans l'exercice des actes logiques de comparaison et de réflexion, la capacité des caractères communs à devenir les prédicats de jugements possibles n'apparaît qu'en tant qu'elle est anticipée dans l'usage. Voilà pourquoi Kant affirme qu'il est impossible de définir les concepts empiriques. Leur matière (logique) est intimement liée à l'usage qui en est fait dans l'expérience, et c'est pourquoi elle ne peut être enfermée dans des « limites déterminées ».

On pourrait croire qu'il n'en va pas de même des concepts purs de l'entendement, puisqu'ils sont précisément donnés *a priori*, avant toute expérience. Mais Kant affirme justement le contraire :

> À proprement parler, on ne peut pas non plus définir un concept donné *a priori*, par exemple la substance, la cause, le droit, l'équité, etc. En effet, je ne peux jamais être certain que la représentation distincte d'un concept donné (encore confus) a été suffisamment développée, ce qui arrive lorsque je sais qu'elle est adéquate à l'objet. Mais comme le concept de cet objet, tel qu'il est donné, peut contenir beaucoup de représentations obscures *que nous négligeons dans l'analyse, alors même que nous en avons constamment besoin dans l'application*, l'exhaustivité de l'analyse de mon concept est toujours douteuse. (B 756-757, nous soulignons)

Il est question ici de la matière du concept *a priori*, « tel qu'il est donné ». On peut rapprocher cet adjectif des « représentations données » de la *Logique*, au sens où « donné » signifie : donné dans et pour l'usage. De fait, Kant affirme ici qu'un concept *a priori*, comme celui de substance ou de cause, contient beaucoup de représentations dont nous avons *constamment besoin dans l'application*, mais qui sont pourtant négligées dans l'analyse. Ainsi la matière du concept est-elle d'abord déterminée par l'usage qui en est fait, donc par son application à la matière sensible des phénomènes, plutôt que par la résolution consciente et exhaustive de ce concept en ses éléments logiques constitutifs (les « caractères »). Cela revient à dire que nous utilisons nos concepts avant de savoir définir logiquement leur matière.

La matière des concepts *a priori*, comme celle des concepts empiriques, se caractérise donc par une essentielle indétermination, au sens où elle ne se révèle que dans l'effectuation de l'expérience que ces concepts rendent possible. C'est ce qui, selon nous, rend la matière du concept apte à susciter et accueillir la réunion de la sensibilité et de l'entendement en un seul et même usage empirique, sans que l'on sache précisément comment cette réunion s'opère. On retrouve ce thème dans l'Amphibologie, où Kant reproche précisément à Leibniz d'avoir prétendu qu'il était en droit possible de lever cette indétermination :

> le phénomène était pour lui la représentation de la *chose telle qu'en elle-même*, bien que différent quant à la forme logique de la connaissance par l'entendement, dans la mesure où, par le défaut d'analyse qui le caractérise habituellement, il fait entrer dans le concept de la chose un certain mélange de représentations adjacentes [*Nebenvorstellungen*], que l'entendement sait en écarter. (B 326-327)

On retrouve ici le « défaut d'analyse » qui empêche de définir aussi bien les concepts empiriques que les concepts donnés *a priori*, en tant précisément qu'ils sont toujours déjà appliqués à une matière phénoménale. Mais pour Kant, contrairement à Leibniz, le défaut d'analyse logique qui caractérise le phénomène est irréductible, dans la mesure où l'analyse ne peut s'opérer que sur le fond de la synthèse et de ses formes.

Selon l'Analytique des concepts, les concepts se rapportent, en tant que « prédicats d'un jugement possible », à « quelque représentation d'un objet *encore indéterminé* » (B 94, nous soulignons). Ou encore : « par une catégorie pure, où il est fait abstraction de toute condition de l'intuition sensible [...], *aucun objet ne se trouve déterminé* » (B 304, nous soulignons). Bref, le concept en lui-même, qu'il s'agisse d'un concept empirique ou d'une catégorie, n'a de matière qu'indéterminée, et c'est toujours à une intuition sensible empirique qu'il revient de lui apporter sa détermination, pour la rendre adéquate (ou si l'on préfère : homogène) à un objet.

Seuls les concepts mathématiques semblent pouvoir constituer une exception. De fait, dans la Discipline de la raison pure, c'est à eux seuls que Kant accorde la possibilité d'être définis (B 757). La connaissance mathématique procède par « construction de concepts », ce qui est possible dans la mesure où nous disposons d'une intuition pure, indépendante de l'expérience. Exposer un concept mathématique, c'est donc tout à la fois énoncer les caractères qui s'y trouvent logiquement contenus et les présenter *a priori* dans l'intuition. Ainsi le cercle est-il parfaitement défini comme une ligne dont tous les points sont équidistants d'un point unique. Pourtant, même pour ces concepts, Kant avance que la matière ne peut en être effectivement et véritablement trouvée que dans l'expérience et la sensation. C'est là que se révèle le mieux, sans doute, ce que Kant attend de la matière d'un concept : *qu'elle corresponde à un objet ayant une réalité effective*. Or l'objet mathématique, tel qu'il est construit dans l'intuition pure, n'atteint justement pas cette effectivité :

> L'objet ne peut être donné à un concept que dans l'intuition et, même lorsqu'une intuition précédant l'objet est possible *a priori*, elle ne peut pourtant recevoir son objet, et par suite la validité objective, que par l'intuition empirique, dont elle est la simple forme. [...] Que l'on prenne pour exemple les concepts de la mathématique, et plus précisément d'abord dans leurs intuitions pures. L'espace a trois dimensions, entre deux points il ne peut y avoir qu'une ligne droite, etc. Bien que tous ces principes, et la représentation de l'objet, dont cette science s'occupe, soient produits entièrement *a priori* dans l'esprit, ils ne signifieraient pourtant rien, si nous ne pouvions pas toujours présenter leur signification dans des phénomènes (dans des objets empiriques). (B 298-299)

La véritable matière du concept mathématique, celle qui lui donne une validité objective, ne peut résider que dans l'intuition empirique. De cette matière, l'intuition pure que la mathématique construit *a priori* n'est que « la simple forme ». On voit ici toute la portée de la déclaration de la *Logique*, selon laquelle « la matière du concept est l'objet » : l'objet en question ne saurait être un simple objet pour la pensée; il doit s'agir d'un objet effectif, donné dans l'aperception empirique, et donc dans la sensation.

Dans la deuxième section des *Prolégomènes*, Kant revient sur cette question, en insistant plus nettement encore sur le caractère simplement formel de l'intuition pure, qui appelle la donation effective de l'objet dans l'intuition *empirique* :

> S'il fallait que notre intuition fût de nature à nous représenter les choses *telles qu'elles sont en elles-mêmes*, alors aucune intuition n'aurait lieu *a priori*; l'intuition serait toujours empirique. Car *ce que peut contenir l'objet en lui-même, je ne peux le savoir que s'il m'est présent et donné* [nous soulignons]. [...] la seule manière qui permette à mon intuition de

> précéder la réalité de l'objet et d'avoir lieu comme connaissance a priori, c'est qu'elle ne contienne rien d'autre que la forme de la sensibilité, forme qui, dans ma subjectivité, précède toutes les impressions effectives grâce auxquelles je suis affecté par des objets [1].

Le début de ce texte affirme sans ambiguïté que l'intuition au sens fort, celle où s'atteste un rapport immédiat et effectif à l'objet, *ne peut être que l'intuition empirique*: « ce que peut contenir l'objet en lui-même, je ne peux le savoir *que s'il m'est présent et donné* ». La présence immédiate de l'objet dans l'intuition est ici conçue comme présence *empirique*. Voilà pourquoi on ne peut expliquer la possibilité d'une intuition pure ou *a priori* qu'en lui attribuant pour « contenu » la *simple forme* de la sensibilité. Cette forme est ici clairement référée à la « subjectivité », tandis que l'objectivité est renvoyée aux « impressions réelles grâce auxquelles je suis affecté par l'objet », autrement dit aux sensations. Ainsi, il n'y a d'intuition pure que parce que l'intuition empirique ne présente pas les choses telles qu'en elles-mêmes, mais seulement telles qu'elles nous apparaissent.

Ainsi, que ce soit pour les concepts empiriques, pour les concepts purs de l'entendement, ou pour les concepts mathématiques construits dans l'intuition pure, *c'est toujours l'intuition empirique qui leur donne leur matière*, et par là leur réalité objective, qui va de pair avec leur réalité *effective* [2]. Il y a ainsi une correspondance étroite entre la « matière » de tous nos concepts, et la « matière » du phénomène, la sensation, qui constitue la part proprement empirique de l'intuition. Seule la sensation, en tant qu'elle donne effectivement l'objet, répond véritablement à l'exigence fondamentale qui commande la détermination du contenu des concepts dans les jugements : à savoir, que ce contenu soit celui de l'objet lui-même. C'est cette exigence que formule la *Logique*, dans son raccourci si suggestif : « la matière du concept est l'objet ». Pour que la matière du concept soit celle de l'objet lui-même, il faut que cet objet nous soit « présent et donné », d'où la dépendance vis-à-vis de l'intuition empirique et de la matière sensible.

Pour tous les concepts, même ceux qui précèdent l'expérience, on retrouve par suite l'essentielle indétermination de la matière qui caractérise

1. *Prolégomènes*, AK IV, 282, trad. p. 45.

2. Sur le rapport entre ces deux notions, voir A. Maier (« Kants Qualitätskategorien », *Kantstudien*, n° 65, 1930), qui insiste sur le fait qu'à partir de 1768, l'empirisme anglais exerce son influence sur la compréhension kantienne de la réalité, et conduit Kant à associer la réalité objective des concepts, c'est-à-dire leur teneur ou leur contenu (thème scolastique repris par Descartes, puis, comme le montre brillamment A. Maier, par la *Schulmetaphysik*, notamment Wolff et Baumgarten) à la réalité effective.

de manière plus immédiate les concepts empiriques. De même que nous dépendons entièrement de l'expérience pour savoir quels caractères penser « dans » notre concept d'or, de même ce qui constitue la matière des concepts purs de l'entendement, ou des concepts mathématiques, ne peut être tiré en fin de compte que de leur application dans l'expérience ; elle seule peut déterminer suffisamment leur matière pour qu'elle corresponde à un objet effectif.

Il est frappant de constater que, si l'on adopte ce point de vue de l'objet effectif ou de l'intuition empirique, bref, ce que nous avons appelé le point de vue de l'usage, les emplois kantiens du terme de « matière » semblent converger, pour ne plus désigner qu'une seule et même chose : la « matière » logique du concept est aussi la « matière » constitutive de l'objet pensé sous ce concept, et comme telle, elle ne peut nous être donnée que comme « matière » de l'intuition empirique. Mais c'est aussi la frontière entre sens objectif (matière de l'objet) et sens réflexif (matière de l'intuition, matière du concept) qui s'estompe dans cette perspective de l'usage. Cette convergence n'est cependant que *tendancielle*, et c'est ce qui fait sans doute tout son intérêt. En effet, elle ne vaut que pour la matière considérée comme *indéterminée*, ou *déterminable*, comme devant simplement être donnée pour la connaissance. À partir du moment où l'on se demande comment cette matière peut et doit être *déterminée* dans la connaissance, la diversité des emplois s'impose à nouveau. Car interviennent alors *les* formes que prend cette matière pour constituer une connaissance. Il s'agit d'abord de la forme logique qu'impose l'entendement pour que l'expérience ne soit pas qu'une suite désordonnée de perceptions ; il s'agit ensuite des formes de la sensibilité (espace et temps), qui déterminent originairement la matière sensible dans sa donation même. Lorsque sont prises en compte ces différentes formes, les différents sens de « matière » ne peuvent plus coïncider : car la « matière » qui nous est donnée dans l'intuition empirique, est originairement déterminée par les formes de la sensibilité, et comme telle, elle diffère radicalement et irrémédiablement de la matière intellectuelle qui est exigée par l'entendement comme fondement de l'expérience.

La norme idéale de l'usage de l'entendement est bien la convergence de la matière sensible et de la matière intelligible en une seule et même matière, qui ne serait rien d'autre que l'objet tel qu'en lui-même, intégralement déterminé. Mais pour notre expérience finie, qui ne connaît l'objet que tel qu'il lui est donné selon les formes de la sensibilité, une telle convergence est impossible. La détermination originaire de la matière sensible par la forme même de sa donation crée un fossé infranchissable (en tout cas par nous) entre la chose telle qu'elle nous apparaît (pour la sensibilité) et la chose telle qu'en elle-même (pensée par l'entendement). C'est ce fossé qu'ont ignoré Leibniz et Locke, chacun à leur manière, en confondant les phénomènes et les noumènes, l'usage empirique et l'usage transcendantal.

Mais la détermination originaire de la matière phénoménale par les formes de la sensibilité n'a pas seulement pour conséquence la séparation radicale de la sensibilité et de l'entendement. Nous avons insisté plus haut sur la différence chez Kant entre un sens *objectif* du mot matière, et un sens plus *réflexif* (« matière de l'intuition », « matière du concept »). Or, précisément, la prise en compte de la détermination originaire du phénomène par les formes de la sensibilité redonne aussi tout son poids à cette distinction, précisément parce que la matière telle qu'elle nous apparaît n'est pas la matière de l'objet tel qu'en lui-même. Ainsi, il y aura d'une part, la « matière » constitutive de l'objet, et d'autre part, la « matière » de l'intuition et la « matière » du concept, sans que ce sens objectif et ces sens réflexifs puissent jamais complètement coïncider. On retrouve en outre la même équivocité pour le terme de « forme » : d'un côté, la forme est ce en quoi l'objet qui nous est donné dans l'expérience est déterminé – sens objectif –, mais d'un autre côté, la « forme » est aussi forme *de la représentation* – sens réflexif – et elle peut alors être définie comme « *la manière dont nous connaissons l'objet* » [1]. En d'autres termes, l'objet ne peut être pour nous un objet déterminé – avoir telle ou telle « forme » – sans que cela engage du même coup la manière dont nous le connaissons. Cela concerne évidemment au premier chef les formes de la sensibilité (espace et temps), qui sont à la fois ce par quoi la matière indéterminée de la sensation peut être ordonnée et liée, donc déterminée de manière objective, et en même temps, les « *simples formes* » (subjectives) de notre réceptivité.

Il nous semble que la réflexion transcendantale a pour tâche de trancher la double équivocité que véhiculent les termes de « matière » et de « forme » : esthétique/logique d'une part, objective/réflexive d'autre part. Cela étant, il faut aussi être attentif au fait que Kant *maintient* cette équivocité dans son propre discours, et même, qu'il en *use*. Connaissant son souci de précision dans le vocabulaire, et son goût pour les distinctions, cela doit signifier quelque chose. D'ailleurs, « matière » et « forme » ne sont pas pour lui simplement des mots, mais bien des *concepts*, ce qui signifie bien que la diversité de leurs emplois peut être ramenée à quelque chose de commun.

1. *Logique*, AK IX, 33, trad. p. 35. Nous soulignons.

Simplement ce quelque chose reste-t-il, dans le discours transcendantal, fondamentalement *indéterminé*.

De fait, l'Amphibologie est le seul endroit de la *Critique* où Kant propose une élucidation des concepts *génériques* de « matière » et de « forme ». Selon ce texte, la matière est le *déterminable*, et la forme sa *détermination* :

> *Matière* et *forme*. Voilà deux concepts qui sont placés au fondement de toute autre réflexion, tant ils sont indissolublement liés à tout usage de l'entendement. Le premier signifie le déterminable en général, et le second la détermination de ce déterminable (tous deux en un sens transcendantal, dans la mesure où l'on fait abstraction de toute différenciation quant à ce qui est donné, et quant à la manière dont cela est déterminé). (B 322)

Cette double élucidation vaut pour tous les types de « matière » et de « forme », qu'ils relèvent de la sensibilité ou de l'entendement, qu'ils aient un sens objectif ou subjectif. Il y a donc ici une réponse, ou en tout cas une amorce de réponse à la question que ne peut manquer de se poser le lecteur de l'Amphibologie : qu'y a-t-il de commun entre les différents emplois des concepts de « matière » et de « forme » ? Notamment, qu'y a-t-il de commun entre la matière logique et la matière sensible, entre les formes logiques du jugement et les formes de la sensibilité, qui justifie ainsi d'utiliser, en amont de la spécification sensible ou intellectuelle, ces deux concepts *génériques* de « matière » et de « forme » ? Ce qui est commun à tous ces cas, c'est donc la donation d'un déterminable, et sa détermination.

Certes, cette explication peut paraître assez décevante. L'indétermination qui définit ici la « matière » peut-elle être elle-même un caractère conceptuel, suffit-elle à conférer un contenu véritable à ce concept générique de « matière » ? N'est-elle pas plutôt un non-caractère, et donc une absence de concept ? C'est ici que la caractérisation de la « matière » comme *concept de la réflexion* est décisive. Comme nous l'avons vu, les concepts de la réflexion sont avant tout des concepts opératoires, ils réfléchissent l'usage de nos facultés, et ont donc simplement pour contenu la manière dont l'entendement s'y prend pour réunir des représentations.

Or, c'est précisément ce qui caractérise les concepts génériques de « matière » et de « forme » tels que les introduit l'Amphibologie. Ils n'ont pas eux-mêmes de contenu propre, mais réfléchissent la manière dont l'entendement s'y prend en général pour juger : « voilà deux concepts qui sont [...] liés à tout *usage de l'entendement* ». Si Kant ne dit pas « indéterminé », à propos de la matière, mais bien *déterminable* (*bestimmbar*), c'est qu'il se réfère à une possible *activité* de l'entendement, celle par laquelle précisément cette matière trouvera une détermination. Il apparaît ici clairement que la réflexion transcendantale est réflexion sur l'usage, et à partir de l'usage. Cette indication est selon nous essentielle, parce que l'unité de ces concepts (ce qui peut se dégager de commun à partir de la diversité de leurs emplois) ne peut être saisie du point de vue des sources, au niveau de l'*a priori*. Elle ne peut l'être qu'à même l'usage de l'entendement – et c'est en quoi matière et forme sont, précisément, des concepts de la réflexion.

Or, en quoi consiste plus précisément cette activité de l'entendement qui donne sens et contenu aux concepts de « forme » et « matière » ? Kant le dit un peu plus loin : « l'entendement exige en effet que quelque chose soit donné, pour pouvoir le déterminer d'une certaine manière » (B 322-323). Le concept générique de matière réfléchit donc une exigence de donation, dans toute sa généralité. Mais la suite du texte va décliner cette exigence de différents points de vue, et c'est là que va apparaître la diversité des emplois de ce concept. Le concept de « matière » s'appliquera aussi bien aux « représentations données » de la *Logique*, qu'à la *sensation*, ou encore à « la matière de toute possibilité ». Néanmoins, si l'on tient compte du fait que Kant se place ici résolument du point de vue de l'usage, tous ces emplois n'ont pas exactement la même portée. En effet, ce qui pour Kant constitue l'usage de l'entendement, *au sens fort*, c'est l'usage qui est tourné *vers des objets*. Autrement dit, le concept de matière réfléchit avant tout l'exigence de donation *des objets*. C'est cette exigence qui commandait le questionnement de la lettre à Marcus Herz, imposant de remettre en chantier le rapport entre sensibilité et entendement qui avait été esquissé dans la *Dissertation* de 1770 : « *comment* [*les*] *choses nous sont-elles données si elles ne le sont pas suivant le mode d'après lequel elles nous affectent* [...] ? » [1]. Ce que l'entendement attend de la donation, ce sont bien d'abord les choses, et même les choses « telles qu'elles sont ». C'est cette attente que réfléchit d'abord le concept de « matière ». D'ailleurs, Kant insiste bien sur le fait que la réflexion transcendantale a affaire « au contenu des concepts, c'est-à-dire aux choses elles-mêmes » (B 318).

Cette donation ainsi exigée par l'entendement doit en outre être comprise comme une donation *empirique*, y compris lorsqu'on fait l'hypothèse que la chose telle qu'en elle-même pourrait nous être donnée : encore une fois, « s'il fallait que notre intuition fût de nature à nous représenter les choses telles qu'elles sont en elles-mêmes, alors aucune intuition n'aurait lieu *a priori* ; *l'intuition serait toujours empirique*. Car ce que peut

1. Lettre à Marcus Herz du 21 février 1772, AK X, 131. Nous soulignons.

contenir l'objet en lui-même, je ne peux le savoir que s'il m'est présent et *donné* »[1]. La même exigence se retrouve dans la *Critique* :

> Quand une connaissance doit avoir de la réalité objective, c'est-à-dire se rapporter à un objet, et trouver en lui sa signification et son sens [*Sinn*], *l'objet doit être de quelque manière donné*. [...] Donner un objet, si cela ne doit pas être entendu à son tour de manière simplement médiate, mais au sens où on le présente immédiatement dans l'intuition, ce n'est rien d'autre qu'en rapporter la représentation à *l'expérience* (qu'elle soit effective ou du moins possible). [...] *Il en va ainsi pour tous les concepts sans distinction*. (B 194-195, nous soulignons)

« L'objet doit être de quelque manière donné » : on retrouve ici l'exigence formulée par l'Amphibologie. Il est en outre remarquable que Kant ne dise pas simplement « donné », mais « *de quelque manière* donné » (*auf irgend eine Art*). Cela montre que l'intuition requise par l'entendement n'est pas d'emblée *notre* intuition sensible, déterminée *a priori* par les formes de l'espace et du temps. L'entendement requiert un objet *en général*, « de quelque manière » qu'il soit donné. Dans l'Amphibologie, Kant précise que l'élucidation des concepts de « matière » et « forme » comme « déterminable » et « détermination » doit se comprendre « au sens transcendantal, puisque l'on fait abstraction de toute différence dans ce qui est donné, et dans la manière dont ce donné est déterminé » (B 322). Bref, ce que l'entendement attend de la donation (empirique), c'est *l'objet transcendantal*, que Kant appelle aussi *l'objet en général*, non encore soumis à la spécificité de notre intuition sensible et déterminé comme phénomène. Cela revient à dire que, du point de vue du seul entendement, l'intuition qui est ainsi donnée pourrait être d'une autre sorte. C'est aussi cela que peut suggérer la référence à *l'expérience possible* à la fin de la citation précédente : l'entendement a comme horizon l'expérience pour nous possible, mais aussi l'expérience possible *en général*, selon d'autres modes d'intuition que le nôtre. Quoi qu'il en soit, bien que la manière dont l'objet peut être donné reste à ce niveau indéterminée, il n'en demeure pas moins qu'elle doit être en tous les cas une intuition *empirique*. Pour l'entendement pur, l'objet doit être donné « de quelque manière », donc, mais pourtant nécessairement *dans une expérience*.

C'est pourquoi, comme nous l'avons vu, Kant ne reproche jamais à Leibniz d'avoir négligé l'importance de l'expérience, et affirme au contraire qu'il situait tout dans le seul entendement, « *y compris la*

1. *Prolégomènes*, AK IV, 282, trad. p. 45. Nous soulignons.

représentation empirique des objets» (B 332). Si Leibniz a pu considérer que le «phénomène était la représentation de la chose telle qu'en elle-même» (B 326), c'est bien que la chose telle qu'en elle-même devait pour lui, malgré tout, être *donnée* comme phénomène à notre pouvoir de connaître. De même, si son erreur réside dans la «confusion de l'usage empirique et de l'usage transcendantal» (B 316), c'est bien qu'il reconnaissait la nécessité de l'usage empirique, de la donation préalable des objets.

Le concept générique de matière, tel qu'il est élucidé dans l'Amphibologie, comme «déterminable», réfléchit donc l'exigence de donation empirique de l'objet. En outre, il s'agit une exigence *intellectuelle*: c'est l'entendement pur, indépendamment de la sensibilité, qui appelle cette donation de l'objet dans l'expérience. Il y a là, selon nous, un point très important pour comprendre le véritable enjeu de la réflexion transcendantale. Se manifeste ici le point de vue unifiant (quoique simplement réfléchissant) à partir duquel elle prend en vue le rôle spécifique de la sensibilité et de l'entendement. Ce point de vue, comme nous l'avons déjà indiqué, c'est celui de l'expérience, ou de l'usage empirique. C'est pourquoi il est important de comprendre que l'entendement pur, considéré comme source originaire, sans prendre en compte la sensibilité, est *de lui-même tourné vers l'expérience. Sa visée spontanée et originaire de l'objet transcendantal est visée d'une expérience de cet objet.* La réflexion transcendantale est une réflexion qui se réfère fondamentalement à l'expérience, y compris lorsqu'il s'agit de dégager le rapport de l'entendement pur à l'objet transcendantal : car cet objet ne peut en tout état de cause être pensé, même par Leibniz, que comme *devant être donné empiriquement.* En outre, on comprend peut-être mieux, à partir de là, pourquoi c'est par la référence à l'expérience possible que la réflexion rend son arbitrage entre les prétentions de l'entendement et celle de la sensibilité. L'expérience constitue *l'horizon commun des deux sources*, et c'est à partir d'elle que se réfléchit à la fois leur différence radicale et leur liaison, en tant qu'elle doit donner lieu à la connaissance d'un objet: «la possibilité de l'expérience est donc ce qui donne de la réalité objective à toutes nos connaissances *a priori*» (B 195). Cela concerne donc aussi bien l'intuition pure que la pensée pure. *Matière et forme, comme concepts de la réflexion, ayant une signification sensible aussi bien qu'intellectuelle, ne tiennent leur contenu générique que de réfléchir cet horizon et cet usage communs aux deux sources.*

Si Leibniz et Locke ont pu confondre, chacun à leur manière, l'usage empirique de l'entendement et son usage transcendantal, c'est précisément parce que le rapport originaire de l'entendement à l'expérience peut le conduire à se méprendre sur ce qu'il doit en attendre. L'entendement attend bien en effet de l'expérience que lui soit donné non pas un phénomène, c'est-à-dire la chose telle qu'elle nous apparaît, mais bien la chose telle qu'elle est. Tout le problème est que la sensibilité est elle aussi source, et qu'elle impose comme telle sa forme, originairement, à toute donation d'objet. Ainsi l'entendement pur attend-il de la donation en quelque sorte plus que ce qu'il peut en recevoir : il vise l'objet transcendantal, alors que seul le phénomène peut lui être donné.

Or, selon nous, pour prendre la mesure de ce rapport propre de l'entendement pur à l'objet qui doit lui être donné dans l'expérience, et pour comprendre dans quelle mesure cette visée coïncide – ou non – avec ce que peut lui offrir la sensibilité, *l'équivocité* des termes de « matière » et de « forme », ou plutôt, la *diversité* irréductible des emplois de ces deux *concepts*, peut prendre une importance décisive. Cette diversité n'apparaît en nul autre endroit mieux que dans l'Amphibologie, où Kant se plaît manifestement à la souligner. Ainsi, juste après avoir proposé l'élucidation préalable de la matière et de la forme considérées en général, comme « déterminable » et « détermination », Kant décline différents usages admis des deux termes :

> Autrefois, les logiciens nommaient le général matière, et c'est la différence spécifique qu'ils nommaient forme. Dans tout jugement on peut appeler matière logique (pour le jugement) les concepts donnés, et forme du jugement leur rapport (au moyen de la copule). Dans tout être, les éléments qui le constituent (*essentiala*) sont la matière ; la manière dont ils sont liés en une chose est la forme essentielle. Relativement aux choses en général, la réalité illimitée était aussi considérée comme la matière de toute possibilité, tandis que sa limitation (la négation) était considérée comme la forme, par laquelle une chose se distingue d'une autre selon des concepts transcendantaux. En effet, l'entendement exige d'abord que quelque chose soit donné (au moins dans le concept), pour pouvoir le déterminer d'une certaine manière. (B 322)

Kant ne justifie ici le rapport entre ces différentes acceptions que par l'ordre qui s'établit entre un déterminable et sa détermination : ce qu'il y a de commun à tous ces cas, c'est simplement que l'entendement exige que quelque chose lui soit donné (matière) pour ensuite le déterminer (forme). Pour le reste, il n'est pas évident de savoir ce que ces déterminables et ces déterminations peuvent avoir de commun. Les deux premiers exemples (genre/différence spécifique, concepts donnés/rapport dans le jugement) consistent en deux sens réflexifs et logiques. Le troisième exemple concerne « tout être » : « matière » prend cette fois un sens objectif, ou ontologique. On pourrait en dire autant du quatrième exemple : la « réalité illimitée », qui peut être considérée comme la « matière de toute possibilité ». Dans ce texte, donc, sont énumérés deux sens réflexifs et logiques, et deux sens objectifs ou même ontologiques.

Cette dualité est liée à la manière dont l'entendement se rapporte à la donation empirique. S'il exige en effet que lui soit donnée une « matière », c'est-à-dire un objet, c'est parce qu'il n'est pas lui-même un pouvoir d'intuition. Il n'a donc de rapport à l'objet que médiat, et est dépendant pour cela d'une autre représentation, qui doit lui être donnée. De nos concepts, nous ne pouvons selon Kant faire « d'autre usage, que de juger par leur moyen », le jugement étant alors défini comme « la connaissance médiate d'un objet, et donc « la représentation d'une représentation de celui-ci » (B 94). Cette dernière, la « représentation donnée » de l'objet que l'entendement requiert comme matière, peut être une intuition, ou elle peut être « elle-même déjà un concept ». D'où la précision : « L'entendement exige en effet d'abord que quelque chose soit donné (*au moins dans le concept*), pour pouvoir le déterminer d'une certaine manière » (B 322, nous soulignons). On comprend dès lors pourquoi la matière requise par l'entendement a un statut très ambigu. D'un côté, l'entendement exige que cette matière soit l'objet lui-même ; mais d'un autre côté, parce qu'il n'est un pouvoir de connaissance que médiat et discursif, ce à quoi il applique son concept est déjà simplement une représentation de l'objet, une « représentation donnée », qui peut être une intuition ou déjà un concept. Du point de vue de l'entendement, donc, la « matière » est bien *l'objet lui-même*, mais en même temps, parce que l'entendement n'est pas un pouvoir d'intuition, elle est toujours une simple *représentation* de cet objet – et ainsi une « matière » simplement représentationnelle. L'usage de l'entendement vise bien à ne faire de ces deux « matières » qu'une seule, mais cette unification ne peut être qu'*anticipée*, et jamais effectivement atteinte, parce que l'entendement n'est pas un pouvoir d'intuition.

Ce qui est interrogé dans l'Amphibologie, à propos des concepts de matière et de forme, c'est donc bien *l'exigence de donation elle-même*, en tant qu'elle concerne non pas simplement les représentations, mais précisément les objets en tant que tels – raison pour laquelle « Leibniz admit d'abord des choses (monades) » (B 323). Or, la *diversité* des emplois des concepts de matière et de forme, qui peut facilement laisser croire à une pure et simple *équivocité*, est à cet égard signifiante, en tant qu'elle exprime le glissement par lequel l'entendement passe d'un usage simplement logique (« concepts donnés », « genre ») du concept de « matière », à un usage réel ou transcendantal (*essentiala*, « matière de toute possibilité »). Si la réflexion logique peut conduire à l'amphibologie, c'est précisément parce qu'elle se met au service de cette visée ontologique fondamentale de l'objet transcendantal. Les *Prolégomènes* l'affirment clairement : les concepts de la réflexion « *se mêlent dans l'ontologie*, sans que de légitimes prétentions les y autorisent, aux concepts purs de l'entendement »[1]. C'est cette exigence objective ou même ontologique, mais qui en tout cas n'est pas simplement logique, qu'interroge la réflexion transcendantale[2].

Ce problème serait sans conséquence si l'intuition empirique était l'intuition de la chose telle qu'en elle-même. Car l'entendement pourrait malgré tout dans ce cas retrouver, dans les caractères des représentations qui lui sont données par l'expérience, les caractères de la chose telle qu'en elle-même, et cela, simplement par analyse. C'est un aspect de l'erreur que Kant attribue à Leibniz : à partir du moment où celui-ci pensait que nous pouvons intuitionner (empiriquement) les choses telles qu'en elles-mêmes, le phénomène fournissait une matière qui, moyennant un travail portant simplement sur sa forme logique, pouvait être identifiée à celle de la chose telle qu'en elle-même. Si l'on admet que l'intuition empirique du phénomène est l'intuition de la chose telle qu'en elle-même, matière du phénomène, matière logique et matière ontologique peuvent être identifiées, les différences étant entièrement ramenées à la seule *forme* logique.

Mais précisément : la suite de l'Amphibologie va opposer à Leibniz que notre intuition empirique, de fait, n'est pas du tout la représentation de la chose telle qu'en elle-même, mais simplement de la chose telle qu'elle nous apparaît, dans la sensibilité, selon les formes originaires de l'espace et du temps. Ce qui n'aura pas simplement pour conséquence de dissocier la matière sensible de la matière de la chose telle qu'en elle-même ; c'est aussi bien la matière logique disponible pour notre entendement qui se trouvera contaminée par les formes de la sensibilité, et donc radicalement distinguée de la matière transcendantale qu'il vise originairement. Kant exprime tout cela par un raccourci génial, qui atteste de la puissance des concepts réflexifs de matière et de forme :

1. *Prolégomènes*, AK IV, 326, trad. p. 98. Nous soulignons.

2. La *Réflexion* 5554 met nettement en évidence la visée ontologique de l'entendement dans son usage logique des concepts de la réflexion : « l'intérieur et l'extérieur, pris logiquement, signifient qu'un prédicat est celui de la chose même, ou bien d'une autre chose. Pris empiriquement : ce qui est en un autre lieu de l'espace. Le déterminable et le déterminé : le substantiel et la substance » (AK XVIII, 229).

> [Pour Leibniz], l'espace et le temps n'étaient possibles, l'un que par le rapport des substances, l'autre que par la liaison des déterminations de ces substances entre elles, comme principes et conséquences. Et il devrait effectivement en être ainsi, si l'entendement pur pouvait être directement mis en rapport avec des objets, et si l'espace et le temps étaient des déterminations des choses telles qu'en elles-mêmes. Mais comme ce ne sont que des intuitions sensibles, dans lesquelles nous déterminons tous les objets simplement comme phénomènes, la forme de l'intuition (comme constitution subjective de la sensibilité) précède toute matière (les sensations), et donc l'espace et le temps précèdent tous les phénomènes et toutes les données de l'expérience, et les rendent bien plutôt en premier lieu possibles. (B 323)

Ce texte semble présenter de manière très simple la différence fondamentale entre l'entendement et la sensibilité, quant à la donation des objets. Pour l'entendement pur, la matière précède la forme, alors que dans la donation sensible, c'est la forme qui précède et rend possible la matière. Mais cette simplicité est trompeuse. En effet, la signification de cette inversion ne se laisse saisir, dans toute sa portée, que si l'on sait quel contenu donner aux concepts *génériques* de « matière » et de « forme ». Si « matière » et « forme » ne désignaient pas la même chose dans le registre de l'entendement et dans le registre de la sensibilité, l'inversion pointée avec insistance par Kant ne voudrait pas dire grand-chose. Or, nous l'avons vu, le concept générique de « matière » tient son contenu de réfléchir cet horizon commun des deux sources qu'est la donation de l'objet dans l'usage empirique de l'entendement.

L'inversion de l'ordre de donation de la forme et de la matière a donc en quelque sorte pour point fixe cette identité idéale de la « matière », comprise comme *intuition empirique de l'objet*. Que la forme précède la matière (dans la sensibilité) ou que la matière précède la forme (pour l'entendement pur), dans les deux cas, la « matière » apparaît comme le corrélat objectif attendu *de l'expérience*. L'inversion ne concerne donc pas l'exigence d'une donation de l'objet dans l'expérience (exigence qui apparaît donc comme un point fixe), mais simplement la nature spécifique de *notre* expérience, en tant qu'elle est soumise aux conditions *a priori* de notre sensibilité – et c'est pourquoi la forme sensible, en quelque sorte, « passe devant » la matière.

Mais cette *spécification* originaire de l'expérience selon les conditions de *notre* sensibilité, est aussi bien ce qui donne sens, dans cette inversion même, à l'usage du concept générique de « forme » pour penser le rapport entre le sensible et l'intelligible. Car, nous l'avons vu, le premier exemple que donne Kant d'un emploi logique des concepts de matière et de forme, est celui du genre et de la *différence spécifique*. Or, notamment dans l'Esthétique transcendantale, Kant ne cesse de répéter que l'espace et le temps ne sont les formes *a priori* de l'intuition que *pour nous autres hommes*, autrement dit pour notre *espèce*. Toute la *Critique* fait fond sur ce constat en quelque sorte anthropologique. Ainsi, « que l'objet nous soit donné n'est possible, *du moins pour nous hommes*, qu'en tant qu'il affecte l'esprit d'une certaine manière » (B 33). Ou encore : « nous ne pouvons parler de l'espace, d'êtres étendus, etc., *que du point de vue d'un être humain* » (B 42). La *forme* de notre intuition sensible est donc en même temps une *différence spécifique*, une caractéristique de notre espèce. *L'usage sensible du concept de forme rejoint ici son usage intellectuel.* Cela aussi donne sens à l'inversion pointée par Kant. En effet, du point de vue de l'entendement pur, que la matière précède la forme signifie en particulier que le genre précède la différence spécifique, et, si l'on donne à cette exigence logique une portée ontologique, que le « genre suprême », qui est la « matière de toute possibilité », précède sa limitation, « par laquelle une chose se distingue d'une autre selon des concepts transcendantaux ». Dès lors, que la forme de l'intuition sensible précède, pour nous hommes, sa matière, signifie certes d'abord que la sensibilité est une source de représentations radicalement et irréductiblement distincte de l'entendement, mais cela signifie aussi, en tant que cette forme de l'intuition est une différence spécifique, que l'entendement vise cependant déjà, au-delà d'elle, et simplement par la pensée, une *autre matière*, correspondant à une *autre intuition*, plus fondamentale, un « genre » sur lequel fait fond cette différence spécifique.

Kant précise souvent que les catégories, prises en elles-mêmes, c'est-à-dire indépendamment de l'usage que nous pouvons en faire, ne sont pas liées à notre constitution sensible spécifique, mais valent pour une « intuition en général », ou une « intuition indéterminée » qui, par son indétermination même, se situe en amont de cette spécification. Ainsi, dans les *Progrès de la métaphysique* :

> Les catégories [...] ne supposent aucune espèce déterminée de l'intuition (du genre de la seule qui soit possible pour nous autres hommes), telle que l'espace et le temps, qui est sensible ; ce sont uniquement des formes de pensée pour le concept d'un objet de l'intuition en général, de quelque espèce que soit cette dernière, quand bien même elle serait une intuition supra-sensible dont nous ne pouvons nous faire spécifiquement aucune notion. [...] en sorte que la catégorie prise en elle-même ne dépend en rien des formes de la sensibilité, espace et temps, mais qu'elle peut également se soumettre d'autres formes qui ne sont pas du tout pensables pour nous,

> dès lors qu'elles ne concernent que l'élément subjectif qui précède toute expérience et rend possibles des jugements synthétiques *a priori*[1].

Ainsi, la forme de l'intuition sensible, si originaire soit-elle, est aussi réfléchie par l'entendement selon sa visée propre, celle de l'objet tel qu'en lui-même, c'est-à-dire aussi tel qu'il pourrait être donné dans une intuition plus originaire que la nôtre. On comprend donc que la question centrale de la *Critique*, à savoir la possibilité de la métaphysique, comme connaissance par raison pure des objets, puisse être ramenée par Kant à la question : « qu'est-ce que l'homme ? »[2].

Cette différence spécifique concerne les objets dont nous pouvons faire l'expérience; mais elle porte aussi et surtout sur la constitution *subjective* de notre réceptivité sensible. Et c'est précisément pour cette raison qu'elle est pour nous indépassable : la forme ne spécifie pas les objets, mais notre manière même de les intuitionner. Et c'est aussi pourquoi la « matière », c'est-à-dire le « genre » que spécifie cette forme, reste pour nous *entièrement indéterminée*, bref, inconnaissable. Telle est la signification fondamentale de l'inversion, dans la sensibilité, de l'ordre de donation de la forme et de la matière : l'espace et le temps ne sont pas des déterminations objectives, mais des déterminations subjectives qui précèdent et rendent possible l'intuition empirique de l'objet. L'élucidation du concept de forme qui vaut ici est celle que propose la *Logique* : « en toute connaissance » (ce qui englobe aussi bien l'intuition que le concept), « la matière est l'objet, la forme est la manière dont *nous* connaissons l'objet »[3]. La forme de l'intuition est donc la spécificité de notre mode humain (et sensible) d'intuition des objets.

C'est ici que la diversité irréductible de tous les usages des concepts de matière et de forme, que nous avons passés en revue en lisant l'Amphibologie, prend son origine. D'abord, par la séparation radicale de la sensibilité et de l'entendement. Ensuite, par une autre séparation, corrélative de la première, et qui se combine avec elle, entre le subjectif et l'objectif. En effet, c'est parce que notre intuition empirique humaine ne peut être que sensible, et possibilisée par les formes *a priori* de l'espace et du temps, que la sensibilité, d'une part apparaît comme une source de connaissance radicalement distincte de l'entendement (distinction sensibilité/entendement), et d'autre part comme fondant une distinction tout aussi radicale entre les

1. *Progrès de la métaphysique*, AK XX, 272, trad. p. 26.
2. *Logique*, AK IX, 24, trad. p. 25.
3. *Ibid.*, AK IX, 33, trad. p. 35.

choses telles qu'elles nous apparaissent, et les choses telles qu'elles sont (distinction subjectif/objectif). Mais, par contrecoup, cette dernière distinction se répercute aussi sur l'entendement: car, si l'intuition empirique n'est pas l'intuition de l'objet tel qu'en lui-même, cela implique aussi que la matière logique de nos concepts et de nos jugements, parce qu'elle doit être tirée de l'expérience, ne peut absolument pas, ni en fait, ni en droit, être ramenée par une analyse intellectuelle à la matière des choses telles qu'en elles-mêmes. Il y aura donc d'une part matière et forme au sens logique, et d'autre part, matière et forme au sens transcendantal ou ontologique, sans que les deux couples puissent être rabattus l'un sur l'autre. La diversité des emplois des concepts génériques de forme et de matière réfléchit ainsi à la fois la différence des deux sources et la différence du sujet et de l'objet.

Un passage des *Progrès de la métaphysique* met en œuvre cette diversité de manière particulièrement nette. Kant y distingue la forme de l'intuition (subjective) et la « forme de l'objet, tel qu'il est en lui-même constitué » (autrement dit, la forme au sens transcendantal) :

> Ce n'est pas la forme de l'objet, tel qu'il est en lui-même constitué, mais bien la forme du sujet, c'est-à-dire du sens, de quelque espèce de représentation qu'il soit capable, qui rend possible l'intuition *a priori*. Car si cette forme devait être tirée des objets eux-mêmes, nous devrions percevoir cet objet préalablement, et c'est seulement dans cette perception que nous pourrions prendre conscience de sa nature. Mais il s'agirait alors d'une intuition empirique *a priori*. [...]
> La forme de l'objet, selon laquelle seule il peut être représenté dans une intuition *a priori*, ne se fonde pas sur la constitution de cet objet tel qu'en lui-même, mais plutôt sur la constitution naturelle du sujet qui est capable d'une représentation intuitive de l'objet; et cette part subjective dans la constitution formelle du sens, en tant que réceptivité pour l'intuition d'un objet, est ce qui seul rend possible *a priori*, c'est-à-dire préalablement à toute perception, l'intuition *a priori*[1].

La forme de l'intuition est ici à la fois renvoyée à la subjectivité et à la sensibilité: elle est la forme du « sujet, c'est-à-dire du sens »; et comme telle, elle est opposée à la forme de l'objet, « tel qu'il est en lui-même constitué », autrement dit, à la forme au sens transcendantal, qui est aussi bien celle qu'exige l'entendement pur de la donation empirique. On voit ici ce que véhicule la diversité des emplois du concept de « forme ». Si en effet la forme de l'intuition, telle qu'elle rend possible la représentation de

1. *Progrès de la métaphysique*, AK XX, 266-267, trad. (modifiée) p. 19.

l'objet dans une intuition *a priori*, était celle de l'objet tel qu'en lui-même, ou plus précisément, si elle devait être *tirée* de l'objet tel qu'en lui-même, alors cela impliquerait la perception préalable de cet objet. C'est précisément l'exigence que l'Amphibologie attribue à l'entendement pur : que l'objet, comme matière, précède sa forme. Mais ici, Kant montre ce que cette exigence, lorsqu'on en tire les conséquences, a de contradictoire : si une telle intuition était possible *a priori*, et si elle devait pourtant être tirée de la perception de l'objet, alors il s'agirait d'une « intuition empirique *a priori* ». Cette expression, à elle seule, résume l'enjeu problématique de l'Amphibologie. Car c'est bien cela que l'entendement attend lorsqu'il place la matière avant la forme : que l'objet lui soit préalablement *donné*, dans une intuition qui est donc *empirique*; *mais il attend en même temps que cette donation ne suppose aucun préalable, aucune détermination intermédiaire de cette matière*, puisqu'il faut que toute forme soit tirée de l'objet lui-même; autrement dit, l'entendement attend que cette intuition empirique soit en même temps *a priori*.

Pour manifester le caractère contradictoire de cette attente, Kant pointe ici que les jugements fondés sur une telle intuition, qui ne placerait rien avant la perception empirique de l'objet lui-même, ne pourrait comporter aucune nécessité. La forme ne pourrait donc pas être attribuée avec nécessité à l'objet. Au contraire, si l'on admet que la forme de l'intuition n'est que la forme de notre sensibilité, on la dissocie certes de l'objet tel qu'en lui-même, mais on explique en même temps pourquoi des jugements sur elle peuvent comporter une certitude apodictique, et par conséquent constituer des jugements synthétiques *a priori*. C'est ce que Kant, dans l'Esthétique transcendantale, affirme de l'espace : la géométrie ne peut en déterminer les propriétés avec nécessité, et donc *a priori*, que dans la mesure où cette forme « réside simplement dans le sujet, comme la constitution formelle de celui-ci, par laquelle il est affecté par des objets, et en reçoit ainsi [...] l'intuition » (B 41).

Ce texte des *Progrès de la métaphysique* nous paraît ainsi mettre particulièrement bien en évidence le fondement des erreurs dénoncées dans l'Amphibologie : à savoir, le rapport nécessairement trompeur de l'entendement à la donation empirique des objets, qui pour nous ne peut avoir lieu que sous les conditions sensibles de l'espace et du temps. L'entendement exige en effet de l'intuition à la fois qu'elle soit empirique et qu'elle soit la représentation de l'objet tel qu'en lui-même, autrement dit qu'elle soit affranchie de telles conditions – ce que Kant appelle ici une « intuition empirique *a priori* ».

Mais, si cette confusion est le fondement des erreurs amphibologiques, c'est aussi bien là que se noue le rapport *légitime* de la sensibilité et de l'entendement. Et c'est pourquoi, selon nous, Kant n'éprouve jamais le besoin de trancher l'équivoque véhiculée par les termes de forme et de matière. C'est que la « forme » de l'intuition et la « forme » de la chose telle qu'en elle-même ont bien malgré tout quelque chose de commun, dès lors que l'on se place du point de vue de l'usage empirique de l'entendement. Eu égard aux choses telles qu'en elles-mêmes, espace et temps ne sont que des formes subjectives; mais, dans le cadre de l'expérience, espace et temps doivent bien être attribués aux objets mêmes qui nous apparaissent, sans quoi l'usage de l'entendement serait évidemment dépourvu de toute signification. C'est bien pourquoi il est aussi difficile de faire accepter aux lecteurs de la *Critique* l'idéalité transcendantale de ces formes. Dans la *Réponse à Eberhard*, Kant peut ainsi, dans une même phrase, opposer les « simples formes *subjectives* (mais positives) de ma sensibilité » aux « formes des choses telles qu'en elles-mêmes », et les désigner pourtant comme « les *formes des objets* de toute intuition sensible »[1].

La réflexion (transcendantale) sur l'usage empirique de l'entendement apparaît ainsi comme ce qui donne une certaine unité aux différents emplois des concepts de matière et de forme, sans pour autant jamais prétendre réduire entièrement leur diversité. Cela correspond bien à leur titre de « concepts de la réflexion ». L'unité problématique de ces concepts réfléchit ainsi la manière dont l'intellectuel et le sensible, le subjectif et l'objectif, s'entrecroisent dans l'expérience, sans pour autant jamais coïncider complètement. Mais, dès lors, l'unité problématique des concepts de matière et de forme, telle qu'elle est mise en œuvre par la réflexion transcendantale dans la *Critique*, n'ouvre-t-elle pas un accès original au questionnement de Kant sur le rapport entre sensibilité et entendement? Plus précisément, ne permet-elle pas de saisir ce qu'a de *fondamentalement ambigu* la mise en rapport des deux sources dans l'usage empirique?

Les subreptions de la faculté de juger

La réflexion transcendantale arbitre entre ce qui revient à la sensibilité et ce qui revient à l'entendement, non à partir d'une racine commune, mais à partir de leur rencontre dans l'expérience, de cet horizon commun qu'est

1. *Réponse à Eberhard*, AK VIII, 240. Nous soulignons.

la donation empirique de l'objet. Comme nous l'avons vu, l'Amphibologie formule ce que cette rencontre peut avoir de problématique à partir de l'inversion du couple forme/matière, qui exprime l'exigence fondamentale de donation empirique, selon que l'on adopte le point de vue de la sensibilité ou le point de vue de l'entendement. En plaçant nécessairement sa forme originaire et subjective au fondement de la possibilité de sa matière, la sensibilité subvertit en quelque sorte – en même temps qu'elle la *réalise* – l'attente fondamentale de l'entendement vis-à-vis de l'expérience : que lui soit donnée la représentation des choses telles qu'en elles-mêmes.

Il en résulte une essentielle indétermination quant à ce que doivent *contenir* nos concepts des objets. Cela se traduit par l'irréductible diversité des emplois du concept réflexif de « matière », selon un double clivage sensible/intellectuel et objectif/subjectif. Nous voudrions à présent préciser cette idée, à partir de ce que nous avons vu sur la *réflexion logique* et sur l'oubli de l'origine qui est inhérent à l'usage logique de l'entendement. En effet, c'est parce que la matière de nos représentations reste toujours, en son fond, indéterminée, qu'elle se prête aux *anticipations* de la réflexion logique, que l'entendement met au service de sa visée objective ou ontologique, qui est constitutive de son usage. Mais, précisément à cause du statut ambigu des formes de la sensibilité, qui précèdent et rendent possible, en la déterminant originairement, toute matière que nous pouvons intuitionner, *ces anticipations peuvent avoir des orientations différentes* : soit l'entendement considère les phénomènes comme des représentations confuses des choses telles qu'en elles-mêmes, en refusant toute originarité aux formes de la sensibilité – ce qui correspond à l'amphibologie intellectualiste de Leibniz ; soit ce sont les formes de la sensibilité elles-mêmes qui sont abusivement élevées, par la réflexion logique, au rang de formes des choses telles qu'en elles-mêmes (ou des « objets en général », comme dit aussi Kant) – ce qui correspond à l'amphibologie sensualiste de Locke. La matière des représentations, précisément parce qu'elle ne se révèle que dans l'usage et qu'elle reste toujours, en son fond, indéterminée, apparaît chez Kant comme le support problématique de toutes ces *anticipations*, sensualistes ou intellectualistes, dont nous voudrions à présent mieux rendre compte.

Pour cela, nous voudrions nous servir d'un texte qui, bien que bref, nous paraît extrêmement riche et décisif. Il s'agit de la *Réflexion* 5059. Les anticipations dont nous parlons y sont désignées comme des « *subreptions* de la faculté de juger » :

> Les subreptions de la faculté de juger. 1. Que nous connaissons tout seulement à travers des prédicats. Et ainsi nous disposons de prédicats avec

> un sujet indéterminé. Que nous considérons comme le premier sujet ce qui est toujours la condition du reste des prédicats. 2. Que nous tenons les conditions de la différenciation pour des différences nécessaires des choses. 3. Que nous prédiquons d'un sujet, qui est pensé intérieurement (être pensant) les conditions de la présence extérieure, et que nous prédiquons d'un sujet extérieur, par exemple le corps, les conditions de la présence intérieure. *Vorstellung*[1].

Ce texte très synthétique (comme le sont souvent les *Reflexionen*) mérite d'être commenté pas à pas, et, on va le voir, assez longuement. Tout d'abord, Kant parle ici des « subreptions » de la faculté de juger. De manière générale, le terme de « subreption » (*Subreption* ou *Erschleichung*) désigne la faute qui consiste à « substituer ce qu'il y a de subjectif dans nos représentations à ce qu'il y a d'objectif » (B 819). Ainsi, pour les juristes, c'est une faute de subreption que « de prendre pour du juste en soi le principe juridique qu'une cour de justice [...] doit admettre pour son propre office »[2]. Dans la *Critique*, Kant parle de « subreption » aussi bien à propos des « phénomènes extérieurs », lorsqu'on les considère comme des propriétés des choses telles qu'en elles-mêmes (A 389), qu'à propos des « idées transcendantales », lorsqu'on les prend pour des « concepts de choses effectives » (B 671). À cet emploi général du terme de subreption, comme substitution du subjectif à l'objectif, s'en ajoute néanmoins un autre, que nous avons déjà rencontré dans la *Dissertation* de 1770, et qui exprime pour sa part la confusion entre ce qui relève de la sensibilité et ce qui relève de l'entendement. Ainsi, Kant appelle « vice de subreption » l'erreur qui consiste à abusivement « utiliser un concept sensible comme caractère intellectuel », et parle à cet égard, comme nous l'avons vu, d'« axiomes subreptices »[3]. Ce terme paraît donc bien être lié à l'amphibologie des concepts de la réflexion, qui consiste justement, comme nous l'avons vu à propos des concepts de matière et de forme, à confondre aussi bien le sensible et l'intellectuel que le subjectif et l'objectif. Kant dit d'ailleurs explicitement que la réflexion transcendantale doit servir à prévenir « à la source » les « subreptions de l'entendement pur » (B 324).

1. *Réflexion* 5059, AK XVIII, 75. Nous laissons volontairement le dernier terme en allemand.

2. *Métaphysique des mœurs*, Doctrine du droit, § 36, remarque, cité par R. Eisler, *Kant-Lexicon*, art. « subreption », trad. fr. A.D. Balmès et P. Osmo, Paris, Gallimard, 1994, p. 985-987.

3. *Dissertation*, AK II, 412, trad. p. 149.

Deuxièmement, Kant attribue ici ces subreptions *à la faculté de juger*. Dans la *Critique*, Kant définit celle-ci, en la distinguant de l'entendement qui est le « pouvoir des règles », comme « le pouvoir de subsumer sous des règles, c'est-à-dire de distinguer si quelque chose tombe ou non sous une règle donnée (*casus datae legis*) » (B 171). Elle est donc le pouvoir d'appliquer les concepts, ce qui peut signifier leur subsumer d'autres concepts, mais surtout, plus fondamentalement, les appliquer *à des objets*, dans l'intuition. Cela revient à dire que la faculté de juger a affaire au *contenu*, ou à la *matière* des concepts, car c'est cela qui détermine leur possible application à tel ou tel concept inférieur, ou à tel ou tel objet. Et c'est pourquoi la logique générale n'énonce « aucun précepte pour la faculté de juger », et ne peut pas en énoncer, précisément parce qu'elle fait abstraction de tout contenu de la connaissance (*ibid.*). Kant associe étroitement la faculté de juger et l'usage empirique : elle est un « talent particulier, qui ne s'apprend pas, mais qui peut seulement *s'exercer* » (B 172, nous soulignons). C'est en tant que telle qu'elle constitue une faculté distincte de l'entendement. Kant donne l'exemple d'un médecin qui peut « avoir dans la tête beaucoup de belles règles pathologiques », et donc « ne pas manquer d'entendement », tout en étant pourtant incapable de les appliquer, autrement dit, de prononcer un diagnostic sur un cas donné empiriquement, parce que « la faculté naturelle de juger lui fait défaut » (B 172-173)[1].

Ce qui rend si difficile le passage de la règle à son application dans des exemples, c'est que ceux-ci ne « remplissent que rarement la condition de la règle de manière adéquate », et ajoutent aux caractères du concept « les conditions particulières de l'expérience » (B 173). Cette difficulté est inhérente à l'exigence de donner à nos concepts une matière empirique, qui se caractérise toujours, comme nous l'avons vu, par son *indétermination*, au sens où elle dépend toujours de ce qui va nous être donné à penser selon les circonstances de l'expérience. Cette difficulté de l'usage vaut en outre pour tous les concepts, *y compris pour les catégories*. Certes, Kant affirme, au début de l'Analytique des principes, que la logique transcendantale, contrairement à la logique générale, peut fournir, en même temps que les concepts purs de l'entendement, le cas auquel ils doivent être appliqués, parce que ces concepts ont un rapport *a priori* aux objets. Il veut dire par là que les catégories sont *a priori* assignées aux objets de l'expérience qu'elles rendent possible, comme à leur « cas ». Cependant, il précise aussi que la logique transcendantale indique ce cas « selon des caractéristiques

1. Il est remarquable que Kant dissocie ici entendement et faculté de juger, dans la mesure où l'entendement a été présenté plus haut, justement, comme « le pouvoir de juger » (B 94).

générales, mais suffisantes » (B 175, nous soulignons). Cela signifie que l'indétermination de la matière de ces concepts est partiellement levée, suffisamment en tout cas pour savoir qu'ils ne doivent s'appliquer qu'aux objets d'une expérience *possible*, mais qu'elle ne l'est pas totalement : pour faire usage des catégories dans une expérience *effective*, la logique transcendantale ne peut pas plus que la logique générale énoncer de préceptes pour la faculté de juger. C'est bien pourquoi il est impossible de définir les catégories, tout comme il est impossible de définir les concepts empiriques. Lorsque nous appliquons une catégorie dans l'expérience, nous avons constamment besoin de penser en elle des caractères que l'entendement ne peut pourtant pas saisir par analyse : ces *caractères ajoutés*, dont Kant parle comme de « représentations obscures » mais que l'on pourrait sans doute aussi appeler *caractères subreptices*, sont donc ce qui, dans la matière des concepts, échappe à l'entendement, et relèvent uniquement de l'expérience et de la faculté de juger, faisant de celle-ci une faculté singulière, distincte de l'entendement. Or c'est à ce niveau que peuvent apparaître des « subreptions », aussi bien intellectualistes que sensualistes.

PREMIÈRE SUBREPTION : L'AMPHIBOLOGIE INTELLECTUALISTE

La suite de la *Réflexion* 5059 permet de préciser en quoi la faculté de juger est source de subreptions, en tant précisément qu'elle repose sur l'ajout de tels caractères dans l'application du concept à des objets. Kant développe le mécanisme de ces subreptions en trois points. Le premier rappelle la nature discursive de notre entendement : « 1. Que nous connaissons tout seulement à travers des prédicats. Et ainsi nous disposons de ces prédicats avec un sujet indéterminé » [1]. Nous avons déjà longuement développé ce thème, notamment en faisant référence au début de l'Analytique des concepts, où Kant caractérise le concept comme « prédicat d'un jugement possible », et affirme que nous ne pouvons faire « d'autre usage » de nos concepts que « de juger par leur moyen » (B 94). Cet usage des concepts suppose la mise en œuvre d'une autre faculté, distincte de l'entendement : la faculté de juger. Celle-ci tient donc sa fonction propre, effectivement, de ce que « nous connaissons tout seulement à travers des prédicats ».

Mais, dans la *Réflexion* 5059, Kant précise en outre que ces prédicats ne sont rapportés, dans l'exercice du jugement, qu'à un « sujet indéterminé ».

1. *Réflexion* 5059, AK XVIII, 75.

Cela aussi se retrouve dans l'Analytique des concepts, selon laquelle « les concepts se rapportent, comme prédicats de jugements possibles, à quelque représentation d'un objet encore indéterminé » (B 94). Kant propose alors l'exemple suivant : le concept de corps, comme représentation discursive, ne se rapporte pas directement à un objet, mais seulement à d'autres représentations, comme, par exemple, le concept de métal, dans le jugement : « tout métal est un corps ». C'est seulement par l'intermédiaire de telles représentations, subsumées « sous » lui dans un jugement, que le concept de corps peut être appliqué à un objet. Cela revient à dire que le concept de corps, en tant que représentation discursive, est bien le concept *d'un objet*, mais d'un *objet encore indéterminé*, et, pour cette raison même, il n'est jamais *qu'un prédicat de cet objet*. La *Réflexion* 5059 l'exprime peut-être encore plus nettement, en remplaçant « objet indéterminé » par « *sujet* indéterminé » : cela signifie bien que le concept de l'objet n'est jamais dans le jugement que le prédicat de cet objet (qui en est le « sujet indéterminé »).

L'exemple choisi par Kant a pourtant quelque chose de surprenant. En effet, s'il est un concept que nous utilisons rarement comme *prédicat* de nos jugements, c'est bien celui de corps ; et l'exemple de jugement proposé par Kant, « tout métal est un corps », est assez déroutant. En effet, sauf pour un entendement qui ne sait pas du tout ce qu'est un métal, ce jugement est manifestement analytique : nous pensons généralement *déjà* les caractères du « corps » dans notre concept empirique de « métal ». On s'attendrait bien plutôt à rencontrer, dans l'usage empirique de l'entendement, un jugement du type : *tel corps* est un métal. Autrement dit, nous aurions plutôt tendance à faire jouer au concept de corps le rôle de *sujet* du jugement.

Or, c'est précisément cet usage du concept universel que Kant met en question dans la suite de la *Réflexion* 5059. Après avoir affirmé « que nous connaissons tout seulement à travers des prédicats », et que « nous disposons de ces prédicats avec un sujet indéterminé », il ajoute en effet en quoi consiste, sur cette base, la première « subreption de la faculté de juger » : à savoir, « que nous considérons comme le premier sujet ce qui est toujours la condition du reste des prédicats ». Voilà bien ce qui semble se passer avec le concept de corps : s'il est, comme tout concept, le « prédicat d'un jugement possible », nous avons pourtant tendance, manifestement, à l'utiliser comme « premier sujet » des « autres prédicats » (en tout cas pour les phénomènes extérieurs). Pour comprendre plus précisément en quoi consiste pour Kant cette subreption, il faut s'intéresser à la notion de *condition*. Que signifie, pour un prédicat, être la « condition » d'un autre prédicat ? Dans un sens strictement logique, cette notion apparaît notamment dans la théorie du syllogisme (que Kant appelle ici « raisonnement de raison ») :

> Dans tout raisonnement de raison je pense d'abord une règle (*major*) par l'entendement. Deuxièmement, je subsume une connaissance *sous la condition de la règle* (*minor*) au moyen de la faculté de juger. Enfin, je détermine ma connaissance par le prédicat de la règle (*conclusio*), donc *a priori* par la raison. (B 360-361, nous soulignons)

La notion de « condition » est ici étroitement associée à la faculté de juger, en tant que celle-ci fournit à la raison le jugement intermédiaire – la mineure – du syllogisme. Kant donne l'exemple suivant (B 360) :

> Tous les hommes sont mortels (majeure, pensée par l'entendement)
> Tous les savants sont hommes (mineure, fournie par la faculté de juger)
> Tous les savants sont mortels (conclusion, tirée par la raison)

Dans cet exemple, la « condition » est le concept d'*homme*. C'est sous ce concept qu'est subsumée la connaissance dans la mineure, et c'est ce qui permet d'appliquer à cette connaissance la règle de la majeure. La condition est donc ce que Kant appelle le « moyen terme », c'est-à-dire le concept qui, dans le syllogisme catégorique, apparaît à la fois dans la majeure et dans la mineure, et est absent de la conclusion. En outre, c'est la présence de cette « condition » qui distingue le raisonnement de raison du « raisonnement immédiat », ou « raisonnement d'entendement », où une proposition est conclue d'une autre, « sans la médiation d'une troisième représentation » (par exemple : « tous les hommes sont mortels, donc quelques hommes sont mortels »). Le « raisonnement de raison » se distingue donc par la présence de la condition, et engage donc pour sa part, *trois concepts*. On peut les désigner, en suivant la *Logique*, comme le sujet de la conclusion, le prédicat de la conclusion, et le moyen terme [1]. À partir de là, on peut comprendre, dans ce registre simplement logique, ce que signifie pour un concept, être la « condition du reste des prédicats » : en effet, dans le syllogisme énoncé plus haut, le moyen terme *homme* apparaît bien comme la *condition pour pouvoir attribuer au sujet de la conclusion (savants) le prédicat de la conclusion (mortel)*.

Si nous revenons maintenant à l'exemple du concept de corps, pour comprendre en quoi il peut apparaître comme la condition des autres prédicats, nous pouvons de même l'inscrire, au titre de moyen terme, dans un syllogisme catégorique de la première figure :

1. *Logique*, AK IX, 125-126.

tout corps est divisible (majeure, pensée par l'entendement)
tout métal est un corps (mineure, fournie par la faculté de juger)
tout métal est divisible (conclusion, tirée par la raison)

On retrouve ici comme mineure l'exemple de jugement qui nous avait dérouté plus haut : « tout métal est un corps ». Ce jugement manifestement analytique, qui, isolément, sonnait curieusement et ne semblait pas apprendre grand chose, prend beaucoup plus de sens lorsqu'il s'inscrit dans un syllogisme. Apparaît alors en effet beaucoup mieux l'usage qui y est fait du concept de corps, comme *condition* d'autres prédicats – en l'occurrence, le prédicat de divisibilité. C'est par l'intermédiaire du concept de corps qu'est pensé ici le rapport entre le sujet de la conclusion (métal) et le prédicat de la conclusion (divisible). En outre, que le jugement « tout métal est un corps » soit analytique est précisément ce qui fait l'intérêt du syllogisme : nous pouvons déduire et conclure précisément parce que *nous pensons déjà* le concept de corps, et par son intermédiaire celui de divisibilité, dans notre concept de métal. Nous pouvons conclure, comme dirait Leibniz, par la simple « force de la forme » de nos pensées, sans avoir à y ajouter le moindre contenu[1]. C'est ce que Kant souligne lui-même :

> Quand, comme cela arrive dans bien des cas, la conclusion a été prononcée comme un jugement, pour voir si ce jugement ne découle pas d'autres jugements déjà donnés, par lesquels, en l'occurrence, un tout autre objet est pensé, je m'en vais chercher dans l'entendement l'assertion de cette proposition conclusive, pour savoir si elle ne se trouve pas déjà en celui-ci sous certaines conditions selon une règle universelle. Or, si je trouve une telle condition, et si l'objet de la proposition conclusive se laisse subsumer sous la condition donnée, alors cette proposition est déduite de la règle, *qui vaut aussi pour d'autres objets de la connaissance*[2]. (B 361)

L'enjeu de l'opération pourrait donc être qualifié d'économique : plutôt que d'attendre de nouveaux caractères pour les concepts, la raison cherche à ramener la diversité des jugements déjà pensés par l'entendement au plus petit nombre de principes, simplement en cherchant en lui des conditions *qui s'y trouvent déjà*. L'important est de tirer de la seule mise en ordre et de la seule analyse des pensées une règle « qui vaut aussi pour d'autres objets ». C'est pourquoi il est essentiel que la mineure du raisonnement (« tout métal est un corps ») soit *analytique*. Ce travail sur la forme de nos représentations relève de ce que Kant appelle l'usage logique de la raison.

1. *Nouveaux essais*, A VI, 6, 478.
2. Souligné par Kant.

Et, de fait, il s'inscrit dans la continuité de ce que nous avons vu plus haut sur la « réflexion logique » comme anticipation de l'universalité. Cette anticipation se prolonge donc dans la raison, le concept comme principe de connaissance trouvant son usage logique le plus abouti comme *moyen terme* ou comme *condition* d'un syllogisme catégorique.

Que veut donc dire Kant lorsqu'il affirme, dans la *Réflexion* 5059 : « Que nous considérons comme le premier sujet ce qui est toujours la condition du reste des prédicats » ? En quoi s'agit-il d'une « subreption de la faculté de juger » ? Il faut comparer cela avec la phrase précédente qui rappelle que tout concept, comme représentation universelle, n'est jamais que le « prédicat d'un jugement possible » dont le sujet (c'est-à-dire l'objet) est « indéterminé ». La subreption consiste donc à faire de certains concepts, qui ne sont que des prédicats, le « premier sujet », parce qu'ils sont la condition des autres prédicats. Ainsi, dans l'exemple donné plus haut, *corps* est *sujet* de la majeure (tout corps est divisible), et *prédicat* de la mineure (tout métal est un corps). La mise en ordre analytique des concepts donnés, dans ce syllogisme, conduit donc bien, d'une certaine manière, à considérer le concept de corps comme sujet premier, c'est-à-dire comme sujet de la majeure[1]. On peut mieux comprendre à partir de là ce que vise Kant, au début de l'Analytique des concepts, lorsqu'il insiste sur la nature *discursive* de la pensée, c'est-à-dire sur son rapport médiat à l'objet. Il s'agit de montrer que le *sujet véritable de la prédication*, autrement dit *l'objet*, ne se situe pas dans la majeure d'un syllogisme catégorique ; c'est plutôt dans la mineure du syllogisme (tout métal est un corps) que le concept de corps révèle le mieux sa nature, puisqu'il apparaît alors comme prédicat. Tout concept est pour Kant prédicat, et jamais sujet, même lorsqu'il apparaît toujours comme la condition des autres prédicats. Pour le formuler en termes plus obvies : nous avons tendance à faire de la représentation du corps en général le sujet premier des prédicats des phénomènes extérieurs, parce que le corps apparaît comme la condition la plus universelle permettant à la raison d'atteindre la plus haute unité dans la connaissance des phénomènes extérieurs, autrement dit, il apparaît « toujours comme la condition des autres prédicats ». Nous avons dès lors

1. Certes, ce que nous disons ne vaut que du syllogisme catégorique de la première figure. Mais précisément, ce que Kant retient de la diversité des figures, c'est qu'elle procède de la capacité du « moyen terme » à occuper la place soit du sujet soit du prédicat dans chacune des deux prémisses. Et toutes les figures se ramènent par conversion à la première qui seule est véritable et « pure ». Voir *Logique*, AK IX, 126, et aussi *De la fausse subtilité des quatre figures du syllogisme*, AK II, 45-60.

tendance à hypostasier cette représentation pour en faire un sujet premier; mais pour Kant, il ne s'agit que d'un prédicat, c'est-à-dire d'une représentation qui, si elle est effectivement contenue dans toutes les représentations des objets des sens externes, n'est pourtant qu'une partie de leur concept[1].

Le point décisif est que, dans l'exercice de la raison, en tant qu'elle permet de dériver un jugement à partir d'une règle par subsomption sous la condition de cette règle, la condition contient déjà les prédicats que l'on veut obtenir. Nous avons vu plus haut que la faculté de juger, en tant qu'elle doit appliquer le concept à un objet, imposait d'ajouter à ce concept, dans l'expérience, des caractères, dont certains pouvaient être qualifiés de caractères subreptices. Or, dans le syllogisme catégorique, la faculté de juger est utilisée autrement : elle recherche à l'intérieur d'un concept donné (métal) une condition (corps) qui contienne elle-même le prédicat (divisible) que l'on veut attribuer à ce concept. Ce prédicat peut lui aussi être qualifié d'obscur ou de subreptice : c'est bien parce qu'il n'est pas *immédiatement* pensé dans le concept de métal que nous avons besoin du syllogisme.

Nous avons suggéré que les erreurs amphibologiques naissaient de l'indétermination du sujet de la prédication, dans l'exercice de la faculté de juger. Cette indétermination tient à ce que le jugement ne peut appliquer un concept à un objet qu'en ajoutant des caractères à ce concept. On peut voir maintenant plus précisément en quoi cette indétermination peut susciter des « subreptions » de la faculté de juger. Il y a subreption lorsque nous considérons qu'un des concepts, parce qu'il apparaît analytiquement comme la condition des autres prédicats (c'est-à-dire les contient), est un « sujet premier », autrement dit *contient tous les prédicats de la chose, y compris ceux qui ne sont pas donnés clairement à notre aperception*. C'est une telle subreption qui commande, selon Kant, *l'erreur de Leibniz*. Dans l'Amphibologie, Kant désigne en effet comme l'« origine » de cette erreur une mauvaise interprétation du principe des syllogismes catégoriques, autrement appelé *dictum de omni et nullo* :

1. C'est précisément le même concept de corps que Kant prend dans la *Logique* comme exemple de concept qu'on doit nommer « abstrayant » plutôt que simplement « abstrait », car il est en fait le « support » de toutes les abstractions – ce qui nous conduit subrepticement à le considérer comme premier sujet, bien qu'il ne soit que prédicat : « le concept de corps n'est pas à proprement parler un concept abstrait; car du corps lui-même je ne puis faire abstraction puisque dans ce cas je n'en aurais pas le concept » (AK IX, 95, trad. p. 104). Cette impossibilité de *faire abstraction du corps* est évidemment *aussi* l'origine des subreptions sensualistes.

> Assurément, il faut dire : ce qui se rapporte universellement à un concept – ou ce qui le contredit –, cela se rapporte aussi à tout le particulier qui est compris sous ce concept – ou cela le contredit – (*dictum de omni et nullo*) ; il serait cependant absurde de transformer ce principe logique pour lui faire dire : ce qui n'est pas contenu dans un concept universel, cela n'est pas non plus contenu dans les concepts particuliers qui se situent sous lui ; car c'est précisément en cela qu'ils sont des concepts particuliers – ils contiennent plus en eux que ce qui est pensé dans le concept universel. Et pourtant, c'est bien sur ce dernier principe qu'est bâti tout le système intellectuel de Leibniz ; celui-ci s'écroule donc avec celui-là, en même temps que toute l'équivocité qu'il suscitait dans l'usage de l'entendement. (B 337)

Ainsi, il est juste de dire : ce qui revient au concept de corps (la divisibilité) revient aussi au concept de métal, qui est pensé *sous* le concept de corps. Mais il serait absurde de dire : ce qui n'est pas contenu *dans* le concept de corps n'est pas contenu non plus *dans* des corps particuliers ; car c'est précisément en ajoutant des caractères au concept qu'on peut l'appliquer à des représentations plus particulières. Ce qui favorise cette transformation abusive du principe des syllogismes catégoriques, c'est que, dans le syllogisme, le concept qui apparaît comme condition *contient déjà* le prédicat de la conclusion. L'intérêt du syllogisme est d'obtenir ce prédicat simplement en analysant ce concept. On retrouve donc dans l'erreur de Leibniz, telle que la présente ici Kant, la première subreption de la faculté de juger que décrit la *Réflexion* 5059 : prendre ce qui remplit la fonction logique de condition d'autres prédicats dans des syllogismes pour un « premier sujet », qui contiendrait effectivement tous les prédicats de la chose.

De fait, on peut trouver chez Leibniz une doctrine qui correspond à ce reproche : Leibniz admet en effet des « notions individuelles », qui *contiennent en elles* tous les prédicats de la chose dont elles sont la notion [1]. Une notion individuelle apparaît donc bien comme la *condition* de tous ces prédicats, puisqu'il suffit de l'analyser pour les mettre au jour. On comprend dès lors l'insistance de Kant sur la caractérisation du concept comme « prédicat d'un jugement possible », et corrélativement comme représentation universelle : que le concept soit toujours prédicat, et toujours universel, le distingue doublement d'une notion complète qui est à la fois sujet des prédicats contenus en elle, et singulière. On comprend ainsi que Kant puisse reprocher à Leibniz d'avoir profité d'une « équivocité dans l'usage de l'entendement » (B 337) : cette équivocité correspond à la

1. Cf. *Discours de métaphysique*, art. VIII et IX (il faut noter cependant que Kant ne pouvait pas connaître ce texte).

dualité des points de vue – extensionnel et intentionnel, synthétique et analytique – que l'on peut adopter sur l'usage d'un concept, notamment en tant qu'il s'inscrit dans un syllogisme à titre de « condition », et contient en lui des prédicats.

Deuxième subreption : l'amphibologie sensualiste

On peut donc constater une extrême proximité entre ce que Kant appelle, dans la *Réflexion* 5059, les « subreptions de la faculté de juger », et l'erreur de Leibniz, telle qu'elle est décrite par l'Amphibologie. Mais le rapprochement de ces deux textes a un autre intérêt. Il permet aussi de *situer* l'erreur leibnizienne par rapport à *d'autres illusions*, qui naissent d'une absence de détermination critique des limites de l'usage de l'entendement. C'est ce que montre bien la suite de la *Réflexion* 5059. Après avoir décrit, dans un premier point, la subreption qui consiste à prendre un prédicat, qui est condition de tous les autres, comme « premier sujet », Kant ajoute une autre subreption, dont le rapport avec l'amphibologie leibnizienne ne va pas de soi :

> 2. Que nous tenons les conditions de la différenciation pour des différences nécessaires des choses [1].

Comparons cette subreption et l'erreur que Kant attribue à Leibniz. En effet, dans l'Amphibologie, Kant voit dans la transformation abusive du principe logique du *dictum de omni et nullo* ce qui a conduit Leibniz au fameux principe des indiscernables :

> Le principe des indiscernables était vraiment fondé sur la présupposition selon laquelle, si l'on ne rencontre pas une certaine différence dans le concept d'une chose en général, alors on ne la rencontrera pas non plus dans les choses elles-mêmes ; et par conséquent, sont entièrement identiques (*numero eadem*) toutes les choses qui ne se différencient pas les unes des autres déjà dans leur concept. (B 337)

Le principe des indiscernables conduit ainsi à admettre que si deux gouttes d'eau ne diffèrent pas par leur concept (par les caractères qui sont pensés en lui) alors elles sont une seule et même goutte d'eau. Pour Kant, il y a là une présupposition abusive, étant donné que, dans l'usage empirique de nos

1. *Réflexion* 5059, AK XVIII, 75.

concepts, la différence des lieux dans l'espace suffit à distinguer deux gouttes d'eau dont le concept est pourtant identique. Mais l'erreur que décrit le point 2 de la *Réflexion* 5059 – « prendre les conditions de la différenciation pour des différences nécessaires des choses » – ne correspond pas à cela. Bien au contraire, le principe des indiscernables prend abusivement les conditions (conceptuelles) de l'*identité* pour une identité nécessaire des choses. Par contre, pour Kant, il est tout à fait légitime de prendre les conditions conceptuelles de la *différenciation* pour une différence nécessaire des choses qui doivent être subsumées sous ces concepts : si les deux gouttes d'eau diffèrent dans leur concept, alors je peux savoir *a priori*, en vertu du principe de contradiction (et en appliquant un usage cette fois *légitime* du principe *dictum de omni et nullo*), que ces deux concepts ne peuvent pas valoir pour la même chose. Ce n'est donc pas l'erreur intellectualiste de Leibniz que vise ici la *Réflexion* 5059. Par contre, on trouve bien dans l'Amphibologie quelque chose qui ressemble à cette subreption ; il s'agit du passage où Kant laisse entrevoir, par *contraste* avec l'intellectualisme de Leibniz, ce qui se passe si l'on accorde trop d'importance *à la sensibilité* :

> [...] les phénomènes ne peuvent pas davantage être des objets tels qu'en eux-mêmes. En effet, si je me donne à penser de simples choses en général, alors, assurément, la différence des rapports extérieurs ne peut pas constituer une différence des choses elles-mêmes, mais présuppose bien plutôt celle-ci, et si le concept de l'une ne diffère en rien, intérieurement, du concept de l'autre, c'est simplement une seule et même chose que je place dans des rapports divers. (B 336)

« La différence des rapports extérieurs ne peut pas constituer une différence des choses elles-mêmes » : c'est ici que l'Amphibologie retrouve la deuxième subreption de la *Réflexion* 5059 – « prendre les conditions de la différenciation pour des différences nécessaires des choses ». Kant a en vue l'erreur sensualiste qui consisterait à *prendre les formes de la sensibilité, telles qu'elles conditionnent l'apparition des objets comme phénomènes, pour les formes des choses telles qu'en elles-mêmes*. Or, contre cette subreption sensualiste, Kant rejoint Leibniz : car, pour les choses telles qu'en elles-mêmes, c'est-à-dire aussi telles que nous pouvons simplement les penser (mais non les connaître), le principe des indiscernables conserve une entière validité. Dès lors, que des objets, comme phénomènes, nous apparaissent en des lieux différents de l'espace, ne veut pas dire pour autant que les choses telles qu'en elles-mêmes, qui sont au fondement de ces phénomènes, soient différentes. Deux gouttes d'eau peuvent bien être identiques dans le concept empirique que nous en avons, et apparaître dans deux lieux différents de l'espace, et être ainsi numériquement différentes comme phénomènes – et c'est pourquoi le principe des indiscernables ne vaut pas pour les phénomènes. Mais le concept de ces deux gouttes d'eau, *considérées telles qu'en elles-mêmes*, pourrait bien être au fond le même, et dès lors il s'agirait d'une seule et même chose – mais évidemment, ce concept n'a pour nous aucun contenu...

Certes, dans l'Amphibologie, Kant insiste d'abord sur la critique de Leibniz, et du principe des indiscernables. Mais le couple des concepts d'identité et de différence donne aussi lieu à la critique, plus discrète mais bien réelle, d'une autre amphibologie, sensualiste cette fois : celle qui consisterait à prendre la différence des « rapports extérieurs », et notamment la différence des lieux dans l'espace, comme constituant à elle seule, c'est-à-dire telle qu'elle nous apparaît, une différence des choses telles qu'en elles-mêmes. C'est bien Locke qui pourrait être visé ici, et la conception de l'identité qu'il défend dans l'*Essai* :

> lorsque nous voyons une chose se trouver à tel endroit à tel instant, nous sommes certains, qu'il s'agit de cette chose même (quelle qu'elle soit), et non pas d'une autre, qui au même instant existe en autre lieu, si semblables et indiscernables qu'elles puissent être sous d'autres rapports. (II. 27.1)

Locke semble donc bien prendre la diversité qui caractérise l'espace et le temps pour une diversité des choses telles qu'en elles-mêmes – ce qui est aussi amphibologique aux yeux de Kant que l'application par Leibniz du principe des indiscernables aux objets des sens.

À un autre endroit de la *Critique*, Kant se montre beaucoup plus explicite à l'égard d'une telle subreption sensualiste : celle qui consiste à prendre pour une différence réelle, ou nouménale, la différence entre *mon lieu dans l'espace*, c'est-à-dire le lieu d'où je perçois, et *le lieu où m'apparaît l'objet extérieur de cette perception*. En effet, selon l'idéalisme transcendantal que défend Kant,

> la matière [c'est-à-dire, ici, les corps tels qu'ils apparaissent aux sens externes] n'est qu'une espèce de représentations (intuition), qui s'appellent extérieures, *non pas comme si elles se rapportaient à des objets en eux-mêmes extérieurs*, mais parce qu'elles rapportent des perceptions à l'espace, dans lequel tous les éléments sont extérieurs les uns aux autres, tandis que l'espace lui-même est en nous. (A 370, nous soulignons)

L'idéalisme transcendantal repose sur une distinction radicale entre les objets comme *phénomènes extérieurs*, qui m'apparaissent hors de moi dans l'espace, et ce que Kant appelle ici des « *objets en eux-mêmes extérieurs* », autrement dit, des choses telles qu'en elles-mêmes et différentes des représentations, dans la mesure où les représentations, précisément, n'existent qu'*en moi*. En d'autres termes, la différence qui s'établit dans l'espace entre un phénomène hors de moi, et le lieu dans l'espace (dans mon corps) d'où je le perçois, n'est pas une différence des choses telles qu'en elles-mêmes qui fondent ces phénomènes; du point de vue des choses telles qu'en elles-mêmes, la différence de lieu dans l'espace ne signifie rien puisque, à rigoureusement parler, tout ce qui est perçu dans l'espace, et « l'espace lui-même », « est en nous ». Bien entendu, cette idéalité transcendantale a pour contrepartie, selon Kant, sa réalité empirique : nous devons bien considérer les phénomènes, *dans le cadre de l'expérience*, comme des objets effectivement extérieurs à nous. Mais si l'on prétend rapporter l'expérience et les phénomènes qu'elle contient à des choses telles qu'en elles-mêmes, dans un usage transcendantal de l'entendement, alors la différence entre le lieu d'où je perçois, et le lieu où l'objet est perçu, ne suffit pas à conclure à la différence des choses qui fondent ces phénomènes. En effet, « dans le rapport de la perception à sa cause, il reste toujours douteux de savoir si cette cause est intérieure ou extérieure, si donc toutes les perceptions que l'on appelle extérieures ne sont pas un simple jeu de notre sens interne, ou bien si elles se rapportent à des objets effectivement extérieurs comme à leur cause » (A 368). Du point de vue transcendantal (au sens d'un point de vue pris sur les choses telles qu'en elles-mêmes), l'éventualité que les phénomènes extérieurs aient tous une cause exclusivement intérieure (« le jeu de notre sens interne ») n'est donc jamais complètement écartée et ne peut l'être.

Aussi Kant peut-il, dans les Paralogismes, insister sur « l'inévitable *équivocité* » que véhiculent les expressions : « objets extérieurs », ou « hors de nous ». Cette équivocité, qui est celle de *l'extérieur* comme concept de la réflexion, n'est pas sans rappeler celle que nous avons relevée à propos des concepts de « forme » et de « matière », puisqu'elle induit elle aussi une double confusion, d'une part entre le sensible et l'intellectuel, d'autre part entre le subjectif et l'objectif :

> Parce que l'expression : « en-dehors de nous » [*außer uns*] véhicule une équivocité qu'on ne peut éviter, dans la mesure où elle signifie tantôt ce qui existe comme une *chose telle qu'en elle-même* différente de nous, tantôt, ce qui appartient simplement au phénomène extérieur, nous voulons pour sortir ce concept, pris dans cette dernière signification, de son incertitude [*um ihn außer Unsicherheit zu setzen* (!)], distinguer les objets *empiriquement extérieurs* de ceux qui pourraient être appelés ainsi dans un sens transcendantal, en nommant simplement les premiers *choses que l'on rencontre dans l'espace*. (A 373)

Ainsi, l'expression «*außer uns*» est équivoque parce qu'elle exprime tantôt l'extériorité sensiblement et empiriquement spatiale, tantôt, en un sens « transcendantal », l'« extériorité » de la chose telle qu'en elle-même, en tant qu'elle est « différente de nous ». Cette équivocité entre une signification sensible et une signification intelligible se double d'une équivocité entre objectif et subjectif, puisqu'elle nous conduit à accorder une extériorité « transcendantale » (c'est-à-dire une objectivité absolue, entièrement détachée de nous) à des objets qui ne sont pourtant, en tant qu'on les « rencontre dans l'espace », que des représentations *en nous*, puisque c'est uniquement « là » que l'espace lui-même, comme simple forme subjective de notre sensibilité, se « trouve ». Où l'on peut voir un autre exemple de la manière dont l'équivocité des concepts de la réflexion structure le discours critique, bien au-delà du seul cadre de l'Amphibologie.

Michel Fichant a bien montré que dans l'Esthétique transcendantale, l'extériorité spatiale par laquelle les phénomènes sont représentés « hors de nous », ou encore, « dans un autre lieu de l'espace que celui dans lequel je me trouve » (B 38), est ce qui « précède et fonde les relations que les choses ont entre elles dans l'espace »[1]; autrement dit, la différence entre le lieu dans lequel je me trouve et le lieu des choses hors de moi fonde la caractérisation plus traditionnelle de l'espace comme « juxtaposition, *partes extra partes* », telle qu'elle se manifeste, par exemple, dans la différence de deux gouttes d'eau situées en deux lieux distincts. Or, précisément, cette extériorité qui précède toutes les autres, et qui différencie mon lieu des autres lieux, apparaît dans les Paralogismes comme ne pouvant en aucun cas prouver une diversité des choses telles qu'en elles-mêmes qui fondent les phénomènes. Par conséquent, c'est toute extériorité, y compris l'extériorité réciproque des deux gouttes d'eau, qui est soumise à cette fin de non-recevoir portant sur la connaissance d'une diversité des choses telles qu'en elles-mêmes, à partir de l'extériorité des phénomènes.

Ainsi, la deuxième subreption de la faculté de juger décrite par la *Réflexion* 5059, « prendre les conditions de la différenciation pour des différences nécessaires des choses », ne saurait désigner une erreur intellectualiste, dans laquelle on comparerait simplement les concepts dans l'entendement, et désigne bien au contraire une importance abusive conférée à la sensibilité. Les « subreptions de la faculté de juger » regroupent donc aussi bien des erreurs sensualistes que des erreurs intellectualistes. Le statut intermédiaire et central de la faculté de juger

1. « Espace esthétique et espace géométrique chez Kant », *Revue de métaphysique et de morale*, décembre 2004, n° 4, p. 539.

apparaît bien ici : elle est la faculté de faire usage des différentes autres facultés, et c'est précisément pourquoi peuvent lui être imputées toutes ces erreurs.

Mais cela nous conduit à préciser du même coup que la subreption « sensualiste » dont nous venons de rendre compte reste bien une erreur *de jugement*. Comme le rappelle Kant au début de la Dialectique transcendantale, les sens par eux-mêmes, ne sauraient commettre d'erreur, « parce qu'ils ne portent aucun jugement », de même que l'entendement, « par lui-même », c'est-à-dire, en tant qu'il obéit aux lois formelles qui lui sont propres, ne peut pas non plus en commettre. *C'est seulement dans le jugement, par lequel l'entendement se rapporte à un objet (à une matière) que l'erreur peut apparaître*. Notons au passage que Kant étend aussi ce principe à la raison, qui, par elle-même, ne commet pas non plus d'erreur : « ce n'est pas l'Idée en elle-même, *mais seulement son usage*, qui peut être [...] immanent [...] ou transcendant [...]. *Tous les vices de subreption doivent toujours être attribués à un manque de faculté de juger*, jamais à l'entendement ou à la raison » (B 671, nous soulignons).

Que la subreption soit sensualiste ou intellectualiste, elle doit donc être imputée à la faculté de juger, autrement dit, à l'usage de l'entendement dans le jugement, dans l'application à des objets. C'est pourquoi l'erreur sensualiste de Locke et l'erreur intellectualiste de Leibniz peuvent trouver une origine commune dans la réflexion logique – opération centrale de l'usage de l'entendement –, et dans la confusion du phénomène et du noumène qu'elle entraîne. Nous pouvons maintenant préciser en quoi cette confusion consiste, à la lumière de la *Réflexion* 5059. En effet, ce texte présente une première subreption de la faculté de juger, que nous avons qualifiée d'intellectualiste, et dont nous avons vu qu'elle était à l'œuvre pour Kant dans l'amphibologie leibnizienne : elle consiste à considérer un concept, qui n'est jamais que prédicat, mais qui est pourtant « toujours la condition du reste des prédicats », comme un « premier sujet ». Or, la deuxième subreption (« prendre les conditions de la différenciation pour une différence nécessaire des choses »), bien qu'elle soit sensualiste, entretient néanmoins avec elle une relation très étroite. En effet, si la diversité fournie dans l'espace et dans le temps peut être prise pour une diversité des choses telles qu'en elles-mêmes, c'est bien parce que nous *jugeons* qu'il en va ainsi. Autrement dit, c'est bien parce que nous considérons l'espace et le temps, non comme les prédicats d'un sujet qui devrait rester indéterminé, mais bien eux-mêmes comme des « premiers sujets », qui offrent comme tels un corrélat ambigu à la visée par l'entendement des choses telles qu'en elles-mêmes. C'est bien pourquoi nous avons tendance à utiliser pour ces choses le qualificatif spatial « hors de nous », dont Kant souligne la grande équivocité.

La notion de *condition* joue ici un rôle central. En effet, si la faculté de juger tend à poser comme premier sujet ce qui est toujours la « condition du reste des prédicats », l'espace et le temps se prêtent bien à jouer ce rôle, en tant qu'ils sont les *conditions* de toute intuition empirique. Tout le problème est que ce terme, lorsqu'il est utilisé à leur propos, se comprend dans un sens indissolublement sensible et intellectuel. C'est ce qui apparaît très bien dès la *Dissertation* de 1770, lorsque Kant critique les « axiomes subreptices », dans lesquels l'entendement se laisse contaminer par la sensibilité. Comme nous l'avons vu, cette contamination consiste en l'utilisation abusive d'un caractère sensible « comme caractère intellectuel », c'est-à-dire, comme « *condition* », ou comme « principe de connaissance » :

> [...] il faut soigneusement prendre garde à ce que les *principes domestiques de la connaissance sensible ne sortent pas de leurs limites et n'affectent les connaissances intellectuelles.* Car puisque dans tout jugement formulé intellectuellement, le *prédicat* est la *condition* sans laquelle le sujet n'est pas pensable, alors le prédicat est principe de connaissance ; si le prédicat est un concept sensible, il sera uniquement la condition d'une connaissance sensible possible et, dans un jugement, il s'accordera en premier lieu avec un sujet dont le concept est lui aussi sensible. Et si on appliquait ce prédicat à un concept intellectuel, un tel jugement ne sera valide que selon des lois subjectives : il ne faut donc pas affirmer ce prédicat objectivement d'une notion intellectuelle, mais l'affirmer *comme une condition sans laquelle il ne peut y avoir de connaissance sensible du concept donné*[1].

Kant propose plus loin un exemple de jugement qui attribue un prédicat sensible à un sujet intellectuel : « tout ce qui est, est quelque part et en quelque temps »[2]. Ce principe est fautif parce qu'il attribue au concept intellectuel de « tout ce qui est » des prédicats qui ne peuvent pourtant valoir que pour une connaissance sensible. Mais il faut surtout remarquer comment Kant interprète la fonction logique du prédicat : il est une « condition », ou un « principe de connaissance ». Par condition, Kant entend ici ce sans quoi « le sujet n'est pas pensable ». Cela signifie d'abord qu'il s'agit d'un caractère contenu dans le concept du sujet. Cela signifie ensuite que tout autre prédicat ne peut convenir au concept du sujet que s'il convient à cette condition, et ne peut lui convenir s'il contredit cette condition.

1. *Dissertation*, AK II, 411-412, trad. p. 147. Nous soulignons.
2. *Ibid.*, AK II, 413, trad. p. 153.

Autrement dit, la condition rend possible l'application du principe du *dictum de omni et nullo* au concept du sujet, dans des raisonnements catégoriques, et c'est en cela qu'elle est « principe de connaissance ». Or, en quoi consiste ici la subreption ? – À utiliser les concepts sensibles de temps et de lieu comme « conditions », ou comme « principes de connaissance » d'un concept intellectuel, autrement dit comme prédicats d'un concept qui doit valoir pour les choses telles qu'en elles-mêmes. Mais si une telle subreption est possible, c'est bien parce que l'espace et le temps *se prêtent à un usage intellectuel*, qui leur fasse jouer le rôle *logique* de « condition ». En d'autres termes, les représentations sensibles, par elles-mêmes, ne trompent pas : l'erreur vient de l'usage logique qui en est fait. Il n'y a donc pas de subreption purement sensualiste (de même qu'il n'y a pas de subreption purement intellectualiste). C'est bien pourquoi, dans la *Critique*, toutes les subreptions seront attribuées à la faculté de juger.

Mais on peut aussi comprendre alors pourquoi cette problématique des subreptions acquiert une tout autre portée dans la *Critique*. En effet, Kant écarte, en 1781, non seulement la possibilité qu'un prédicat sensible puisse être attribué à un sujet intellectuel, mais aussi, et plus radicalement, la possibilité même que nous disposions, dans nos jugements, du concept d'un sujet intellectuel. Tel est le sens de la caractérisation fondamentale du concept au début de l'Analytique : tout concept (y compris les catégories) est le « *prédicat* d'un jugement possible ». La *Réflexion* 5059 le confirme et l'explicite : « nous connaissons tout *seulement à travers des prédicats*, et [...] nous disposons de ces prédicats *avec un sujet indéterminé* ». Bref, pour ces deux textes, il n'est plus question de distinguer les jugements, comme dans la *Dissertation*, selon que le concept intellectuel soit sujet ou prédicat : il ne peut plus être, de toute façon, que prédicat. Le sujet véritable (et intelligible) des jugements reste, pour sa part, « indéterminé ». C'est le fameux « objet transcendantal », aussi désigné comme « quelque chose = X » (A 150). Pour mesurer la distance parcourue sur ce point entre la *Dissertation* et la *Critique*, on peut examiner la manière dont la seconde explicite ce qu'est la catégorie de substance :

> [Les catégories] sont les concepts d'un objet en général, par lesquels l'intuition de cet objet est considérée comme *déterminée* à l'égard d'une des *fonctions logiques* des jugements. Ainsi, la fonction du jugement *catégorique* était celle du rapport du sujet au prédicat ; par exemple, tous les corps sont divisibles. Cependant, eu égard à l'usage simplement logique de l'entendement, restait indéterminé auquel des deux concepts on voulait donner la fonction du sujet, et auquel des deux on voulait donner la fonction du prédicat. En effet, on peut aussi dire : quelque divisible est un corps. Mais par la catégorie de substance, lorsque je subsume sous

> elle le concept de corps, il est déterminé que son intuition empirique doit être considérée dans l'expérience toujours comme sujet, et jamais comme simple prédicat; il en va de même pour toutes les autres catégories. (B 128-129)

Ainsi, loin que la catégorie de substance corresponde à un quelconque sujet intellectuel, elle n'a de valeur objective que de déterminer ce qui doit être « toujours sujet » *dans l'intuition empirique*. Considérée en elle-même, la catégorie de substance n'est que le concept « d'un objet en général ». C'est aussi bien dire qu'elle est le prédicat d'un jugement possible, celui par lequel un concept empirique comme celui de corps est subsumé sous elle. On voit par là que la distinction opérée dans la *Dissertation* entre des jugements portant sur des sujets intellectuels, et des jugements portant sur des sujets sensibles n'a plus guère de signification pour la *Critique*, puisque la première sorte de jugement s'y trouve disqualifiée.

Dès lors, les subreptions de la faculté de juger ne consistent plus à attribuer un prédicat sensible à un sujet intellectuel, mais bien plutôt à utiliser un concept, *quel qu'il soit, et d'où qu'il vienne* (de la sensibilité ou de l'entendement), non pas simplement comme prédicat, mais comme un « sujet premier », autrement dit, comme une représentation de la chose telle qu'en elle-même. Aucun concept ne peut plus jouer ce rôle de « sujet premier » du jugement, puisque tous les concepts, « sans distinction » (B 194-195), tirent désormais leur réalité objective d'être appliqués, ou du moins de pouvoir être appliqués, comme prédicats de jugements possibles, à des intuitions empiriques.

Or, pour cette raison, la problématique des subreptions de la faculté de juger se transforme, et acquiert une importance beaucoup plus grande. En effet, il ne suffit plus de discerner si le sujet du jugement est sensible ou intelligible, puisque ce sujet reste « indéterminé ». *Mais il demeure cependant que, dans l'usage empirique de l'entendement, quelque chose doit jouer le rôle de condition première pour la connaissance des objets*; or ceux-ci ne peuvent être connus qu'en tant qu'ils nous sont donnés dans l'expérience, qui pour nous est toujours sensible. Dès lors, l'usage de l'espace et du temps comme « conditions », comme « principes de connaissance » des objets qui correspondent aux concepts purs de l'entendement, loin d'être disqualifié comme « vice de subreption », devient désormais un élément central et positif du questionnement transcendantal. C'est ce qui apparaît notamment, dans le chapitre sur le schématisme, à propos du temps. En effet, le schématisme, nous l'avons vu, suppose une homogénéisation du contenu des catégories et du contenu des intuitions empiriques. Or cela suppose, puisque ces deux contenus sont « entièrement hétérogènes », de se référer au temps comme « troisième terme », comme « représentation intermédiaire », ou encore, comme « condition » :

> Le concept de l'entendement contient l'unité synthétique pure du divers en général. Le temps, en tant qu'il est la condition formelle du divers du sens interne, et donc de la liaison de toutes les représentations, contient un divers *a priori* dans l'intuition pure. Dès lors, une détermination transcendantale du temps est homogène à la *catégorie* (qui produit son unité), dans la mesure où elle est *universelle* et repose sur une règle *a priori*. Mais d'un autre côté, elle est homogène au *phénomène*, dans la mesure où le *temps* est contenu dans toute représentation empirique du divers. Ainsi, l'application de la catégorie aux phénomènes est possible, par l'intermédiaire de la détermination transcendantale du temps qui, comme schème du concept de l'entendement, médiatise la subsomption de ceux-ci sous celle-là. (B 177-178)

Le raisonnement ici suivi par Kant ressemble fort à un syllogisme, qu'on pourrait formuler de la manière suivante : 1) la catégorie est pensée dans toute détermination transcendantale du temps (majeure); 2) le temps est contenu dans toute représentation empirique du divers (mineure); 3) donc la catégorie peut être pensée dans le phénomène (conclusion). La ressemblance avec le syllogisme est aussi renforcée par le fait que Kant fait dépendre le schème, autrement dit la « détermination transcendantale » du temps, de la faculté de juger : nous avons vu que c'est elle qui produit, dans le syllogisme, la mineure, en tant qu'elle y « subsume une connaissance sous la condition de la règle » (B 360-361). On pourrait donc dire, en paraphrasant la *Dissertation*, que Kant utilise bien ici une représentation sensible, le temps, comme un « caractère intellectuel », autrement dit comme une « condition » pour la connaissance de l'objet qui correspond à la catégorie. D'ailleurs il précise bien que le schème transcendantal, comme détermination du temps, doit être « d'un côté intellectuel, et d'un autre côté sensible ».

Pourtant, ce qui se présente ici sous la forme d'un syllogisme n'en est pas véritablement un. En effet, comme l'affirme Kant dès l'Esthétique transcendantale, l'espace et le temps *ne sont pas des concepts*; par conséquent, ils ne sauraient jouer le rôle de condition de la même manière que le feraient des concepts. C'est à partir de cela que l'on peut comprendre le rapport que les subreptions de la faculté de juger décrites par la *Réflexion* 5059 entretiennent entre elles. En effet, nous avons vu que l'intérêt du syllogisme catégorique résidait en ce que nous pensons déjà le prédicat de la conclusion dans la condition. C'est bien ce que Kant semble dire ici à propos du temps : si nous pouvons appliquer la catégorie aux phénomènes, c'est que « le temps est contenu dans toute représentation empirique du divers ». Kant précise un peu plus haut que le temps est la « condition formelle du divers du sens interne ». Cependant cette référence au « divers » change fondamentalement le sens qu'il faut donner au terme de condition : si le temps ou l'espace peuvent être utilisés comme principes de connaissance, c'est d'abord en tant qu'ils offrent à l'entendement une *diversité*, autrement dit, c'est d'abord en tant qu'ils nous permettent de *sortir* d'une représentation donnée, pour nous conduire à une autre représentation dans le temps, ou située en un autre lieu de l'espace. Or, nous avons vu que l'intérêt du syllogisme catégorique, en tant qu'il repose sur le principe du *dictum de omni et nullo*, est précisément de montrer, par l'intermédiaire de la condition, que nous pensons *déjà*, *dans* le concept qui est sujet de la conclusion, le prédicat de la conclusion. Kant semble dire cela aussi du temps, lorsqu'il dit, pour justifier son rôle de moyen terme dans le schématisme, qu'il est « contenu dans toute représentation empirique du divers ». Ce qui revient à dire que, dans le schématisme, le temps est *utilisé* comme concept. Mais précisément, même s'ils se prêtent à un tel usage intellectuel, l'espace et le temps ne *sont* pas des concepts. Là aussi, la mise au point a été faite dès l'Esthétique transcendantale. On peut dire que l'espace et le temps sont contenus dans nos différentes représentations spatiales et temporelles. Mais ce n'est pas au sens où un *concept* est « contenu dans un ensemble infini de différentes représentations possibles », comme leur « caractère commun ». Car, s'agissant du concept, la réciproque n'est pas vraie : il ne contient pas ce divers infini *en lui*, mais seulement *sous lui*. C'est pourquoi Kant précise, à propos du temps, que « la représentation totale » (c'est-à-dire, celle qui contient en elle les différents temps) « ne peut pas être donnée par des concepts », parce qu'ils « contiennent simplement des représentations partielles » (B 47). Au contraire, si l'espace et le temps peuvent être contenus dans les représentations spatiales et temporelles, c'est d'abord parce que la réciproque est vérifiée, parce qu'ils contiennent eux-mêmes ces représentations *en eux* (et non pas simplement *sous eux*). Autrement dit, s'ils peuvent être conditions ou principes de connaissance, c'est parce que contrairement au concept, ils contiennent déjà en eux-mêmes la diversité, avant d'être contenus en elle.

Or, on peut sans doute mieux comprendre, à partir de là, d'où peuvent naître les différentes subreptions de la faculté de juger, et par suite, les erreurs amphibologiques. Pour Leibniz, le concept n'était pas, comme pour Kant, une représentation partielle, mais pouvait contenir *en* lui tout le contenu de ce qui était compris *sous* lui. Autrement dit, Leibniz attribuait au concept, en en faisant une notion complète de la chose, ce que Kant, pour sa part, attribue seulement à l'intuition de l'espace et du temps. Mais surtout, Leibniz, selon Kant, récusait inversement l'originarité de l'espace et du temps, parce qu'il ne pouvait admettre que la mise au jour de nouveaux prédicats conduise l'entendement à *sortir du concept de la chose qui lui était déjà donné*; et c'est pourquoi il était conduit à voir dans le phénomène un « défaut d'analyse » entraînant « un certain mélange de représentations adjacentes [Nebenvorstellungen] » (B 326-327). Rappelons-le : « tout ce que l'entendement peut accomplir *a priori*, c'est anticiper la forme d'une expérience possible en général » (B 303). On voit désormais tout ce que cette anticipation peut comporter de *subreptions*, qui sont liées à ce que l'expérience, comme expérience possible, est *en puissance*.

Nous avons vu que le rôle propre de la faculté de juger était étroitement lié aux représentations qui s'ajoutent au concept, lorsqu'on doit l'appliquer à des objets. On peut mieux comprendre à présent en quoi cet ajout de représentations, qui n'est autre que ce Kant appelle la *synthèse*, peut conduire, dans l'usage de l'entendement, aux deux grands types de subreptions que nous avons rencontrés : d'une part, celle qui consiste à considérer un concept, qui n'est que prédicat de la chose, comme un premier sujet qui contient tous les autres prédicats de cette chose; dans ce cas, il serait possible d'ajouter au concept les prédicats qui le déterminent objectivement *sans sortir de ce concept*. D'autre part, la subreption, qui consiste à prendre la diversité offerte par l'espace et le temps, qui est en quelque sorte un ajout originaire des représentations les unes aux autres, comme une diversité des choses telles qu'en elles-mêmes. Ces deux subreptions conduisent à déterminer abusivement le « sujet » de nos jugements, qui pour Kant ne peut pourtant rester qu'indéterminé, dans la mesure où il dépend radicalement de ce que nous en donne à connaître l'expérience.

On pourrait dire que les deux types de subreptions correspondent aux deux grands types de formes qui interviennent dans toute connaissance : d'une part, la forme logico-conceptuelle de l'unité analytique, d'autre part, l'espace et le temps, formes *a priori* de la sensibilité. À l'issue de l'étude des deux premières subreptions de la faculté de juger que décrit la *Réflexion* n° 5059, nous pouvons voir à quel point Kant conçoit le rapport entre ces deux types de formes, qui s'établit dans l'usage de l'entendement, comme un rapport *problématique*. La Déduction de la première édition résume cela d'une formule suggestive : « la sensibilité nous donne des formes, mais l'entendement nous donne des règles » (A 126). De fait, la forme conceptuelle de l'universalité et les formes de la sensibilité se concurrencent, s'utilisent et se contaminent réciproquement, dans la visée d'une détermination de ce qui doit être le « sujet premier » de nos jugements. Ce qui peut mener à deux conclusions très différentes et complémentaires. En effet, ce sujet premier pourra tantôt être visé comme un sujet purement conceptuel – c'est la première subreption, qui occasionne l'amphibologie leibnizienne –, tantôt comme un sujet purement sensible – c'est la deuxième subreption, qui occasionne l'amphibologie lockienne. Mais le point important est que ces deux conclusions si différentes procèdent d'une même cause : la confusion des phénomènes et des noumènes, dans l'usage empirique de l'entendement.

Les formes de la sensibilité et la forme logico-conceptuelle de l'universalité constituent donc deux modes fondamentaux d'anticipation dans la connaissance, deux types très différents, et concurrents, de *principes de connaissance*, et qui pourtant collaborent étrangement dans les subreptions de la faculté de juger, mais aussi dans le schématisme. Dans l'Amphibologie, c'est ce qui apparaît lorsque Kant introduit le thème d'une « topique transcendantale ». Selon un procédé récurrent dans la *Critique*, cette topique est introduite à partir de la « topique logique », et par opposition avec elle. Kant se réfère ici à Aristote, qui par « topique », entendait ce dont « les chefs d'écoles et les orateurs pouvaient se servir pour aller chercher sous certains titres de la pensée ce qui s'adaptait le mieux à la matière à laquelle ils avaient affaire, pour produire à son sujet de beaux raisonnements ou d'éloquents bavardages, avec toute l'apparence de la profondeur » (B 324-325)[1]. Une telle topique repose donc sur des « lieux logiques »; et pour Kant, « tout concept, *tout titre sous lequel sont comprises plusieurs connaissances*, peut être appelé *lieu logique* » (*ibid.*, nous soulignons). Est en jeu, ici, la caractérisation du concept comme « condition » ou comme « principe de connaissance ». Mais si, par lieu logique, on entend effectivement *tout* titre qui peut ainsi servir de condition, alors il pourrait aussi s'agir de l'espace et du temps, dont nous avons vu qu'ils pouvaient fort bien être utilisés ainsi par l'entendement. C'est bien pourquoi ils peuvent d'abord apparaître, dans l'Esthétique, comme des « concepts », même si telle n'est pas fondamentalement leur nature. C'est ce que suggère aussi la métaphore spatiale inscrite dans l'expression même de « lieu logique ». Mais surtout, si l'on admet qu'en parlant de lieu logique, Kant a aussi en vue l'utilisation que l'entendement peut faire des formes de la sensibilité comme « principes de connaissance », utilisation dont nous avons vu qu'elle menait à la subreption (et donc à l'amphi-

1. B 324-325. Voir *Topiques*, 100a, *op. cit.*, p. 1 : « le présent traité se propose de trouver une méthode qui nous rendra capables de raisonner déductivement, en prenant appui sur des idées admises, sur tous les sujets qui peuvent se présenter ».

bologie) sensualiste, alors on comprend beaucoup mieux la nécessité d'opposer à cette topique logique une topique transcendantale, que Kant introduit de la manière suivante :

> Qu'il me soit permis d'appeler *lieu transcendantal* la place que nous attribuons à un concept, soit dans la sensibilité, soit dans l'entendement pur. De la même manière, l'appréciation de cette place, qui revient à chaque concept en fonction de la diversité de son usage, et les indications pour déterminer, selon des règles, ce lieu pour tous les concepts, constitueraient la *topique transcendantale* – doctrine qui préviendrait à la source les subreptions de l'entendement pur et les illusions qu'elles font naître, dans la mesure où elle distinguerait toujours de quelle faculté de connaître les concepts relèvent véritablement. (B 324)

S'il faut une topique transcendantale, c'est pour distinguer de quelle faculté relèvent nos *concepts*, de l'entendement, *ou bien de la sensibilité*. Si Kant précise ici que cette doctrine doit nous protéger contre les « subreptions de l'entendement pur », c'est donc aussi un mauvais usage intellectuel des conditions de la sensibilité qui est visé. Il ne s'agit donc pas simplement dans l'Amphibologie de critiquer une erreur intellectualiste, qui consisterait à prétendre connaître les noumènes indépendamment des conditions de la sensibilité. L'enjeu est beaucoup plus large, et concerne la liaison problématique dans l'usage de l'entendement des deux types – sensible et intellectuel – de principes de connaissance.

À partir du moment où l'on prend en compte cet enjeu dans toutes ses dimensions, l'Amphibologie acquiert un statut tout différent dans la *Critique*. Le problème posé concerne *tout usage de l'entendement*, en tant qu'il engage nécessairement la liaison de l'entendement et de la sensibilité, ou plus précisément, l'utilisation par l'entendement des formes de la sensibilité comme conditions intellectuelles. Nous avons montré en quoi le schématisme était tout proche du mécanisme des subreptions décrit par la *Réflexion* 5059. Nous voudrions à présent préciser cela, en montrant comment ces subreptions conditionnent le statut de l'imagination, dont on sait le rôle décisif qu'elle joue dans la liaison de l'entendement et de la sensibilité.

L'IMAGINATION ET LA « TABLE DU RIEN »

Il ne peut être question ici de proposer une interprétation globale du rôle de l'imagination dans la problématique kantienne de la connaissance. Nous voudrions simplement essayer de montrer brièvement quel profit on pourrait tirer des éléments que nous avons dégagés pour mieux approcher ce problème. Nous voudrions en particulier suggérer ce que peut apporter, de ce point de vue, la distinction entre le point de vue de l'origine et le point de vue de l'usage. Pour ce faire, nous nous proposons de rapprocher les Déductions transcendantales de la première et de la seconde édition, le chapitre sur le schématisme, et l'*Anthropologie d'un point de vue pragmatique* (qui, comme son titre l'indique, adopte clairement le point de vue de l'usage)[1].

Dans la Déduction transcendantale de la première édition, Kant n'hésite pas, malgré la théorie des deux souches, à introduire l'imagination comme une « troisième source », ou encore, comme un « pouvoir fondamental de l'âme humaine » (A 124). Ce qui justifie ce statut, c'est la nécessité d'une synthèse pure du divers de la sensibilité, préalable à l'unification opérée par le concept de l'entendement. Autrement dit, si l'imagination est source, c'est parce qu'elle rend possible, dans le divers de la sensibilité, cet ajout de caractères dont nous avons vu qu'il était essentiel à l'exercice de la faculté de juger. Car l'entendement pur, par lui-même, ne peut pas sortir d'un concept, pour le déterminer. L'entendement exige donc, pour juger, cette action préalable qui consiste à ajouter des caractères, autrement dit, à parcourir le divers offert par la sensibilité. C'est cela que Kant nomme la synthèse de l'imagination, en précisant que l'imagination est une « fonction aveugle mais indispensable de l'âme, sans laquelle nous n'aurions absolument aucune connaissance, quoique nous n'en soyons que rarement conscients » (B 104). La synthèse de l'imagination, « aveugle » donc, et pour une large part inconsciente, semble donc associée au « défaut d'analyse » qui caractérise la matière de tous nos concepts dans l'usage empirique, défaut qui ouvre la voie aux subreptions de la faculté de juger.

De fait, si l'imagination est « source », ou « pouvoir fondamental », cela se comprend d'abord, dans la *Critique*, à partir de *l'usage*. C'est ce qui apparaît notamment dans le chapitre sur le schématisme. Le schème du concept pur de l'entendement, « produit transcendantal de l'imagination », est la « condition formelle et pure de la sensibilité, à laquelle le concept pur de l'entendement se trouve restreint dans son usage » (B 179). Le schématisme est défini comme la « méthode que pratique l'entendement avec

1. Il est significatif que Heidegger, pour sa part, considère le traitement qui est accordé à l'imagination dans l'*Anthropologie* comme simplement psychologique, et n'atteignant pas le niveau d'élucidation « ontologique » de la Déduction transcendantale (*Kant et le problème de la métaphysique*, *op. cit.*, p. 191).

ses schèmes». Il s'agit d'un «art caché dans les profondeurs de l'âme humaine» (B 180). Dans la seconde édition, Kant insiste beaucoup plus là-dessus : il supprime toute référence à la «troisième source», et présente simplement la synthèse transcendantale de l'imagination comme un «*effet* de l'entendement sur la sensibilité, et la première *application* de celui-ci à des objets de l'intuition qui est possible pour nous» (B 152, nous soulignons). L'imagination n'apparaît plus ici comme source, mais est simplement l'usage que fait l'entendement de la sensibilité; elle tirerait sa valeur de son utilité, comme le suggère aussi la *Réflexion* 370 : «l'imagination est la servante des autres facultés, de l'esprit, de l'entendement» [1].

On pourrait dire en outre que l'imagination représente l'usage des représentations dans ce qu'il a de *factice*. Nous avons vu que si l'entendement est source, c'est précisément parce qu'il ne se réduit pas à donner une forme logique à des représentations données, mais qu'il pense originairement l'objet lui-même comme objet transcendantal. De même, si la sensibilité est source, c'est parce qu'elle est donatrice d'objets. Au contraire, l'imagination apparaît avant tout comme le pouvoir de *se passer de la présence de l'objet*. Selon l'*Anthropologie*, elle est un «pouvoir des intuitions même sans la présence de l'objet» [2]. Ou encore, selon la Déduction de la seconde édition : «*l'imagination* est le pouvoir de représenter un objet dans l'intuition même *sans sa présence*» (B 151, souligné par Kant). La *Réflexion* 339 montre que cette émancipation vis-à-vis de la présence de l'objet est liée à la caractérisation de l'imagination comme pouvoir de spontanéité : «les sens donnent la matière à toutes nos autres représentations. À partir de là, intervient d'abord le pouvoir de former des représentations indépendamment de la présence de l'objet: imagination» [3]. L'imagination ne recherche pas la présentation effective d'un objet dans l'intuition, ni même une intuition précise : «la synthèse de [l'imagination] ne vise aucune intuition particulière, mais simplement l'unité dans la détermination de la sensibilité» (B 179).

On comprend alors que l'imagination, comme telle, ne soit pas tant tournée vers la matière des représentations que vers leur forme, non pas tant vers les objets eux-mêmes que vers l'usage subjectif et formel des représentations. C'est ce qu'affirme la *Réflexion* 331 : «l'imagination concerne la forme du tout de notre connaissance, c'est-à-dire la coordination, par laquelle on ajoute les représentations les unes aux autres de différentes

1. AK XV/1, 144.
2. *Anthropologie*, AK VII, 167.
3. AK XV/1, 134.

manières »[1]. Certes, aussi bien la Déduction transcendantale de la première édition que l'*Anthropologie* distinguent une « imagination reproductive », qui consiste simplement à reproduire une intuition empirique déjà donnée auparavant, et une « imagination productive », qui est une « faculté de présentation originaire »[2]. Selon *l'Anthropologie*, les intuitions pures de l'espace et du temps appartiennent à cette présentation originaire. Mais précisément, ce qui est ainsi présenté n'est, comme tel, qu'une simple forme subjective, la manière dont des représentations données *peuvent* être coordonnées, ajoutées les unes aux autres, dans notre sensibilité. Espace et temps, d'ailleurs, appartiennent d'abord à cette première source qu'est la sensibilité, et non à l'imagination; mais justement, la sensibilité est source de recevoir des *objets* dans la sensation. Espace et temps ne sont que les conditions subjectives de cette réceptivité, et comme tels, ils ne sont jamais eux-mêmes sentis. C'est bien pourquoi ils ne peuvent être « présentés » que par un acte qui s'émancipe de la présence de l'objet – l'imagination productive, cette présentation n'étant donc originaire que d'être simplement formelle et sans rapport à l'objet. C'est ce qui apparaît à l'issue de l'Amphibologie, dans la « table du rien » :

> La simple forme de l'intuition, sans substance, n'est en elle-même aucun objet, mais plutôt la simple condition formelle de celui-ci (en tant que phénomène), comme l'espace pur, et le temps pur, qui certes sont quelque chose, en tant que formes pour intuitionner, mais ne sont pas eux-mêmes des objets que l'on intuitionne (*ens imaginarium*). [...] Intuition vide sans objet, *ens imaginarium*. (B 347-348)

L'espace et le temps, en tant que simples formes de l'intuition, ne peuvent être eux-mêmes sentis; ils ne sont pas eux-mêmes des objets, mais simplement des êtres d'imagination, c'est-à-dire, à proprement parler, rien. C'est dire que l'imagination, même comme pouvoir de présentation originaire, n'est pas, comme la sensibilité ou l'entendement, source de représentations objectives. D'ailleurs, Kant, dans l'*Anthropologie*, prend bien soin de distinguer l'imagination productive qui rend possible la présentation de l'espace pur et du temps pur, d'une imagination « *créatrice* » :

> L'imagination productive n'est pas pour autant *créatrice*, c'est-à-dire, elle n'a pas le pouvoir d'engendrer une représentation des sens qui n'a jamais été donnée à notre faculté sensible; mais on peut toujours indiquer la

1. AK XV/1, 130-131.

2. *Critique de la raison pure*, A 123, et *Anthropologie*, AK VII, 167. Le qualificatif « originaire » (*exhibitio originaria*) se trouve seulement dans l'*Anthropologie*.

> matière de celle-ci. [...] À celui qui parmi les sept couleurs n'aurait jamais vu le rouge, on ne peut jamais rendre cette impression saisissable.
> [...] Si grande artiste ou même magicienne qu'elle puisse être, l'imagination n'est pourtant pas créatrice, mais elle doit tirer des sens la matière pour ses images [1].

L'imagination n'est donc que la faculté de présenter la simple forme de l'intuition sans matière, ou bien de mettre en forme une matière qui doit nous avoir été préalablement donnée dans la sensibilité. C'est pourquoi nous avons pu dire plus haut que l'usage des représentations opéré dans l'imagination était en quelque sorte un usage factice : il n'est pas du tout tourné vers le contenu de la représentation sensible mais simplement vers la forme qu'on peut lui donner.

Or, ce travail de l'imagination mêle étroitement les formes de la sensibilité et la forme logique de l'universalité. Il nous semble qu'en situant leur liaison simplement formelle dans *l'imagination*, Kant marque bien ce qu'il peut y avoir d'anticipation, de facticité et de subreptions, dans cette réunion de ces deux types de formes en un seul et même usage. Jean Nabert a parfaitement saisi et formulé cette *anticipation subreptice* opérée par l'imagination :

> Avant que les représentations du temps, de l'espace, de la cause, puissent se présenter à la conscience empirique ; avant que la science commence de produire méthodiquement l'unité de la nature, la pensée, par la médiation de l'imagination productrice, a *déjà* procédé à la première construction de l'univers et a *insinué* dans le donné les lois de l'entendement [2].

L'imagination, selon les termes de la Déduction de la seconde édition, est la « première application des concepts purs de l'entendement à des objets sensibles » (B 152). Cela ne revient-il pas à dire que ce premier usage de l'entendement, cette première présentation de ce qui peut correspondre à ses concepts, a quelque chose d'irréel, que cette liaison toujours déjà anticipée de l'intuition et du concept ne repose, précisément, que sur un fondement imaginaire ?

Pour Heidegger, le fait que l'imagination soit une troisième source ne saurait signifier inversement que cette troisième source ait quelque chose d'imaginaire [3]. Pourtant, n'est-ce pas ce que Kant lui-même suggère dans

1. *Anthropologie*, AK VII, 167-169.

2. « L'expérience interne chez Kant », *Revue de métaphysique et de morale*, Paris, 1924/2. Nous soulignons.

3. *Kant et le problème de la métaphysique*, *op. cit.*, p. 196-197.

les textes où il écarte l'hypothèse d'une racine commune ? Surtout, n'est-ce pas ce qu'il veut dire, lorsque, dans le texte de l'*Anthropologie* que nous avons cité et commenté plus haut, il affirme que l'entendement et la sensibilité s'unissent dans la connaissance *comme si* l'un dérivait de l'autre, ou les deux d'une racine commune ?

Dans l'Appendice à la Dialectique transcendantale, Kant soulève le problème d'une « faculté fondamentale » (*Grundkraft*) de l'âme, à partir de laquelle se différencieraient ses autres facultés. Il évoque même alors l'éventualité que cette faculté fondamentale soit l'imagination :

> Les différents phénomènes d'une seule et même substance montrent à première vue tant d'hétérogénéité, que l'on doit d'abord admettre presque autant de forces de cette substance qu'il s'y produit d'effets, comme sont dans l'âme humaine la sensation, la conscience, l'imagination, le souvenir, l'esprit, la faculté de discernement, le plaisir, le désir, etc. Tout d'abord, une maxime logique impose de réduire autant qu'il est possible cette diversité apparente, en découvrant par la comparaison l'identité cachée, et en recherchant si l'imagination, en tant qu'elle est liée à la conscience, ne serait pas souvenir, esprit, faculté de discernement, et peut-être même entendement et raison. L'idée d'une *faculté fondamentale*, dont la logique ne nous fournit cependant absolument aucun moyen de savoir s'il y en a une, correspond du moins au problème d'une représentation systématique de la diversité des facultés. (B 676-677)

La faculté fondamentale dont il est question ici, et qui *pourrait* être l'imagination, est avant tout une *Idée de la raison*, autrement dit, un principe *logique* simplement régulateur imposant de rechercher la plus grande unité possible derrière la diversité apparente des phénomènes. Il s'agit, autrement dit, de ce que Kant appelle, quelques lignes plus haut, un « *focus imaginarius* », un « foyer imaginaire », c'est-à-dire un « point » en lequel toutes les « lignes directrices » des règles de l'entendement « convergent », d'où cependant « elles ne partent pas effectivement, étant donné qu'il est situé totalement en dehors des limites de l'expérience possible », mais qui sert à leur donner la plus grande « extension » et la plus grande « unité » (B 672). L'imagination est ici associée à la réflexion logique, comme anticipation de l'universalité. Et elle lui est associée doublement : d'une part, comme faculté fondamentale, donc comme principe recherché. D'autre part, en tant qu'elle fournit l'image du « foyer », elle participe du travail même de la réflexion logique, avec tout ce qu'il comporte d'anticipation factice. L'imagination a donc peut-être quelque chose d'une « troisième source » – mais à condition de préciser que cette troisième source a, précisément pour cela, quelque chose d'imaginaire…

Ce caractère imaginaire ou fictif de l'imagination est pour Kant un trait constitutif de *l'usage même* de l'entendement, en tant que s'y trouve anticipés *a priori* l'expérience et l'objet. Si cette anticipation, qui ne concerne que la forme (sensible *et* logique) de la connaissance, ne se résout pas en la donation effective d'une matière, c'est-à-dire de l'objet, donation qui ne peut être qu'irréductiblement *empirique*, ce travail de l'imagination se résume à un « simple jeu avec nos représentations », sans aucune réalité objective. Et inversement, si l'imagination joue un rôle aussi important – et aussi facilement trompeur – dans la connaissance, c'est bien parce que l'expérience est toujours en deçà de ce qu'en attend l'entendement, c'est-à-dire, un accès aux choses telles qu'en elles-mêmes. Si l'imagination « est le pouvoir de représenter un objet dans l'intuition même *sans sa présence* » (B 151, souligné par Kant), cela vaut au premier chef de l'objet transcendantal, de cet « X » qui se dérobe sans cesse à notre connaissance, que l'expérience ne nous donne jamais comme tel, mais toujours à travers de simples phénomènes (ou, d'un point de vue logique, à travers des prédicats).

Nous avons suggéré dans notre présentation que Kant semblait mettre en scène dans l'Amphibologie, et à travers la critique de Leibniz, un certain effacement de l'ontologie, rendue caduque par l'analytique de l'entendement pur. Le simple fait de donner à ce texte le statut de simple appendice concluant l'Analytique exprimerait cet effacement, en quelque sorte de manière performative. Kant reviendrait ainsi sur l'ontologie tout en insistant sur son caractère nécessairement et structurellement amphibologique, sur les subreptions qu'elle ne peut manquer d'occasionner. La compréhension de l'imagination comme troisième source simplement imaginaire pourrait s'inscrire dans cette perspective.

L'imagination et la réflexion transcendantale ont chez Kant un statut assez comparable : dans les deux cas, on est en présence d'une instance intermédiaire entre la sensibilité et l'entendement, qui laisse entrevoir un possible dépassement unifiant de la doctrine des deux « souches » ; mais dans les deux cas, Kant semble volontairement décevoir cette attente – en insistant sur le caractère imaginaire de l'imagination elle-même, ou en insistant sur le caractère amphibologique des concepts de la réflexion. Heidegger insiste beaucoup, on le sait, sur la doctrine des deux souches, qu'il interprète comme un recul face à la radicalité d'une véritable problématique ontologique. Mais il sous-estime peut-être le fait que Kant a lui-même et volontairement orchestré ce recul, notamment en donnant à l'Amphibologie cette place si particulière dans la structure de la *Critique*.

Dans cette perspective, le dernier développement de l'appendice (développement dont le statut n'est lui-même pas très clair : conclusion de l'Amphibologie? Nouvel appendice? Appendice de l'appendice? – Kant n'a pas pris la peine de le préciser) sur les concepts de « quelque chose » et de « rien » est évidemment significatif. Kant l'intègre *in fine* à l'Analytique, tout en prenant bien soin d'en limiter autant que possible la portée : « Avant de quitter l'Analytique transcendantale, il nous faut encore ajouter quelque chose, qui certes n'est pas en soi d'une importance considérable, mais qui pourrait cependant sembler nécessaire pour que le système soit complet » (B 346). C'est que, de ces concepts de « quelque chose » et de « rien », il ne semble pas y avoir grand-chose à dire, bien qu'ils puissent être considérés comme les concepts les plus « élevés » qui soient. D'ailleurs, Kant se contente de donner la division du concept de « rien », en ajoutant négligemment que « la division parallèle du quelque chose s'ensuit d'elle-même ».

On lit dans l'Architectonique que l'ontologie constitue « un système de tous les concepts et principes qui se rapportent à des objets en général, sans admettre des objets qui seraient donnés » (B 873). Comme telle, l'ontologie considère « simplement l'entendement et la raison eux-mêmes », comme sources de ces concepts et de ces principes. C'est que la donation des objets, à partir du moment où elle est admise, installe déjà la métaphysique dans le domaine de l'intuition sensible qui nous est spécifique : autrement dit, dans le cadre de la « nature ». Mais cela revient à dire que les « concepts et les principes » que contient l'ontologie, et qui sont issus de « l'entendement et la raison eux-mêmes », ne peuvent être, en tant que tels, c'est-à-dire indépendamment de notre intuition sensible, que de simples formes logiques sans contenu. Kant n'a cessé de le marteler dans l'Analytique : on ne peut « rendre compréhensible la possibilité [d'un] objet qui corresponde aux catégories sans le limiter du même coup aux conditions de la sensibilité » ; indépendamment de ces conditions, les catégories n'ont plus « aucune signification » (B 300)[1].

1. Ce rapport problématique à l'ontologie a été lumineusement analysé par M. Fichant, dans « L'Amphibologie des concepts de la réflexion : la fin de l'ontologie », art. cit. Voir en particulier la conclusion, p. 90-93 : « la Topique a été ainsi le moyen de la destruction tacite de l'ontologie telle qu'elle s'était préparée jusqu'à Wolff et définitivement constituée avec lui. [...] L'interprétation classique de la *cogitatio* incluait dans son extension, à la manière cartésienne, les idées des sens et de l'imagination. C'est sur ce fond commun que Leibniz introduisait dans le champ du cogitable les degrés continus et graduels de la plus ou moins grande distinction des notions et des connaissances, et fondait là-dessus sa propre topique des caractères ontologiques de l'étant. On sait assez que Kant a reproché à Leibniz d'avoir en cela méconnu la différence radicale entre la pensée, action de l'entendement, et l'intuition, qui ne peut avoir son site que dans une sensibilité qui borne et soutient la pensée du dehors.

On pourrait comprendre à partir de là que Kant ne juge pas utile de donner à la fin de l'Amphibologie la « table du quelque chose » qui serait parallèle à la « table du rien ». Quelle est la seule table du quelque chose dont nous disposions, et dont nous puissions disposer, sinon la table des catégories, telle qu'elle a *déjà* été mise au jour dans l'Analytique ? Tout ce que nous pouvons « compter parmi les possibilités », ce sont les objets d'une *expérience* possible ; des noumènes, nous ne pouvons rien « apercevoir », pas même la simple « possibilité » (B 310). Dès lors, la fin de l'Analytique – où a déjà été parcourue toute la sphère des possibilités – consisterait dans un inévitable effacement – voire dans un épuisement – de l'ontologie. Cet effacement, déjà exprimé par le statut de simple appendice de l'Amphibologie, se résoudrait en fin de compte – et là encore, d'une manière en quelque sorte performative – dans la simple « table du rien ».

On peut tout à fait accorder à Heidegger qu'un lien étroit unit dans la pensée de Kant l'ontologie et l'imagination transcendantale – comme faculté intermédiaire entre la sensibilité et l'entendement. Mais pour Kant, ce lien signifie bien que l'ontologie, en tant qu'elle prétendrait dépasser l'expérience possible, a quelque chose d'imaginaire. Il nous semble que Kant, loin d'avoir hésité ou reculé devant la radicalité de sa propre problématique, a au contraire savamment mis en scène, jusque dans la structure même de son propos, cet effacement de la prétentieuse ontologie, au profit de l'Analytique ; et si l'imagination est en effet ce par quoi nous visons l'être en tant que tel, elle est aussi, et du même coup, le lieu de l'amphibologie (qui prétend faire voir le noumène dans le phénomène) et des subreptions transcendantales.

La présence de l'imagination dans la « table du rien », au titre de l'*ens imaginarium*, est significative : elle témoigne de notre tendance irrépressible à *anticiper quelque chose dans ce qui pourtant n'est rien*. L'*ens imaginarium* est bien malgré tout un *ens* ; espace pur et temps pur « sont certes quelque chose » (B 347). C'est que, dans la mesure où ils sont indissolublement attachés à tous les objets que nous pouvons connaître, dans la mesure où ils sont les formes mêmes de notre intuition, l'imagination nous conduit presque nécessairement à les objectiver, c'est-à-dire à les considérer comme des éléments des choses telles qu'en elles-mêmes. Ils ne sont pourtant, comme le précise Kant, que « des formes pour intuitionner ». Les

L'extériorité de l'intuition sensible à la pensée, en brisant l'horizon universel d'accès à l'objet en général par la seule cogitabilité, défait dans son principe le cadre de l'ontologie traditionnelle ».

formes de l'intuition apparaissent bien ici comme l'anticipation imaginaire de quelque chose dans ce qui, au fond, n'est rien.

On peut en outre remarquer que l'*ens imaginarium* a comme pendant dans la table du rien l'*ens rationis*, c'est-à-dire, le « concept vide sans objet » (B 348) : là aussi, il s'agit d'un « rien » paradoxal, caractérisé comme un *ens*; là aussi, le quelque chose est anticipé dans le rien. Mais il s'agit cette fois de la simple forme logique, sans intuition qui lui corresponde. Kant a longuement insisté, dans les pages qui précèdent l'Amphibologie, sur cette « illusion difficile à éviter » qui nous pousse à donner une consistance objective à la seule forme logique d'un objet en général, en faisant abstraction des conditions de sa donation dans l'intuition sensible. C'est aussi bien dire que la « table du rien » contient en quelque sorte la table du « quelque chose », dans la mesure où on prétendrait penser celui-ci indépendamment des conditions spécifiques de sa donation dans l'expérience – le réduisant alors effectivement à *rien*, sinon une simple forme sans contenu. La Réflexion 5552, où l'on trouve la même table, lui donne ainsi pour titre : « Quelque chose et rien » [1]...

On retrouve ici les deux types d'anticipation et de subreption qui sont attachés d'une part aux formes logiques, et d'autre part aux formes de l'intuition sensible. En outre, ces deux formes pures du rien peuvent se conjuguer dans une même visée (tout comme les différents titres des catégories se conjuguent dans la visée de l'objet) : *ens rationis* et *ens imaginarium* peuvent être dans une certaine mesure confondus. Comme nous l'avons vu, Kant n'hésite pas à qualifier l'Idée de la raison comme « *focus imaginarius* ». Quoi qu'il en soit, ce passage montre bien qu'au niveau de l'usage empirique, qui est le seul niveau pour Kant où nous ayons affaire à des objets effectifs, il y a d'une part les formes subjectives de l'intuition et de la pensée pures, qui par elles-mêmes ne sont « rien », et d'autre part la matière sensible qui est donnée dans l'expérience, et qui seule peut véritablement conférer une réalité objective à nos représentations.

L'ORIENTATION DE L'USAGE

L'étude des subreptions de la faculté de juger montre qu'il y a pour l'entendement deux manières symétriques et complémentaires – sensualiste ou intellectualiste – de négliger la distinction entre les phénomènes et

1. AK XVIII, 219.

les noumènes, et d'anticiper ceux-ci dans ceux-là, à la faveur d'une confusion entre l'usage empirique de l'entendement et son usage transcendantal. À quoi correspond donc le double reproche amphibologique adressé à Leibniz et à Locke.

La symétrie qui caractérise ce double reproche montre cependant que ces deux types d'anticipation s'entremêlent étroitement dans l'expérience et dans le jugement, et surtout, qu'elles ont un support commun : les intuitions empiriques. C'est avant tout dans cette *matière des représentations* que se joue la double signification de l'objet, au niveau plus précisément de ces *caractères subreptices* qui sont anticipés *dans l'usage*, selon une double visée analytique et synthétique. On pourrait ainsi dire que cette matière empirique est le support des *possibilités* de l'expérience, de ce qu'elle recèle virtuellement, et qui appelle une actualisation où se conjugueront donc toujours de manière problématique les formes logiques et les formes de la sensibilité.

Mais si l'on fait véritablement droit à la problématique de l'usage ainsi posée, et au rôle qu'y joue la donation empirique de l'objet, il faut bien voir que cet usage, au-delà de la symétrie entre les subreptions sensualistes et intellectualistes, est fondamentalement *orienté*. En effet, s'il est vrai que du point de vue des sources, Kant s'attache à donner autant de valeur au contenu sensible (le phénomène) et au contenu intellectuel (l'objet transcendantal), du point de vue de l'usage, il n'en va pas de même, et surgit alors un déséquilibre entre les deux types de contenu. Car, de fait, ce n'est *qu'au contenu sensible* que nous pouvons *appliquer* les concepts purs de l'entendement, l'objet intelligible n'ayant alors, de ce point de vue, qu'une signification simplement négative :

> Si, par objets purement intelligibles, nous entendons ces choses qui sont pensées par des catégories pures, sans aucun schème de la sensibilité, alors de telles choses sont impossibles. Car *la condition de l'usage objectif de tous nos concepts de l'entendement est exclusivement la spécificité de notre intuition sensible*, par laquelle des objets nous sont donnés, et lorsque nous faisons abstraction de celle-ci, ces concepts n'ont absolument aucune relation avec quelque objet que ce soit. (B 342, nous soulignons)

Il n'y a ainsi aucune matière intelligible à laquelle les concepts de l'entendement puissent être *appliqués*. La seule matière sur laquelle l'entendement peut exercer effectivement son pouvoir de juger, c'est la matière sensible et empirique, qui est par avance déterminée selon les formes mêmes de sa donation sensible. Certes, la pensée du noumène n'est pas inutile : elle nous sert à prendre conscience des limites de l'usage empirique, et à ne pas prétendre connaître des objets au-delà de ceux qui nous sont donnés par la sensibilité. Mais si l'usage de l'entendement implique d'homogénéiser la matière intelligible et la matière sensible, le sens dans lequel s'opère cette homogénéisation n'est pas indifférent. Cette orientation apparaît clairement à la fin de l'Amphibologie, lorsque Kant identifie la cause la plus profonde de l'amphibologie leibnizienne :

> La faute qui nous conduit à cela selon l'apparence la plus irrésistible [...] réside en ceci, [...] que les objets, c'est-à-dire les intuitions possibles, doivent se régler sur des concepts, et non pas les concepts sur des intuitions possibles (dans la mesure où ce n'est que sur elles que leur validité objective repose). (B 345)

Du point de vue des sources, il y a pour Kant une égale dignité, et une irréductible hétérogénéité, des deux significations de l'objet. Locke et Leibniz peuvent donc être renvoyés dos-à-dos, en tant qu'ils ont « intellectualisé les phénomènes » et « sensualisé les concepts de l'entendement ». Mais, lorsqu'il s'agit de l'usage, il n'en va pas tout à fait de même : ce texte montre bien que l'exigence de « rendre sensibles » les concepts de l'entendement *prend le pas* sur l'exigence de « rendre intelligibles les intuitions ». L'usage empirique de l'entendement va en dernière analyse des concepts aux intuitions, et non des intuitions aux concepts.

Plus précisément, et toujours de ce point de vue de l'usage, il est clair que l'objet, en tant qu'il doit être donné dans l'expérience, ne peut appartenir qu'à la *sensation*. Cette dépendance vis-à-vis de la sensation, dès lors qu'il s'agit de donner réalité objective et donc signification à nos représentations, concerne non seulement la pensée, mais aussi les représentations schématisées dans les simples formes de l'intuition. Pour Kant, même la mathématique pure requiert d'être rapportée à des sensations pour acquérir une « signification » :

> Bien que tous [les principes de la mathématique pure], et la représentation de l'objet dont cette science s'occupe, soient produits entièrement *a priori* dans l'esprit, ils ne signifieraient pourtant rien du tout, si nous ne pouvions toujours présenter leur signification dans des phénomènes (dans des objets empiriques). De là vient qu'on exige encore qu'un concept abstrait *soit rendu sensible* [...] Le concept de grandeur cherche [...] sa consistance et son sens dans le nombre, mais ce dernier pour sa part cherche sa consistance et son sens sur les doigts, dans les grains de la table à calculer, ou dans les traits ou les points que l'on a sous les yeux. (B 299)

Si l'on adopte ainsi le point de vue de l'usage empirique de l'entendement – point de vue auquel aboutit finalement l'Analytique transcendantale –, on peut donc constater que Kant met en quelque sorte la distinction entre sensibilité et entendement au second plan, pour adopter un dispositif en quelque sorte plus transversal. Du point de vue de l'usage empirique, donc de la réalité objective de nos représentations, il y a *d'un côté la pensée pure et l'intuition pure* (donc les *formes* de la connaissance) qui n'ont pas par elles-mêmes une telle réalité; et il y a *d'un autre côté* la *sensation*, c'est-à-dire la part empirique de l'intuition, qui seule peut donner une « réalité objective » à toutes nos représentations, c'est-à-dire un « contenu » ou une « matière », et qui vient donc *orienter* tout l'exercice de nos facultés.

Or, il se pourrait bien, de ce point de vue, que la pensée de Locke, au-delà de la symétrie avec Leibniz, ait pour Kant une signification particulière. En effet, s'il est clair que Locke a méconnu le statut de l'entendement comme *source*, il a, peut-être plus nettement que Leibniz, thématisé le problème de l'usage de l'entendement comme tel, en référence à l'aperception empirique et à la sensation. C'est ce qui apparaît dans l'interprétation que fait Kant de sa « déduction empirique », et de sa distinction entre sensation et réflexion, en ce qu'elles ont de *pertinent* :

> [...] pour ces concepts [*a priori*], comme pour toute connaissance, on peut rechercher dans l'expérience, non pas le principe de leur possibilité, mais en tout cas les causes occasionnelles de leur production; ce sont alors les impressions des sens qui fournissent la première occasion d'exercer sur eux toute la faculté de connaître et de mettre en œuvre l'expérience, qui contient deux éléments très hétérogènes, à savoir, une *matière* [souligné par Kant] pour la connaissance, issue des sens, et une certaine forme pour l'ordonner, issue de la source intérieure de l'intuition et de la pensée pures, qui sont initialement mises en exercice et produisent des concepts à l'occasion de la première. (B 118)

L'utilité propre d'une déduction empirique – telle que l'aurait menée Locke – est de considérer l'expérience comme « l'occasion » de la production des concepts *a priori*. C'est dire qu'il s'agit bien de considérer ces concepts du point de vue de leur usage empirique, même si l'expérience ne saurait être pour autant considérée comme le « principe de la possibilité » de ces concepts. Le point de vue de l'usage est donc ici disjoint du point de vue de l'origine.

Or, dans cette perspective de l'usage empirique, ce sont bien les « impressions des sens » qui apparaissent comme « la première occasion d'exercer sur eux toute la faculté de connaître ». On retrouve ici le rapport que Locke établit entre la sensation et la réflexion : dans une « expérience » considérée comme le rapport des « idées de la sensation » et des opérations de l'esprit (les « idées de la réflexion »), les idées de la sensation doivent être premières au sens où elles fournissent nécessairement la « matière » initiale desdites opérations, lesquelles ne se soutiennent pas d'elles-mêmes, mais doivent opérer sur d'autres idées. En parlant des « deux éléments très hétérogènes » de l'expérience, Kant fait ainsi manifestement référence à la sensation et à la réflexion lockienne, même s'il reformule cette distinction dans un autre vocabulaire : la sensation devient la « matière pour la connaissance [...] issue des sens » ; et la réflexion, que Locke définit, nous l'avons vu, comme « la perception des *opérations* de notre propre esprit *à l'intérieur de nous* » devient « la source *intérieure* de l'intuition et de la pensée pures, qui sont *mises en exercice* et produisent des concepts *à l'occasion de la* [*sensation*] » (nous soulignons). Kant considère bien ici l'expérience, en tant qu'elle réunit la sensation et la réflexion, comme l'usage de notre faculté de connaître, comme « l'exercice » de l'intuition et de la pensée pures, occasionné par la sensation. On peut ainsi placer les deux textes en regard, celui de Locke (II. 1.2), et celui dans lequel Kant le commente (en B 118-119) :

	Locke	Kant
	Deux « sources », par lesquelles « *l'expérience* fournit à l'entendement des idées »	Les « deux éléments très hétérogènes [que contient] *l'expérience* »
Sensation	Les sens, tournés vers les objets sensibles particuliers, font entrer dans l'esprit, plusieurs perceptions distinctes des choses, conformément aux diverses manières dont ces objets les *affectent*.	une matière pour la connaissance, issue des sens [L'action d'un objet sur la capacité de représentation, dans la mesure où nous sommes *affectés* par cet objet, est la *sensation*, l'intuition, qui se rapporte à l'objet par la sensation, s'appelle intuition empirique (B 34)]
Réflexion	[...] l'autre *source*, à partir de laquelle l'expérience fournit des idées à l'entendement,	une certaine forme pour l'ordonner,
	est la perception des *opérations* de notre propre esprit	...
	à l'*intérieur* de nous,	issue de la *source intérieure* de l'intuition et de la pensée pures, ...
	en tant qu'il est occupé par les idées qu'il a reçues.	qui commencent, *à l'occasion de la première* [c'est-à-dire, à l'occasion de la sensation] à être *exercées* et à produire des concepts.

Ce commentaire est surtout remarquable pour l'interprétation qui y est faite de la réflexion lockienne comme « source intérieure de l'intuition et de la pensée pures », qui apportent à la matière de la sensation « une certaine forme pour l'ordonner ». Il est significatif que pour Kant, ce rapport entre sensation et réflexion ne recoupe pas sa propre compréhension du rapport entre la sensibilité et l'entendement, mais opère une redistribution des éléments de la connaissance : chez Locke, il y aurait d'une part, la « matière provenant des sens », et d'autre part, donc,

> une certaine forme pour l'ordonner, issue de la source intérieure de l'intuition et de la pensée pures, qui ne sont mises en exercice et ne produisent des concepts qu'à l'occasion de la première. (B 118)

Cela signifie bien que, dans la « réflexion » de Locke, *les formes de la sensibilité se mêlent avec les formes de la pensée pure*, dès lors qu'elles sont confrontées à la matière de la sensation. On ne saurait d'ailleurs dire que Locke a complètement négligé la spontanéité de la pensée, le statut de source de l'entendement : Leibniz lui-même le reconnaît en commentant le rôle de la « réflexion » dans les *Nouveaux Essais*. Simplement, Kant souligne ici que cette spontanéité est en quelque sorte *contaminée* par les formes de la synthèse sensible. On trouve bien quelque chose qui correspond à cela dans l'usage récurrent des métaphores spatiales qui caractérise l'entendement dans l'*Essai*, ou encore dans l'analogie entre la matière intellectuelle des idées simples et la matière physique offerte à la sensation : dans tous ces cas, la réflexion lockienne appréhende la part proprement intellectuelle de l'expérience par analogie avec des idées sensibles. La plupart du temps, Locke se garde bien d'y voir plus qu'une *analogie*. Mais il lui arrive cependant d'aller un peu plus loin, et de donner à des idées sensibles un statut « nouménal » qu'elles ne peuvent avoir d'un point de vue kantien : c'est le cas notamment des idées de qualités premières.

On comprend cependant que pour Kant, la pensée de Locke joue un rôle de premier plan[1], au sens où elle montre de manière particulièrement nette

1. Il peut être utile, ici, de rappeler le poids considérable que la philosophie de Locke a eu aux XVIIIe et XIXe siècles, et qu'elle a sans doute un peu perdu par la suite – peut-être d'ailleurs parce qu'elle a été supplantée par l'idéalisme allemand… À titre d'illustration, on peut se reporter au passage suivant de *Moby Dick* (écrit en 1849), suggestif à plus d'un titre, où H. Melville décrit un navire chargé de deux baleines : « le *Péquod* se pencha presque à pic vers la tête de la bête ; avec le contrepoids des deux têtes, sa quille reprit son équilibre, bien qu'il eût un gros effort à faire, vous pouvez le croire. De la même façon, lorsque d'un côté vous hissez la tête de Locke, vous penchez vers elle et si après de l'autre côté vous hissez celle de Kant, vous vous retrouvez d'aplomb ; mais dans quel triste état ! Ainsi certains esprits sont

que, dans l'usage de l'entendement, il y a d'un côté une *matière*, qui ne peut être en fin de compte que sensible et empirique, et d'un autre côté, *deux types de formes concurrents*, qui viennent de l'esprit, et qui se mêlent de manière problématique, sous le titre de la réflexion, pour ordonner cette matière et y reconnaître l'objectivité. La réflexion lockienne approche donc à sa façon l'ambiguïté du phénomène, comme « objet indéterminé d'une intuition empirique » (B 34) – ce qui signifie qu'il se prête à la double visée de l'intuition et de la pensée pures, aux anticipations et aux subreptions qu'elle occasionne. Mais c'est bien la matière de la sensation qui constitue, quoi qu'il en soit, dans l'usage de l'entendement, le support ultime de cette double visée, et qui lui impose donc, en dernière analyse, son orientation.

LES LIMITES DE L'EXPÉRIENCE

Albert Johannes Dietrich, dans son étude magistrale sur le « concept kantien de tout », a montré à quel point ce concept (qui est au fondement d'un système qui se veut architectonique, et qui est bien sûr étroitement associé à la question des limites de l'expérience), est lié à « l'interpénétration » des deux « sphères » de la sensibilité et de l'entendement[1]. Pour Kant, le tout se pense forcément comme tout de l'espace et du temps, mais dans une relation problématique de ces formes sensibles avec l'utilisation intellectuelle que l'entendement fait d'elles. Dietrich met particulièrement bien en valeur l'éclairage que peut apporter, de ce point de vue, l'intellectualisation des formes de la sensibilité opérée par Leibniz, et critiquée par Kant dans l'Amphibologie[2]. Nous voudrions ici essayer de produire, à propos des limites de l'expérience, une interprétation analogue, en suivant plutôt la perspective complémentaire qu'ouvre la référence à Locke – et en faisant droit à l'idée d'une *orientation* de l'usage de nos facultés sur les objets des sens, au-delà de la symétrie des subreptions intellectualistes et sensualistes.

Dans la section V des *Prolégomènes*, Kant parle d'une « disposition naturelle » qui nous conduit à la métaphysique comme connaissance par

toujours en train d'équilibrer leur bateau. Ô sots esprits ! Jetez toujours ces têtes-de-tonnerre par-dessus bord et puis flottez, légers… légers… » (*Moby Dick*, trad. fr. L. Jacques, J. Smith, et J. Giono, Paris Gallimard, 1941, rééd. 2008, p. 437-438).

1. *Kants Begriff des Ganzen in seiner Raum-ZeitLehre und das Verhältnis zu Leibniz*, Halle, Verlag von Max Niemeyer, 1916, p. 20.

2. *Ibid.*, p. 139.

raison pure, « car l'expérience ne satisfait jamais entièrement la raison »[1]. L'usage empirique de nos facultés tend ainsi naturellement à se convertir en usage transcendantal. Cette disposition, qui pousse la raison vers une connaissance des choses telles qu'en elles-mêmes, est nécessairement *contrariée* par notre condition sensible. Mais elle se trouve aussi bien *structurée* par elle. C'est que, s'il n'y a aucune connaissance possible des choses telles qu'en elles-mêmes, se pose malgré tout la question suivante :

> Comment se comporte notre raison en cette liaison de ce que nous connaissons avec ce que nous ne connaissons pas et que nous ne connaîtrons même jamais ? Voici une liaison réelle du connu avec quelque chose qui est complètement inconnu [...], et si avec cela ce qui est inconnu ne doit pas devenir au moins mieux connu – comme il n'y a pas lieu, en fait, de l'espérer –, alors il faut toutefois que le concept de cette liaison puisse être déterminé et rendu distinct[2].

La connaissance des choses telles qu'en elles-mêmes est absolument hors de notre portée, mais nous devons et nous pouvons pourtant concevoir la *liaison* de cet inconnaissable *avec ce que nous connaissons*, autrement dit, avec la connaissance empirique et sensible. C'est précisément cela que signifie, pour Kant, déterminer les *limites* de l'expérience. Ainsi, bien que nous ne puissions rien savoir des choses telles qu'en elles-mêmes,

> néanmoins il faut que nous admettions de tels êtres et que nous les rattachions à ce monde par la raison, [de telle sorte que] nous pourrons à tout le moins penser cette liaison au moyen de concepts qui expriment leur rapport au monde sensible[3].

Ce rapport entre le sensible et l'intelligible, qui doit pallier l'impossibilité d'une connaissance des noumènes, et qui oriente la problématique des limites de l'expérience, n'est pas seulement un thème, ou un objet d'étude, pour la pensée : il en structure *la démarche même*. L'impossibilité de connaître les choses telles qu'en elles-mêmes ne se comprend pas seulement d'un point de vue objectif, mais aussi bien d'un point de vue *subjectif*. C'est aussi bien au fondement nouménal de notre propre pensée, et de nos différentes facultés, que nous n'avons aucun accès. Lorsque nous nous interrogeons sur ce fondement, nous sommes irrémédiablement renvoyés à la différence des deux « souches » de toute connaissance humaine. D'où la

1. *Prolégomènes*, AK IV, 351, trad. p. 130.
2. *Ibid.*, AK IV, 354, trad. p. 134.
3. *Ibid.*, AK IV, 355, trad. p. 134.

nécessité profonde de représenter le nouménal non en lui-même (ce qui est impossible), mais *à partir du sensible*.

Voilà précisément ce que nous semblent exprimer, parfois avec discrétion, parfois avec insistance, les innombrables métaphores qui jalonnent le discours de Kant, les « limites de l'expérience », « forme », « matière », « souches », « racines », « sens interne », et tant d'autres, qui toutes semblent procéder d'une pensée qui ne prétend pas se saisir elle-même dans une impossible pureté nouménale, mais en faisant toujours fond sur sa contamination inévitable par le sensible, qui est la marque de notre condition finie.

S'interroger sur les limites de l'expérience, c'est donc avant tout anticiper l'intelligible dans le sensible, selon l'orientation la plus propre de l'usage de l'entendement, et ainsi faire droit avant tout à une sensibilisation des concepts qui est proche parente de la sensualisation attribuée à Locke. Même si celui-ci s'est laissé abuser par l'amphibologie des concepts de la réflexion et a finalement outrepassé les limites de l'expérience, il a manifestement su apercevoir quelque chose de ce problème. C'est ce que montre bien notamment sa critique des idées de substances : au-delà des idées de pouvoirs ou de « qualités » qui les composent, et qui nous sont données dans l'expérience, celles-ci ne sont qu'une « supposition obscure », à laquelle nous devons nécessairement donner un contenu sensible – supposition que Locke attribue explicitement à l'imagination :

> L'idée [...] à laquelle nous donnons le nom général de substance n'étant rien d'autre que le support supposé mais inconnu de ces qualités dont nous constatons l'existence, et dont nous ne pouvons *imaginer* qu'elles subsistent *sine re substante*, sans quelque chose pour les soutenir, nous appelons ce support *substantia*; ce qui, conformément au véritable sens du mot, signifie en bon anglais *standing under* [se tenir dessous], ou *upholding* [soutenir]. (II. 23.2, nous soulignons « imaginer »)

Avec ce problème de la substance, on se situe bien déjà dans une problématique des limites de l'expérience, que Locke semble bien ici saisir comme telles, c'est-à-dire, sans prétendre connaître ce qu'est réellement la substance. Et si le concept (ou, en vocabulaire lockien, l'idée) de substance se trouve ici sensualisé (ou sensibilisé), c'est bien faute de mieux – parce que notre idée de solidité est la seule à donner si l'on ose dire une « consistance » à ce qui de la substance reste précisément inconnaissable. Notre imagination *anticipe* donc ce « support supposé » comme un support corporel et sensible. Cette anticipation est sans doute trompeuse, mais elle est néanmoins tout ce dont nous disposons, dans l'usage empirique, pour nous représenter ce qui dépasse notre expérience. Si Locke souligne l'étymologie du mot *substantia*, qui signifie *standing under*, c'est bien pour pointer cette métaphorisation corporelle subreptice ; mais c'est sans doute aussi pour suggérer à quel point celle-ci est structurante pour l'entendement – qui se dit, en anglais, *understanding*…

Kant n'ignorait pas cet aspect de la critique lockienne de la substance ; il y fait explicitement référence au paragraphe 59 de la *Critique de la faculté de juger* :

> Notre langue est pleine de telles présentations indirectes, selon une analogie, par laquelle l'expression contient non pas le schème approprié pour le concept, mais simplement un symbole pour la réflexion. Ainsi, les mots « fondement » (appui, base), […], « découler de » (plutôt que « être la conséquence de »), « substance » (*comme dit Locke : le support des accidents*) [sont-ils des hypotyposes symboliques] [1].

L'« hypotypose symbolique » est une « présentation indirecte » du concept (en l'occurrence la substance) dans l'intuition sensible. Le début de ce paragraphe est parti de l'exigence, centrale pour tout usage de l'entendement, selon laquelle « présenter la réalité de nos concepts requiert toujours une intuition » [2]. Kant nomme cette présentation « hypotypose », ou encore « sensibilisation » (*Versinnlichung*). Or il affirme que « toute hypotypose, en tant que sensibilisation, est double » : d'une part, elle peut être considérée comme *schématisme*, dans lequel « est donnée *a priori* à un concept l'intuition qui lui correspond », ce qui permet de parler d'une « présentation directe » ; d'autre part, elle peut être considérée comme *symbolisme*, en tant qu'elle consiste en une présentation seulement indirecte. Kant décrit ainsi la manière dont le symbolisme procède :

> […] à un concept que seule la raison pense, et auquel aucune intuition sensible ne peut être adéquate, est soumise une intuition telle que, vis-à-vis d'elle, l'opération de la faculté de juger s'accorde seulement par analogie avec l'opération qu'elle observe dans la schématisation, c'est-à-dire qu'elle s'accorde seulement avec la règle de cette opération, non pas avec l'intuition elle-même, seulement donc selon la forme de la réflexion, et non selon le contenu [3].

Les concepts empiriques et les catégories sont susceptibles d'une schématisation, c'est-à-dire qu'on peut reconnaître les règles de leur application possible, dans la synthèse, à des objets des sens. Ainsi, le schème du

1. *Critique de la faculté de juger*, AK V, 352, nous soulignons.
2. *Ibid.*, nous soulignons.
3. *Ibid.*, AK V, 351.

concept sensible pur de triangle permet à l'esprit de tracer effectivement des triangles ; le schème du concept empirique de chien permet d'appliquer ce concept à des objets effectivement donnés dans l'intuition sensible ; le schème transcendantal de la substance (c'est-à-dire, la persistance d'un réel dans le temps) permet d'appliquer cette catégorie à des objets (des corps) effectivement donnés dans l'expérience. Dans le symbolisme, au contraire, on soumet au concept une intuition sensible dont le contenu lui est complètement hétérogène, et qui représente un objet complètement différent, mais qui s'accorde cependant à lui selon la simple « forme de la réflexion ». Kant donne l'exemple de l'hypotypose symbolique qui représente une communauté gouvernée de manière despotique comme un « moulin à bras »[1] ; les deux choses sont en elles-mêmes complètement hétérogènes ; mais elles ont malgré tout en commun de trouver hors d'elles la cause de leur mouvement. C'est ce qui permet à la réflexion de reconnaître malgré tout entre elles une ressemblance selon la *forme*, dans notre manière *subjective* de les connaître. En d'autres termes, il y a là un procédé *opératoire*, dans lequel la réflexion *utilise* la *forme* d'une intuition sensible, en la séparant de son objet propre, pour la « transférer » vers un concept qui lui est complètement hétérogène, et qui ne se prête pas lui-même à une présentation directe.

Ce procédé concerne évidemment au premier chef les Idées de la raison, qui se soustraient à toute phénoménalisation dans l'espace et dans le temps, et donc à toute schématisation ; dans le symbolisme, elles peuvent malgré tout – et même, elles *doivent* – se prêter à cette sensibilisation « indirecte ». On trouve un traitement plus approfondi de cette question dans la section V des *Prolégomènes*, à propos du « concept de l'Être suprême » ; Kant y défend la possibilité d'un « anthropomorphisme symbolique » qui nous conduit à considérer le monde « comme s'il était l'œuvre d'un entendement et d'une volonté suprême », donc par analogie : ce que la montre est à l'horloger, le monde sensible l'est à cet être par lui-même entièrement inconnu qu'est Dieu[2]. Kant précise ensuite la définition de l'analogie : elle n'est pas une « ressemblance imparfaite entre deux choses », mais plutôt une « ressemblance parfaite de deux *rapports* entre des choses entièrement dissemblables »[3]. C'est pourquoi on peut à la fois ne pas du tout savoir ce qu'est Dieu tel qu'en lui-même, et pourtant représenter, par analogie, son rapport avec le monde sensible.

1. *Critique de la faculté de juger*, AK V, 352.
2. *Prolégomènes*, AK IV, 356-357, trad. p. 136-137.
3. *Ibid.*

Le procédé de l'hypotypose symbolique a donc trait aux limites de l'expérience. Mais surtout, il permet de représenter malgré tout ces limites *à partir de la sensibilité* – du point de vue de l'usage qui peut être fait de nos représentations sensibles; il ouvre la possibilité de considérer les Idées de la raison « *en rapport avec le monde sensible*, et liées à lui par la raison »[1]. Il est ainsi remarquable que le paragraphe 59 de la *Critique de la faculté de juger* lie étroitement hypotypose symbolique et hypotypose schématique, et les considère comme *deux faces d'une seule et même opération*. Dans l'hypotypose symbolique, la faculté de juger semble en quelque sorte *doubler* l'opération de l'hypotypose schématique, en direction du nouménal. C'est ce qui apparaît bien avec le concept de substance : d'une part, il est susceptible d'être schématisé pour correspondre aux intuitions empiriques des corps (auquel cas on a affaire à une substance phénoménale); mais d'autre part, ce concept peut aussi donner lieu à une hypotypose symbolique, celle qui a été bien vue par Locke, et qui consiste à faire correspondre analogiquement une intuition corporelle dans l'espace (le *support* des accidents) non pas à la simple substance phénoménale, mais bien à la *substance nouménale* elle-même. La double signification (schématique ou symbolique) de l'hypotypose correspondrait ainsi à la « double signification » de l'objet (phénomène ou noumène) qui est thématisée, nous l'avons vu, dès la Préface de la seconde édition. Dès lors, le symbolisme ne serait pas qu'un simple prolongement occasionnel de l'expérience; il en exprimerait au contraire l'irréductible dualité.

Or, il est évident que les concepts de la réflexion, avec l'équivocité qui les caractérise, jouent ici un rôle central. Nous avons vu qu'ils expriment la concurrence des deux grands types de formes qui structurent la connaissance : les formes logiques du jugement, et les formes de la sensibilité. Plus précisément, ils expriment tout à la fois *l'affinité* et l'irréductible *hétérogénéité* de ces deux types de formes, et tout ce que leur rapport a de subjectif et de désinvolte. On pourrait donc reconnaître dans ces concepts les instruments les plus élémentaires, et les plus incontournables, d'un symbolisme qui est inscrit en profondeur dans tout usage empirique de l'entendement (même si Kant ne le formule pas encore en ces termes dans la première *Critique*). C'est ce que nous avons vu, par exemple, à propos du concept d'*extériorité*, dont l'application directe aux phénomènes dans l'espace ne

1. *Prolégomènes*, AK IV, 355, trad. p. 134, nous soulignons. Ces développements s'inscrivent dans une discussion de la critique de l'anthropomorphisme menée par Hume; cf. *Dialogues Concerning Natural Religion*, R.H. Popkin (ed.), Indianapolis-Cambridge, Hackett Publishing Company, 1998. Voir en particulier la deuxième partie.

peut que véhiculer *du même mouvement* (dans l'usage empirique) une visée indirecte (et transcendantale) des choses « hors de nous » ; il en va de même de l'*intériorité* sensible, qui entretient nécessairement un rapport d'analogie avec l'intériorité intellectuelle. C'est aussi le cas du concept de *matière*, dans l'anticipation subreptice de la *substantia noumenon* comme « support ».

Il n'est dès lors pas étonnant que Kant considère l'expression même de « *limites* de l'expérience » comme une hypotypose symbolique. Ainsi, la « limite » est une « image sensible », dont on peut « se servir pour fixer les bornes de la raison eu égard à l'usage qui lui est approprié » [1]. C'est ce qui commande la fameuse distinction des « bornes » (*Schranken*) et des « limites » (*Grenzen*) :

> Les limites (dans le cas des êtres étendus) supposent toujours un espace qui se trouve à l'extérieur d'un endroit déterminé, et qui enclôt cet endroit ; les bornes n'exigent rien de tel : ce sont seulement des négations affectant une grandeur pour autant qu'elle n'a pas une intégralité absolue. Or notre raison voit, si l'on peut dire, autour d'elle un espace pour la connaissance des choses en elles-mêmes, bien qu'elle ne puisse jamais en avoir de concepts déterminés, et qu'elle soit restreinte aux phénomènes [2].

La définition des bornes est purement logique : ce sont de « simples négations ». L'explicitation des limites est au contraire esthétique. Pourtant, c'est bien le concept de « limite » que Kant utilise pour concevoir le rapport de la raison aux choses telles qu'en elles-mêmes. Comment l'expliquer ? L'enjeu est de fournir une détermination positive du rapport entre les phénomènes et les noumènes, sachant que précisément nous ne pouvons rien connaître ni rien déterminer s'agissant des noumènes. Dès lors, une telle détermination positive ne peut passer que par l'hypotypose symbolique, en concevant le rapport des noumènes et des phénomènes par analogie avec le rapport qui s'établit, à l'intérieur du monde phénoménal, entre un espace clos et l'espace qui l'entoure. Ainsi, Kant affirme à la fois que ce qui limite l'usage empirique de l'entendement est le « champ des purs êtres intelligibles », mais que la seule manière de fournir une détermination positive de ce champ est de le décrire analogiquement comme un « espace vide », *au-delà* de l'« espace plein » de l'expérience. Ainsi,

> les idées transcendantales rendent nécessaires que nous progressions jusqu'[aux noumènes] et [...] elles nous ont donc conduits au point de

1. *Prolégomènes*, AK IV, 360, trad. p. 140.
2. *Ibid.*, AK IV, 352, trad. p. 131.

> contact, si l'on peut dire, entre l'espace plein (de l'expérience) et l'espace vide (les noumènes, dont nous ne pouvons rien savoir) [...]; en toutes limites il y a aussi quelque chose de positif (par exemple : la surface est la limite de l'espace corporel, alors qu'elle est cependant elle-même un espace ; la ligne est un espace, qui est la limite de la surface ; le point est la limite de la ligne, et cependant c'est toujours encore un lieu dans l'espace), alors que les bornes au contraire ne contiennent que des négations [1].

La limitation de l'expérience dans son ensemble se conçoit donc par analogie avec un rapport intuitionné *à l'intérieur* de cette expérience (au sens propre, sensible, du terme *intérieur*). Dans cette limitation analogique de l'expérience, le monde sensible déborde en quelque sorte de lui-même, de ses propres limites, d'une manière tout juste suffisante pour nous faire entrevoir ce « point de contact » avec l'intelligible, qui est pourtant, en lui-même, imprésentable.

On retrouve ici l'étrange proximité que la « table du rien », à la fin de l'Analytique, établit entre l'*ens rationis*, c'est-à-dire le noumène comme « concept vide sans objet », et l'*ens imaginarium*, qui est « l'intuition vide sans objet ». C'est bien en ayant recours à l'*ens imaginarium* qu'est l'espace vide de corps que l'on peut donner pour ainsi dire une consistance intuitive à l'*ens rationis*. Il y a bien ici, par le biais de l'imagination, une certaine collusion des formes logiques et des formes de la sensibilité dans l'anticipation de ce qui échappe à toute donation. Hannah Arendt, dans *La vie de l'esprit*, a formulé avec force l'enjeu crucial de toutes ces analogies (en commentant notamment les *Prolégomènes*) : elle oppose à « l'illusion métaphysique » d'une « théorie des deux mondes » (celui des phénomènes et celui des noumènes)[2], qui n'auraient aucun rapport entre eux, la mise en œuvre de l'analogie, qui est, de manière très générale, le « lien par lequel l'esprit se raccroche au monde, même lorsque par inadvertance il a perdu un contact direct avec lui ». L'analogie garantirait ainsi rien de moins que « l'unité de l'expérience humaine »[3].

On voit dès lors l'importance particulière que peut avoir pour Kant la sensibilisation des concepts de l'entendement. Certes, elle peut mener à une subreption de la faculté de juger, celle qui prendrait les conditions de l'espace et du temps pour des propriétés des choses telles qu'en elles-mêmes. Mais elle est surtout ce qui oriente finalement tout usage de

1. *Prolégomènes*, AK IV, 354. trad. p. 133.

2. *The Life of The Mind*, San Diego-New York-London, Harcourt Brace & Company, 1978, p. 110.

3. *Ibid.*, p. 109.

l'entendement, non seulement en tant qu'elle intervient dans le schématisme, mais aussi, à travers le symbolisme, dans la limitation même de cet usage. Tout cela montre que l'application des concepts de l'entendement aux objets des sens n'a rien d'une évidence ou d'une « solution » toute tranchée aux problèmes métaphysiques : elle ne se comprend que sur le sol mouvant du schématisme et du symbolisme, de ces formes logiques et sensibles constamment anticipées, par l'imagination, sur les représentations données contenues dans l'aperception empirique.

Dans cette perspective, il est frappant de constater que le dernier chapitre de l'Analytique, consacré à la distinction entre les phénomènes et les noumènes (et qui précède immédiatement l'Amphibologie), s'ouvre sur une hypotypose symbolique très développée : celle du « pays de l'entendement pur », ou « pays de la vérité » à travers lequel on a « voyagé », et dont on a dressé la carte, mais qui est entouré de l'« océan » tumultueux de l'illusion dialectique (B 294). À l'issue de l'Analytique, ce passage, où l'idée d'*orientation* est omniprésente, témoigne nettement du souci de ne pas se contenter d'une détermination négative des limites de l'expérience, et donc de marquer celles-ci, au moins par analogie, *du point de vue de l'expérience elle-même*.

Située quelques pages encore après ce texte, l'Amphibologie, qui apparaît ainsi comme l'ultime promontoire du « pays de la vérité », s'inscrit évidemment dans le même mouvement : les concepts de la réflexion, par leur double signification, ont l'étonnante caractéristique de regarder d'un côté vers la sensibilité et les phénomènes, mais d'un autre côté, déjà vers le nouménal et les Idées de la raison. L'Amphibologie marquerait ainsi le « point de contact » où, se situant encore du côté de l'expérience, mais la dépassant déjà du regard, la réflexion transcendantale, par la « topique » qu'elle met en place, en signalerait ultimement et positivement les limites.

Cependant, la reconnaissance, dans cette limitation même, d'une *orientation* irréductible de l'usage de l'entendement vers l'intuition sensible, se répercute très certainement sur les concepts de la réflexion, et sur l'équilibre de l'ensemble systématique qu'ils constituent. En effet, si la diversité de leurs significations s'organise selon la *symétrie* des subreptions intellectualistes et sensualistes, on peut remarquer que leur signification sensible finit toujours par prendre, pour ainsi dire, un peu plus de poids dans la mise en œuvre de la réflexion transcendantale – parce que c'est toujours cette signification qui s'offre le plus directement à l'aperception empirique, et parce qu'elle se prête au procédé opératoire de l'hypotypose symbolique. Mais en outre, on peut sans doute accorder un poids particulier, *parmi les concepts de la réflexion*, au concept de *matière*, dans la mesure où il est, pour toutes les raisons que nous avons indiquées, le corrélat ultime de l'usage empirique de nos facultés. Et, toujours dans la même ligne, c'est bien la matière *sensible*, considérée *en son sens le plus propre*, c'est-à-dire *corporel*, qui devrait alors constituer en dernière analyse le support privilégié de la réflexion. Dans la Remarque générale sur le système des principes, Kant souligne l'importance de cette représentation, à propos de la réalité objective des catégories :

> Il est tout à fait remarquable que nous ne puissions comprendre la possibilité d'aucune chose d'après la simple catégorie, mais que nous devions bien plutôt toujours avoir une intuition à portée de la main pour présenter en celle-ci la réalité objective du concept pur de l'entendement. [...] Mais il est encore plus remarquable que nous ayons besoin, pour comprendre la possibilité des choses, par suite, celle des catégories, et par conséquent pour présenter la réalité objective de ces dernières, *non pas simplement d'intuitions, mais même toujours d'intuitions extérieures*. Si nous prenons par exemple les concepts purs de relation, nous trouvons que pour donner au concept de substance quelque chose de permanent dans l'intuition qui lui corresponde, [...] nous avons besoin d'une intuition dans l'espace (une intuition de la matière), parce que seul l'espace est déterminé comme permanent, alors que le temps, et donc tout ce qui est dans le sens interne, s'écoule continuellement. (B 288-292, nous soulignons)

Kant affirme ici clairement que les catégories ne peuvent être véritablement rendues sensibles, et donc acquérir une réalité objective, que dans l'intuition des *corps*. Dans les Paralogismes, Kant développera ce qu'il annonce ici à propos du sens interne : à savoir, qu'il ne nous donne par lui-même aucune intuition permanente, c'est-à-dire qui puisse correspondre au schème de la substantialité. Quelques lignes après ce texte, il précise d'ailleurs que « cette remarque est d'une grande importance, [...] pour nous indiquer ce que seront, lorsqu'il sera question de la connaissance de soi à partir de la seule conscience intérieure, et de la détermination de notre nature sans recours à des intuitions empiriques extérieures, les limites de la possibilité d'une telle connaissance » (B 293-294).

Le rôle central de la matière, au sens le plus propre (c'est-à-dire corporel), dans la problématique des limites de l'expérience en général, apparaît aussi bien dans le texte des *Prolégomènes* plus haut cité, où se trouvent distingués l'« espace vide » des noumènes, et l'« espace plein » de l'expérience[1]. Kant attribue la métaphysique, et les tentatives dialectiques

1. *Prolégomènes*, AK IV, 354, trad. p. 133.

de la raison, à une « disposition naturelle », dont la finalité est de nous conduire aux limites de notre connaissance. Dans cette perspective, les Idées transcendantales ont une utilité : nous montrer ces limites, mais aussi, la « manière de les déterminer ». Or, cela vaut sans doute d'abord des Idées *cosmologiques*, parce qu'elles sont liées au monde des corps. En effet, Kant rappelle que l'Idée cosmologique a ceci de particulier « qu'elle ne tire son objet que du monde sensible » [1], donc qu'elle est « immanente », alors qu'au contraire penser l'âme ou Dieu consiste à penser d'emblée un objet qui ne peut être donné aux sens. En d'autres termes, l'Idée cosmologique occupe une certaine primauté dans la réalisation de cette « disposition naturelle », dans la mesure où elle nous conduit, *à partir de l'expérience*, aux limites de l'expérience. En outre, parce qu'elle entraîne une antinomie, c'est elle qui indique le mieux la manière de déterminer ces limites. Kant précise que c'est l'Idée cosmologique qui est la plus « *efficace* pour réveiller la philosophie de son sommeil dogmatique » [2]. On comprend dès lors en quoi l'analogie qui met en rapport l'« espace vide » des noumènes et l'« espace plein » de l'expérience ne doit rien au hasard : ce qui, au sein de l'expérience, nous conduit aux limites de l'expérience, ou comme dit Kant, au « point de contact » de ces deux espaces, c'est d'abord la matière corporelle.

On peut s'appuyer ici sur un texte de la Première introduction de la *Critique de la faculté de juger*. Il y est question de la considération de la nature comme un système logique, dans lequel la diversité des phénomènes est ordonnée sous des concepts, des espèces, des genres, et en fin de compte, sous un « genre suprême », que Kant appelle précisément – mais non sans entretenir une certaine ambiguïté – « matière » :

> La forme logique d'un système consiste simplement en la division de concepts universels donnés (celui de la nature en général, dont il est question ici, en est un), par laquelle on pense, selon un certain principe, le particulier (ici l'empirique) avec ses différences, comme contenu sous l'universel. Cela donne lieu, lorsqu'on opère empiriquement et qu'on s'élève du particulier au général, à une *classification* du divers, c'est-à-dire à une comparaison entre plusieurs classes, dont chacune se trouve sous un concept déterminé, et, quand chacune d'entre elles est complète selon le caractère commun, leur subsomption sous des classes plus hautes (les genres), jusqu'à ce qu'on arrive au concept qui contient en lui le principe de toute la classification (et qui constitue le genre suprême). Mais si l'on part au contraire du concept général, pour parvenir par une division

1. *Prolégomènes*, AK IV, 338, trad. p. 114.
2. *Ibid.*, nous soulignons.

> complète jusqu'au particulier, l'opération s'appelle la *spécification* du divers sous un concept donné, puisqu'on procède du genre suprême à ceux qui sont en dessous de lui (les genres inférieurs ou espèces), et des espèces aux sous-espèces. [...] le genre (considéré logiquement) est en quelque sorte la matière, ou le substrat brut que la nature, par des déterminations successives, façonne en espèces et sous-espèces, et on peut donc dire que *la nature se spécifie elle-même* selon un certain principe [1].

La considération logique de la nature comme « système » nous conduit à l'Idée d'un « genre suprême », qui se situe au sommet de l'étagement constitué par les différentes classifications opérées dans la diversité des phénomènes, et surtout qui « contient en lui le principe de toute la classification ». Ce genre suprême est ici appelé « matière ». Dans quel sens faut-il le prendre ? Kant précise qu'il s'agit du genre « considéré logiquement ». Mais dans ce texte, c'est bien en même temps de la *nature* qu'il est question, comme ensemble des objets *empiriques*, donc *sensibles*. Ce « genre suprême » doit donc être tout à la fois une *matière logique* et une *matière sensible*.

Ce texte distingue deux manières différentes de considérer le système logique de la nature, et le genre suprême, qui en contient le principe : la première, celle que Kant appelle « classification » consiste, à partir de la diversité des objets qui nous sont donnés empiriquement, à former, par comparaison, réflexion et abstraction, des concepts généraux : espèces, genres, et en fin de compte genre suprême. C'est selon ce travail de classification que le genre est « considéré logiquement ». À cela s'oppose cependant la « spécification » du général dans le divers qui est contenu sous lui. Or, cette opération de spécification ne saurait être, pour sa part, simplement logique. En effet, elle implique forcément de *sortir* du concept du genre pour le spécifier (sauf à retomber dans l'interprétation fallacieuse du principe du *dictum de omni et nullo* attribuée à Leibniz dans l'Amphibologie). Pour spécifier un concept, il faut lui ajouter des caractères, et cet ajout ne peut avoir lieu que dans l'expérience, dans l'exercice empirique de la faculté de juger. C'est bien pourquoi Kant écrit que c'est au fond la nature qui « *se spécifie elle-même* selon un certain principe ».

Comme nous l'avons vu, l'ajout de caractères par lequel le concept est appliqué au particulier est étroitement lié à la sortie hors de ce concept, sortie que rendent originairement possible les formes de la sensibilité. Au début de ce texte, Kant précise que la forme logique du système de la nature

1. AK XX, 214-215.

consiste en la division du concept général dans le particulier « selon un certain principe » (de même qu'à la fin du texte, il rappelle que « la nature se spécifie elle-même selon un certain principe »). Ce principe ne peut pas être seulement logique; pour autant que nous puissions le connaître, il dépend forcément des formes de notre sensibilité. Considéré du point de vue de sa spécification, donc, le « genre suprême » ne peut pas être simplement un genre logique : il doit correspondre à la matière sensible et empirique, telle qu'elle est déterminée originairement par les formes (qui sont aussi bien déjà des *différences spécifiques*) de sa donation dans la sensibilité.

Mais du même coup, la spécification marque aussi la finitude de notre entendement, comme pouvoir des *règles*. S'il faut sortir du concept pour le spécifier, dans la matière sensible et empirique, cela signifie que le concept n'est jamais par lui-même la représentation d'une chose singulière, mais toujours une représentation générale. Autrement dit, notre connaissance intellectuelle la plus profonde de la nature doit être cherchée non pas du côté des individus, mais du côté du *genre*, c'est-à-dire, du côté des lois auxquelles obéissent les objets dans l'expérience. Kant s'oppose sur ce point à Leibniz, qui situe pour sa part la réalité, avant tout, dans les individus. D'ailleurs, un peu plus loin dans la Première introduction de la *Critique de la faculté de juger*, une note attaque presque explicitement le principe leibnizien des indiscernables, en lui opposant le principe de spécification :

> Linné aurait-il pu espérer concevoir un système de la nature, s'il avait dû s'inquiéter, lorsqu'il trouvait une pierre qu'il nommait granit, de ce que celle-ci dût être distincte quant à sa constitution intérieure de toute autre qui avait pourtant la même apparence, et s'il avait dû espérer rencontrer toujours simplement des choses uniques, en quelque sorte isolées, jamais une classe de choses, qui pouvait être amenée sous des concepts de genre et d'espèce [1] ?

Kant veut dire ici que notre connaissance de la nature ne peut pas reposer sur le principe des indiscernables, qui considère chaque chose comme unique en son genre. Notre entendement est toujours un pouvoir de représentations universelles, qui ramène donc les phénomènes sous des espèces et des genres. On peut donc dire que, sur le problème du genre suprême, Kant s'oppose à Leibniz d'un double point de vue : d'abord, il n'hésite pas à considérer la matière sensible et empirique comme étant, du moins pour nous hommes, le genre suprême; ensuite, pour lui, l'entendement ne peut

1. AK XX, 215.

former aucune connaissance individuelle des choses, mais toujours des lois pour les phénomènes. Ces deux points de vue se combinent dans la considération de la spécification qu'opère la nature : le principe qui s'y manifeste est un principe *générique*, et *sensible*.

On comprend mieux alors pourquoi le genre suprême peut être nommé « matière » : l'ensemble des objets des sens, c'est en effet d'abord l'ensemble des *corps*, tels qu'ils apparaissent aux sens externes, donc selon la forme de l'espace. Certes, cela ne signifie pas que toute réalité se réduise, pour Kant, à la matière physique. Il faut, notamment, y ajouter l'objet du sens interne. Mais précisément : nous n'avons aucune connaissance de l'âme comme substance, et nous ne la connaissons donc que dans son rapport avec la matière physique. C'est bien ce que suggère l'appellation de sens *interne* : ce qualificatif spatial semble bien situer l'âme relativement aux corps qui apparaissent hors de nous dans l'espace. Le monde corporel n'est évidemment pas, pour Kant, le genre suprême tel qu'en lui-même, parce qu'il s'agit d'un monde simplement phénoménal ; mais il en est cependant le meilleur *analogon*, parce que c'est bien « en lui » ou « hors de lui » que nous présentons, soit par le schématisme, soit par hypotypose symbolique, toute réalité connaissable ou pensable.

Le « véritable » genre suprême, considéré tel qu'en lui-même, relève de la raison : il s'agit de l'*ens realissimum*, autrement dit de Dieu comme fondement de toute réalité. Mais ce principe n'est qu'un idéal transcendantal, dont nous n'avons aucune connaissance, et qui n'est qu'un principe régulateur pour l'unité *logique* de nos concepts. C'est toute l'ambiguïté du « quelque chose », comme concept le plus *général*, et donc de l'ontologie, qui se joue ici : le genre suprême doit être le « quelque chose » ultime, le fondement de toute possibilité, et en même temps il s'agit pour nous de la représentation la plus abstraite, et donc la plus vide… C'est pourquoi cet idéal ne peut être présenté que selon cette analogie, *dans le cadre de la synthèse*, avec *l'ensemble des objets de nos sens*. On pourrait même dire que c'est la représentation de cet ensemble empirique, de ce tout synthétique *de l'expérience*, qui nous conduit à former par la raison l'idéal transcendantal. C'est ce qu'a fortement montré Anneliese Maier, dans son étude sur les catégories de la réalité : la réalité de tout objet de l'expérience « présuppose l'ensemble de toute réalité empirique comme condition de sa possibilité » ; et c'est à partir de la représentation nécessaire de cet ensemble que « nous concluons, selon une “illusion naturelle”, […] à un tout de la réalité transcendantale, donc à un substrat de la possibilité des choses en général». Ainsi peut-on parler d'un «"parallèle" entre l'ensemble de toutes les perceptions et le principe de toute réalité»[1].

Le procédé opératoire de l'hypotypose symbolique peut donc ici jouer à plein, en exploitant l'équivocité des concepts de la réflexion, et en particulier de la *matière*. Ainsi l'être suprême est-il caractérisé comme la «matière de toute possibilité» (B 601), la «matière ou le contenu transcendantal de la possibilité et de la détermination complète de toutes choses», «toute la réserve de matière d'où peuvent être tirés les prédicats possibles des choses» (B 603). Cette représentation analogique de l'*ens realissimum* repose, on le voit, sur la référence à la *possibilité*, sur ce qui sous-tend toute expérience, au niveau de sa potentialité. C'est bien ce que Kant semble avoir en vue, lorsqu'il définit la «matière» en général comme le *déterminable*. Il rejoint ici la compréhension aristotélicienne de la «matière» comme principe d'indétermination de la substance: «j'appelle matière ce qui n'est par soi ni une existence déterminée, ni d'une certaine quantité, ni d'aucune autre des catégories qui déterminent l'être»[2]. La matière est ce qu'on obtient lorsque l'on enlève à une substance tout ce en quoi elle est déterminée – toute *forme*. Comme telle, elle est elle-même tellement peu déterminée que sa nature est, au fond, «de pouvoir être ou n'être pas»[3]. Et lorsqu'elle est, c'est toujours en tant qu'elle «peut être autrement qu'elle n'est»; mais du même coup, la matière est ce en quoi résident les *potentialités* de la substance, tout ce qu'elle est *en puissance*.

Or, déjà chez Aristote, cette caractérisation métaphysique vaut au premier chef de la «matière» *sensible* et *corporelle* – d'où l'importance, pour lui, du paradigme de la sculpture[4]. De même, Kant définit la «nature matérielle» comme «l'ensemble de toutes les choses en tant qu'elles *peuvent être objets de nos sens*, et par suite objets d'expérience»[5]. Il s'agit donc bien d'abord de l'ensemble des corps tels qu'ils se manifestent aux sens externes (et par rapport auxquels nous nous représentons, en outre, l'objet du sens *interne*). Voilà ce qui constitue, *dans le registre empirique*,

1. *Kantsqualitätskategorien*, *op. cit.*, p. 43. A. Maier se réfère ici au passage suivant: «rien n'est pour nous un objet s'il ne présuppose pas le concept global de toute réalité empirique comme condition de sa possibilité. Selon une illusion naturelle, nous considérons alors cela comme un principe qui devrait valoir pour toutes les choses en général, alors qu'en toute rigueur il ne vaut que pour celles qui sont données comme objets de nos sens » (B 610).

2. *Métaphysique*, Z, 3, 1029a20, trad. fr. J. Tricot, Paris, Vrin, 1991, p. 243.

3. *Ibid*, Z, 15, 1039b30, trad. p. 299.

4. *Cf.* notamment *Métaphysique* Z, 1029a3-5.

5. *Premiers principes métaphysiques de la science de la nature*, AK IV, 387, nous soulignons.

la « source de toute possibilité » – et qui peut donc constituer l'*analogon* le plus accompli de l'*ens realissimum*. Ce thème est apparu très tôt dans la pensée de Kant, comme en témoigne ce passage de la *Théorie du ciel* :

> Je suppose que toutes les matières dont se composent les globes qui appartiennent à notre monde solaire, toutes les planètes et comètes, décomposées en leur matière première élémentaire ont, au commencement de toutes choses, rempli l'espace entier de l'univers dans lequel tournent à présent ces corps formés. Cet état de la nature semble, si on le considère en lui-même sans avoir en vue un système, être seulement le plus simple qui puisse succéder au néant. Rien alors ne s'était encore formé. [...] *Dans un espace rempli de la sorte, le repos universel ne dure qu'un instant. Les éléments ont des forces essentielles pour se mettre en mouvement les uns les autres, et ils sont à eux-mêmes leur propre source de vie. La matière a aussitôt tendance à se former*[1].

Dans cette représentation cosmogonique, la matière physique apparaît bien comme l'univers à son état le plus indéterminé et le plus potentiel, comme un genre suprême doué d'une capacité à se spécifier – à se *former* – lui-même. Là encore, Kant rejoint Aristote, qui définit dans la *Physique* l'être naturel comme « ce qui trouve *en soi-même* [c'est-à-dire, dans sa propre matière] le principe de son mouvement »[2]. Ce type de représentation permet bien de comprendre ce qui motive la caractérisation analogique de l'*ens realissimum* comme « matière de toute possibilité »...

Il reste qu'il n'y a là évidemment qu'une analogie, et ce, toujours pour la même raison : la « nature matérielle », comme « ensemble de tous les objets qui peuvent être objets de nos sens », est une représentation nécessairement *synthétique*, inscrite dans l'espace et dans le temps. Cela rejoint ce que nous avons vu à propos de l'inversion du couple forme/matière s'agissant des objets des sens : pour nous hommes, la matière qui s'offre à la connaissance est toujours *spécifiée* d'emblée par les formes mêmes de sa donation, qui l'inscrivent en outre dans une *diversité* irréductible, et donc dans la synthèse. Ce qui *peut* être objet de nos sens, et qui se prête à notre *pouvoir* de juger, c'est donc une matière dont les possibilités sont en quelque sorte par avance restreintes par la spécificité de notre intuition sensible.

Ce rapport problématique entre matière et forme se retrouve dans la caractérisation analogique de l'*ens realissimum*. En effet, si Kant privilégie

1. *Histoire générale de la nature et théorie du ciel*, trad. fr. P. Kerszberg, A.-M. Roviello, J. Seidengart, Paris, Vrin, 1984, p. 102. Nous soulignons.

2. *Physique*, II, 1, 192b.

habituellement l'analogie « matérielle », il lui arrive aussi (et peut-être même plus explicitement) de comparer la réalité suprême avec *l'espace*, considéré comme forme de toute donation :

> Toute diversité des choses est seulement une diversité dans la manière de limiter le concept de la réalité suprême qui est leur *substratum* commun, de même que toutes les figures ne sont possibles que comme différentes manières de limiter l'espace infini. (B 606)

Cette analogie renvoie à l'un des principaux résultats de l'Esthétique transcendantale : contrairement à un concept, qui doit être contenu comme représentation partielle dans les représentations qui sont pensées « sous lui », l'espace contient « *en lui* » une diversité infinie de représentations, et est à ce titre une « intuition *a priori* », ou encore, une « grandeur infinie *donnée* » (B 39-40). Il est évident que cette infinité, qui est au fondement de toute donation possible pour les objets des sens, fait de l'espace un bon « candidat » pour représenter analogiquement le rapport de l'être suprême aux réalités qui en sont dérivées – alors que la représentation de la matière, pour sa part, est toujours limitée. En outre, l'espace est une représentation *nécessaire*, ce qui n'est pas le cas de la matière :

> L'espace est une représentation nécessaire, *a priori*, qui se trouve au fondement de toutes les intuitions extérieures. On ne peut jamais former une représentation selon laquelle il n'y aurait pas d'espace, bien qu'on puisse tout à fait bien penser qu'aucun objet ne s'y rencontre. (B 38-39)

La représentation de la matière peut toujours être supprimée (ne serait-ce que dans l'imagination) – tout comme, pour Aristote, une des caractéristiques de la matière est « de pouvoir être ou n'être pas » [1]. Cette différence réapparaît explicitement dans le chapitre sur l'Idéal de la raison pure (lorsque Kant critique l'atomisme antique) :

> Les philosophes de l'Antiquité considéraient toute forme de la nature comme contingente, alors que la matière étaient pour eux, conformément à la raison commune, originaire et nécessaire. Mais s'ils avaient considéré la matière non pas comme un substrat relativement aux phénomènes, mais plutôt telle qu'en elle-même selon son existence, l'idée d'une absolue nécessité aurait immédiatement disparu. Car il n'y a rien qui attache absolument la raison à cette existence, mais elle peut bien plutôt, à tout moment et sans contradiction, la supprimer en pensée. (B 645-646)

1. *Métaphysique*, Z, 15, 1039b30, trad. p. 299.

Bref, dans la caractérisation analogique de la réalité suprême, tout comme dans la représentation des objets des sens, la forme (l'intuition pure de l'espace) semble « passer devant » la matière, parce que l'espace est infini et nécessaire, là où la matière est finie et contingente.

Pourtant, cette nécessité de l'espace ne saurait le rendre véritablement plus adéquat que la matière empirique à représenter l'être suprême. Car il s'agit d'une nécessité *subjective*, liée à la constitution particulière de notre sensibilité, et non pas aux choses telles qu'en elles-mêmes. L'espace n'est donc une représentation nécessaire que de rendre possible l'expérience des objets, en dehors de quoi il n'est pour Kant qu'une *simple forme*. Or ce n'est que dans la *matière*, donnée par l'expérience dans l'espace, que réside pour Kant une *réalité*, bien que précisément, par ce caractère irréductiblement empirique, elle perde la nécessité absolue qu'on attendrait du genre suprême. Mais sa nécessité *relativement à l'expérience* suffit néanmoins à la rapprocher du genre suprême :

> De fait, l'étendue et l'impénétrabilité (qui constituent ensemble le concept de matière) constituent le principe suprême de l'unité des phénomènes, et ce principe, dans la mesure où il est empiriquement inconditionné, a en lui-même une propriété du principe régulateur. (B 646)

Kant précise ici que la matière ajoute à la représentation de l'étendue celle de l'impénétrabilité. Cette précision est importante : la matière, *comme substantia phaenomenon*, est faite avant tout de *forces*, et notamment, de cette force de répulsion par laquelle un corps s'oppose à ce qu'un autre corps pénètre dans l'espace qu'il occupe. Cela marque donc l'existence d'une *intériorité*, de laquelle naissent ces forces. Certes, Kant souligne, notamment dans l'Amphibologie, que cette intériorité est toujours relative, toujours inscrite dans des rapports extérieurs, et qu'elle n'a par conséquent rien de nouménal. Cela ajoute néanmoins quelque chose d'essentiel à la simple représentation de l'étendue. En effet, l'espace est la pure forme de l'extériorité, et comme tel, il nous conduit toujours à sortir du concept des choses. La matière phénoménale est certes prise dans cette diversité synthétique, mais elle représente néanmoins indirectement, par le biais des forces qu'elle exerce, ce qui appartient en propre à la chose (et donc à son concept), ce qu'on pourrait appeler (en forçant un peu le propos de Kant) son *essence*.

Dans les *Premiers principes métaphysiques de la science de la nature*, Kant donne deux définitions de la « nature », selon qu'on la considère au sens « matériel » ou au sens « formel ». Au sens matériel, nous l'avons vu, elle est « l'ensemble de toutes les choses qui peuvent être objets de nos sens » ; au sens formel, la nature signifie le « premier principe intérieur de tout ce qui appartient à l'existence d'une chose », dans la mesure où chaque chose « doit contenir le principe intérieur et propre des déterminations qui appartiennent à son existence »[1]. La matière doit donc *contenir intérieurement* des *formes* qui définissent son identité *spécifique*. On pourrait dire que cette définition de la nature « formelle » renvoie à l'exigence intellectuelle formulée par le principe des indiscernables : tout ce qui fait partie de l'existence d'une chose (de sa « nature », donc) doit procéder d'un premier principe *intérieur* et propre. Même si la nature à laquelle nous avons affaire n'est évidemment pas celle-là, car un tel principe ne peut être que nouménal, même si les premières « formes » qui caractérisent la nature sont pour nous l'espace et le temps, qui conditionnent l'apparition même des objets, en l'inscrivant dans la diversité et l'extériorité constitutives de notre condition sensible, cette visée d'une intériorité reste valable, et est étroitement liée à la représentation de la matière, en tant justement qu'elle ne se réduit pas à l'étendue. Kant peut ainsi résumer l'insuffisance de l'analogie entre le genre suprême et l'espace à partir duquel on peut obtenir, par limitation, toutes les figures :

> La dérivation de toute autre possibilité à partir de cet être originaire, à proprement parler, ne doit pas être considérée comme une *limitation* de sa réalité suprême et en quelque sorte comme une *division* de celle-ci ; car l'être suprême serait alors considéré comme un simple agrégat d'êtres dérivés, ce qui est impossible par ce qui précède, même si nous l'avons d'abord représenté ainsi dans une première esquisse grossière. La réalité suprême se trouverait bien plutôt au principe de la possibilité de toutes choses comme un *fondement*, non comme un *ensemble* [...]. (B 607)

L'analogie spatiale ne peut qu'échouer en fin de compte à représenter adéquatement le genre suprême, car celui-ci ne saurait être en lui-même un *ensemble* composé *synthétiquement* par ses parties. Il est, bien au contraire, le *fondement* de toute réalité. C'est aussi bien dire qu'il répond à une visée proprement intellectuelle et analytique. Or la représentation de la matière et de son intériorité, bien qu'elle soit inscrite dans la synthèse et dans l'espace, répond malgré tout à cette visée, du moins indirectement, par ce qu'elle contient *virtuellement*. La matière est ainsi, pour la réflexion, et dans son intériorité, le lieu des potentialités, de ce qui ne s'actualise pas dans *notre* expérience, mais qui *pourrait* s'actualiser pour un autre entendement que le nôtre.

1. AK IV, 387.

Réflexion et intériorité

On voit décidément la complexité et la richesse du jeu créé dans le discours critique par les usages combinés des concepts de la réflexion, en l'occurrence les concepts de matière, de forme, d'intérieur et d'extérieur. Mais c'est bien la représentation de la matière qui reste constamment au centre de ce jeu, comme *analogon* privilégié du genre suprême, même si elle ne peut rester qu'un *analogon*, en raison de l'inscription originaire de toute *substantia phaenomenon* dans la synthèse. C'est là, malgré tout, que l'entendement trouve le plus à satisfaire ses visées *analytiques*, tournées vers *l'intériorité* des choses. La matière figure ainsi analogiquement le genre suprême en tant qu'il doit être capable de trouver *en lui-même* le principe de sa propre spécification.

Nous voudrions à présent, et pour finir, situer plus précisément le « lieu » où cette visée de l'intériorité prend son sens à la fois le plus riche et le plus ambigu. Le nœud du problème, on l'a vu, est que les premières formes par lesquelles la nature se spécifie sont, « pour nous hommes », les formes de *notre sensibilité*. C'est cette spécification originaire, inscrite dans *notre* subjectivité, comme « propriété de notre esprit » (B 37), qui donne à la représentation de l'intériorité toute sa charge problématique. Or cela renvoie forcément la réflexion, en fin de compte, à une forme bien particulière d'intériorité, la plus énigmatique et la plus riche : celle de *notre propre esprit, de nos représentations*, par opposition justement à tout ce qui leur est « extérieur » (les phénomènes, ou les choses telles qu'en elles-mêmes).

Toute la fin de l'Amphibologie tourne autour de cette question : comment notre esprit s'inscrit-il lui-même, comme *intériorité*, « dans » la « matière » qui constitue l'expérience, parmi les objets des sens qui s'offrent à son aperception empirique ? C'est là, peut-être, que le clivage entre l'intellectualisme de Leibniz et le sensualisme de Locke est le plus significatif, car, selon que l'on adopte l'un ou l'autre de ces points de vue, les termes du problème *se renversent complètement*. C'est ce que nous avons vu plus haut en lisant la première édition des Paralogismes :

> la matière [c'est-à-dire, ici, les corps tels qu'ils apparaissent aux sens externes] n'est qu'une espèce de représentations (intuition), qui s'appellent extérieures, non pas comme si elles se rapportaient en elles-mêmes à des objets en eux-mêmes extérieurs, mais parce qu'elles rapportent des perceptions à l'espace, dans lequel tous les éléments sont extérieurs les uns aux autres, *tandis que l'espace lui-même est en nous*. (A 370, nous soulignons)

Si toutes les choses matérielles sont *dans l'espace*, et à sa manière, notre entendement aussi, nous pouvons dire inversement que *l'espace lui-même*, en tant qu'il n'est que la simple forme de notre sensibilité, est *en nous*. Il y a là une *réversibilité de l'expérience tout entière*, en laquelle réside la limite indépassable de toutes les analogies sensibles. Et du même coup, c'est ici aussi que la philosophie leibnizienne trouve sa justification la plus forte, dans la mesure où elle exploite cette possibilité d'absorber tout le réel *dans la représentation* – ce qui reste une autre manière légitime (au moins sur un mode analogique) de penser le fondement intérieur de toutes choses. D'où l'insistance de Kant sur ce thème dans l'interprétation du « système intellectuel » leibnizien :

> Seulement, que puis-je me donner à penser, comme accidents intérieurs, sinon ceux que mon sens interne me présente comme tels – à savoir, ou bien ce qui est soi-même une *pensée*, ou bien ce qui lui est analogue ? C'est à partir de là que Leibniz faisait de toutes les substances, parce qu'il se les représentait comme noumènes, et même des parties constitutives de la matière, dès lors qu'il avait retiré en pensée tout ce qui en elles pouvait signifier une relation extérieure – donc aussi la *composition* –, des sujets simples doués de facultés de représentation, en un mot, des *monades*. (B 321-322)

Le tort de Leibniz est d'avoir étendu ce principe à l'expérience, et d'avoir sous-estimé la différence originaire entre les phénomènes et les noumènes. Cependant, si l'on veut véritablement se représenter le fondement intérieur des choses, en écartant radicalement toute relation et toute composition, alors il faut faire droit *aussi* à cette *analogie* intellectualiste, qui repose sur l'abstraction de tout ce qui relève des formes de la sensibilité (qui, comme nous l'avons montré, nous conduisent nécessairement à *sortir* du concept), l'espace et le temps se trouvant ainsi « absorbés » dans la faculté de représentation des monades qui, pour leur part, ne sont ni dans le temps ni dans l'espace. Plus haut, dans notre commentaire de la *Réflexion* 5059, nous avons laissé de côté la troisième subreption décrite par Kant. Nous avons maintenant les moyens de la comprendre :

> 3. Que nous prédiquons d'un sujet, qui est pensé intérieurement (être pensant) les conditions de la présence extérieure, et que nous prédiquons d'un sujet extérieur, par exemple le corps, les conditions de la présence intérieure. *Vorstellung* [1].

1. *Réflexion* 5059, AK XVIII, 75.

Lorsque nous recherchons, dans la matière empirique sur laquelle s'exercent nos facultés, et notamment notre pouvoir de juger, quel est le sujet de cette matière, nous sommes conduits à cette double subreption, qui nous semble en quelque sorte condenser l'opposition – et la symétrie – que Kant établit entre Locke et Leibniz : prédiquer de l'esprit, comme sujet pensé intérieurement, les conditions de la présence extérieure, c'est le situer dans l'espace (fût-ce à « l'intérieur » de nous, de notre corps). Nous avons vu à quel point Locke était proche de cette subreption. Prédiquer d'un sujet extérieur les conditions de la présence intérieure, voilà précisément ce que Kant reproche à Leibniz dans l'Amphibologie, comme nous venons de le voir : il aurait abusivement considéré toutes les substances, y compris les parties constitutives de la matière (« sujet extérieur »), comme des monades, ni spatiales ni temporelles, mais simplement représentatives (« conditions de la présence intérieure »). Pour Kant, ces deux représentations de la réalité sont au fond possibles, à condition de les tenir *ensemble*, de les considérer seulement comme des analogies, et surtout de montrer qu'elles sont indissolublement et étrangement associées l'une à l'autre, dans tout usage empirique de l'entendement. À la fin de la Réflexion 5059, après avoir énoncé cette double subreption, Kant ajoute le simple mot : « Vorstellung ». Ce terme résume à lui seul le problème : il désigne une réalité qui ne peut être qu'en nous, dans notre pensée ; mais il comprend en même temps, inscrit dans sa littéralité même (avec le préfixe « vor- »), une référence à l'extériorité dans laquelle ne peut jamais manquer de se projeter notre entendement en acte.

Qu'est-ce que la *représentation*, et sur quoi repose son rapport à l'objet ? Cette question n'a cessé de guider Kant dans l'élaboration de la *Critique*. Or c'est à partir des subreptions de la faculté de juger qu'on peut véritablement en saisir la portée problématique : car le fait de la représentation, en ce qu'il a d'apparemment familier – dans l'usage empirique de nos facultés –, ne cesse précisément de confondre le subjectif et l'objectif, le sensible et l'intellectuel. C'est à cela que renvoie l'impossibilité, souvent invoquée par Kant, de *définir la représentation* : celle-ci, explique Kant dans la *Logique*, « ne se laisse absolument pas définir. Car on ne pourrait répondre à la question : qu'est ce que la représentation ? Qu'en recourant toujours encore à une autre représentation dans la définition »[1].

La représentation présuppose toujours la représentation : voilà le fait fondamental qui explique que l'on ne puisse jamais, dans la connaissance,

1. *Logique*, AK IX, 34, trad. p. 35-36.

s'abstraire entièrement de l'*usage*, ou, comme dit souvent Kant dans la *Logique*, de la référence à des « représentations *données* ». Cette impossibilité est liée à la nature réflexive ou discursive de notre pensée, qui ne nous fournit que des prédicats (donc toujours déjà des représentations), sans jamais nous permettre d'accéder à un sujet premier : le concept est toujours déjà *représentation de représentation*. Les *Prolégomènes* l'expliquent clairement :

> La raison pure exige que nous cherchions pour chaque prédicat d'une chose le sujet qui lui revient, puis pour ce dernier qui, nécessairement, n'est à son tour que prédicat, son sujet, et ainsi de suite à l'infini (ou du moins aussi loin que nous parvenons). Mais il s'ensuit que nous ne devons tenir pour sujet ultime rien que nous puissions atteindre et que si profonde soit la pénétration de notre entendement, même si toute la nature lui était découverte, il n'est jamais capable de penser le substantiel lui-même ; c'est que la nature spécifique de notre entendement consiste à tout penser de manière discursive, c'est-à-dire par concepts, donc également uniquement par prédicats, auxquels ainsi le sujet absolu ne peut que faire défaut [1].

Parce que notre pensée est de nature réflexive, toute représentation (y compris les intuitions, en tant qu'elles sont utilisées dans des jugements) n'est jamais qu'un prédicat de l'objet transcendantal, de cet « X » qui pour sa part se soustrait irrémédiablement à la connaissance. Cette limitation vaut aussi bien pour les corps que pour la connaissance de nous-mêmes comme sujets pensants. Et c'est précisément pourquoi toute représentation se prête finalement, à partir de l'anticipation des formes sensibles ou des formes logiques, à la *double subreption* qui conduit à « prédiquer d'un sujet pensé intérieurement les conditions de la présence extérieure », ou au contraire « d'un sujet extérieur, les conditions de la présence intérieure » : que ce soit dans les corps ou dans la nature de notre pensée, rien, au fond, n'est véritablement *intérieur*, au sens de l'intériorité nouménale qui devrait caractériser un sujet premier, une substance, en deçà de la représentation que nous en avons. L'intériorité est pour nous toujours relative, dépendante de la référence à l'extériorité spatiale des phénomènes, mais aussi constamment liée à l'expérience de notre propre pensée, ce qui fait que notre vision du réel en tant que tel peut toujours basculer complètement : nous pouvons considérer que toutes les choses – *y compris notre pensée* – sont *dans l'espace*; mais nous pouvons, et même nous devons aussi considérer que *l'espace est en nous*, comme simple forme subjective de *notre représen-*

1. *Prolégomènes*, AK IV, 333, trad. p. 109.

tation. Mais que l'on bascule d'un côté ou de l'autre, le problème reste toujours référé à *l'aperception empirique*, à sa « matière », aux « représentations données », qui demeurent, quoi qu'il en soit, le point de rencontre des visées sensualistes ou intellectualistes.

Dans le texte des *Prolégomènes* que nous venons de citer, Kant précise que notre entendement ne pourrait en aucun cas avoir accès à un sujet absolu, « même si toute la nature lui était découverte ». Comment comprendre cette étrange hypothèse ? Kant imagine ici que notre aperception empirique n'ait plus rien d'obscur ou de confus, qu'elle puisse accéder instantanément à toutes les choses de la nature. Cette hypothèse semble rejoindre ce que dit Leibniz des petites perceptions : tout l'univers est confusément présent dans la moindre de nos perceptions, et pourrait se révéler entièrement à nous si celle-ci devenait distincte[1].

Cependant, cette « découverte » ne peut se faire aux yeux de Kant d'un point de vue simplement analytique ; elle supposera toujours d'*ajouter* des caractères à ce que nous pensons déjà ; et elle supposera donc toujours la *synthèse*, qui ne peut se produire que selon les formes de la sensibilité. Si la nature nous était entièrement découverte, cela se ferait encore pour notre aperception *empirique*, avec la dualité fondamentale qui la caractérise, dans la mesure où elle est *doublement conditionnée*, *a priori*, par les formes de notre pensée et par les formes de notre sensibilité. En d'autres termes, si notre connaissance de la nature était rendue entièrement distincte, cela devrait se faire tout à la fois du point de vue de la distinction logique (ou analytique) et du point de vue de la distinction esthétique (ou synthétique). Du premier point de vue, tout doit déjà être *contenu dans* notre pensée ; du second point de vue, l'objet se situe toujours *en dehors* de notre représentation, dans l'extériorité spatiale et temporelle des phénomènes – extériorité dans laquelle notre pensée se trouve dès lors elle-même *située*.

C'est ce qui fait l'extraordinaire ambiguïté du *sens interne*. Pour Kant, cette expression désigne au fond la même chose que l'aperception empirique : « la conscience de soi, selon des déterminations de notre état, dans la perception interne, est simplement empirique, toujours changeante [...], et est communément appelée *sens interne* ou *aperception empirique* » (A 107). Simplement l'expression de « sens interne » est-elle en quelque sorte à la fois plus précise et plus problématique, dans la mesure où elle met l'accent sur la position d'une intériorité, d'un *soi*, opposé à l'extériorité, qui sous-tend toute aperception empirique.

1. Voir aussi, sur ce thème, l'*Anthropologie*, AK VII, 135.

Comment faut-il comprendre alors l'intériorité du sens interne ? D'un côté, elle a forcément une signification *spatiale*. Toute l'exposition du concept d'espace dans l'Esthétique transcendantale part du constat que nous pouvons nous représenter « quelque chose dans un endroit de l'espace *autre que celui dans lequel je me trouve* » (B 38, nous soulignons). Le « sens interne » est alors clairement caractérisé par opposition au « sens *externe* » qui nous permet de nous représenter « des objets comme étant hors de nous, et tous ensemble dans l'espace ». L'intériorité du sens interne est donc bien sensible. Mais elle est évidemment aussi *intellectuelle*, dans la mesure où elle exprime que notre aperception empirique et donc toutes nos représentations doivent en fin de compte être ramenées à notre « je pense »; et de ce point de vue, comme nous l'avons vu, tout l'espace et les objets qui s'y trouvent doivent être considérés comme *intérieurs à ma représentation*. La pensée doit donc absorber l'espace (selon les exigences de l'analyse), tout comme l'espace doit absorber la pensée (selon les exigences de la synthèse). On peut alors comprendre pourquoi Kant insiste tant à la fin de l'Amphibologie sur *l'intériorité* et sur le sens interne :

> Lorsque nous nous plaignons de *ne pas du tout arriver à pénétrer l'intériorité des choses*, si cela ne signifie rien de plus que ceci, à savoir que par l'entendement pur, nous ne concevons pas ce que les choses qui nous apparaissent peuvent bien être en elles-mêmes, alors ces plaintes sont totalement injustifiées et irrationnelles [...]. Ces questions transcendantales, qui dépassent la nature, nous ne pourrions jamais avec tout cela leur trouver de réponse, quand bien même la nature tout entière nous serait découverte, puisqu'il ne nous est pas le moins du monde donné d'observer notre propre esprit avec une autre intuition que celle de notre sens interne. En effet, c'est en lui que réside le secret de l'origine de notre sensibilité. (B 333-334)

Le sens interne est bien, au bout du compte, le « lieu » paradoxal où se joue le problème de la représentation et de son rapport à l'objet. On retrouve ici l'hypothèse d'une nature entièrement « découverte » à notre faculté de connaître, donc rendue entièrement distincte – et Kant montre où résiderait nécessairement le point aveugle et en même temps central de cette mise au jour intégrale : dans *notre intériorité*, en tant qu'elle est indissolublement esthétique et intellectuelle (prise dans l'espace, et comprenant l'espace).

À cette dualité de l'intériorité s'entrelace dès lors inévitablement une dualité correspondante de l'extériorité. C'est ce qui sous-tend notamment toute la Réfutation de l'idéalisme : notre expérience interne, reconnue indubitable par Descartes, « n'est elle-même possible que sous la supposition de l'expérience extérieure » (B 275). Plus précisément, toute la démonstration repose sur le fait que l'expérience intérieure n'est jamais que l'expérience de représentations en moi, qui sont les déterminations de mon existence dans le temps, mais qui ne peuvent ainsi me déterminer (dans la synthèse) qu'en référence à quelque chose de permanent, qui est distinct de mes représentations, et qui est donc hors de moi. Et Kant peut ainsi affirmer : « je suis conscient qu'il y a des choses en dehors de moi, qui sont en relation avec mon sens, avec exactement la même certitude, que je suis conscient que j'existe moi-même, déterminé dans le temps » (B XLI, note). Or que faut-il entendre exactement par « extérieur » ou « en dehors de moi », ici ? C'est bien d'une extériorité nouménale qu'il s'agit, d'une relation de l'intuition à « quelque chose de réel existant en dehors de moi » (B 276) : c'est en cela que le phénomène est l'apparition de quelque chose, et non une simple fiction de l'imagination. Voilà ce que recouvre véritablement la distinction entre le sens interne et le sens externe, distinction toujours située à un niveau empirique : le lien immédiat, et même le lien d'identité, qui s'établit dans toute expérience entre la conscience de ma propre existence dans le temps, et la conscience « d'un rapport à quelque chose en dehors de moi » (B XVI).

L'expérience extérieure est bien aussi l'expérience de choses en-dehors de nous, au sens *transcendantal* : c'est-à-dire, les choses *en tant qu'elles sont extérieures à la représentation que nous en avons*. Cela n'est en rien contradictoire avec l'affirmation selon laquelle nous ne pouvons rien connaître de telles choses, dans la mesure précisément où elles ne nous apparaissent que par le *sens* externe, et donc comme simples phénomènes dans l'espace. L'extériorité nouménale est ainsi intimement conjuguée – quoique sur un mode analogique – à l'extériorité sensible de l'espace. Dans la *Réflexion* 5552, Kant résume cela d'une formule frappante : « l'espace n'est rien d'autre que *le phénomène de l'extériorité* ». Autrement dit : il est ce par quoi l'extériorité nouménale, en tant que telle, celle des choses telles qu'en elles-mêmes (indépendamment de notre représentation) se phénoménalise pour nous. Où l'on voit à quel point l'équivocité des expressions « en nous » et « en dehors de nous », qui correspond à la nature profondément amphibologique de *l'intérieur* et de l'*extérieur* comme concepts de la réflexion, structure en profondeur l'idéalisme transcendantal de Kant : elle est à l'œuvre dès l'Esthétique transcendantale, et guide aussi bien la Réfutation de l'idéalisme que la critique des paralogismes psychologiques. La *Réflexion* 5552 montre plus généralement qu'on peut considérer l'amphibologie des concepts de la réflexion comme une des clefs pour la compréhension du rapport entre l'Esthétique, l'Analytique et la Dialectique. D'abord, elle désigne clairement dans son titre l'amphibologie de ces concepts comme ce qui « mène aux paralogismes ». Ensuite,

Kant y articule la problématique amphibologique aux trois branches de la métaphysique spéciale : psychologie rationnelle, cosmologie rationnelle et théologie rationnelle.

Dans cette *Réflexion*, Kant ouvre cependant une autre voie : celle de la raison pratique, qui donne évidemment un autre sens au problème de l'intériorité. Une perspective nouvelle se dégage alors, dans la mesure où la volonté, contrairement à l'entendement, se situe *au fondement de son propre usage*. Là où précisément l'entendement était dans son usage théorique toujours conditionné par la référence à des objets d'une expérience possible, à des « représentations données », la volonté libre est inconditionnée, elle est cause, *par ses représentations* justement, de la réalité des actions qui correspondent à ces représentations. Cela donne évidemment à l'intériorité – comprise comme intériorité *morale* – une profondeur nouménale qu'elle ne pouvait avoir sur le plan théorique. Ce nouveau sens de l'intériorité, cependant, n'est nullement disparate avec l'équivocité amphibologique qui la caractérise sur le plan théorique – bien au contraire, il ne lui donne que plus de portée. En témoigne la célèbre conclusion de la *Critique de la raison pratique* :

> Deux choses remplissent l'esprit d'une admiration et d'une vénération toujours nouvelles et toujours croissantes, à mesure de la fréquence et de la persévérance avec laquelle la réflexion s'y attache : *le ciel étoilé au-dessus de moi et la loi morale en moi*. Ces deux choses, je n'ai pas à les chercher, comme si elles étaient enveloppées de ténèbres, ou situées dans une région transcendante, au-delà de mon horizon, et je n'ai pas à les conjecturer seulement; je les vois devant moi, et je les rattache immédiatement à la conscience de mon existence [1].

On retrouve ici la donation simultanée, dans une même conscience empirique, de mon existence comme être pensant, et de l'extériorité des choses « en-dehors » de moi, qui était déjà thématisée dans la Réfutation de l'idéalisme. Kant insiste en outre sur le fait que ces deux choses font partie de l'expérience, elles sont comprises dans « mon horizon », en tant qu'elles sont liées à la conscience empirique de mon existence. C'est donc bien dans l'aperception empirique, en ce qu'elle a d'immédiat et d'effectif, que se conjuguent ces deux visées contradictoires et en même temps complémentaires. Mais l'intériorité prend une nouvelle profondeur ici, par la référence à la loi morale. En outre, Kant se tourne déjà ici vers le questionnement

1. *Critique de la raison pratique*, AK V, 161-162, trad. fr. J.-P. Fussler, Paris, GF-Flammarion, 2003, p. 295.

esthétique, et vers la faculté de juger – plus précisément vers le sentiment du sublime –, et donc vers les « jugements réfléchissants » de la troisième *Critique*.

Cela étant, on peut aussi bien constater que le rapport entre intériorité et extériorité qui est ici présenté reprend bien des éléments de la *Critique de la raison pure*, et en particulier de l'Amphibologie. D'abord, parce que Kant met ici en relation, et comme sur le même plan, *l'extériorité* sensible du ciel étoilé et *l'intériorité* intelligible de la loi morale, en jouant donc sur l'équivocité constitutive de ces concepts. Ensuite, parce que ce texte pousse à l'extrême le rapport problématique entre la nature synthétique de notre connaissance de la nature, dispersée dans l'infinie diversité de l'espace et du temps, et la visée analytique de ce qui constitue notre intériorité, de ce qui est contenu *dans* notre pensée (en l'occurrence, la loi morale « en moi »). Dans la *Logique*, nous l'avons vu, c'est le ciel étoilé qui sert d'exemple à Kant pour illustrer ce qu'est la « distinction sensible » (donc synthétique) ; et c'est le concept de « vertu » qui y fournit un exemple de « distinction intellectuelle »...

L'écart entre extériorité et intériorité se creuse ainsi dans la *Critique de la raison pratique*, où l'intériorité prend toute sa dimension morale. Il se creusera encore d'une nouvelle manière dans la *Critique de la faculté de juger*, où Kant montrera comment peut s'y inscrire un « libre jeu » des facultés humaines dans le jugement esthétique, mais aussi bien le jugement téléologique. Mais si cet écart, constitutif du rapport entre sensible et intelligible, et de notre représentation (*Vorstellung*) en tant que telle, ménage un tel espace pour l'évolution de la philosophie critique dans son ensemble, c'est bien d'abord parce qu'il a été en premier lieu laissé volontairement *ouvert* par la *Critique de la raison pure*, qui a sciemment entretenu, comme nous l'avons vu, l'*équivocité* des concepts de la réflexion.

Si ces concepts peuvent ainsi animer de part en part – et plus ou moins secrètement – toute la problématique critique, s'ils restent en permanente évolution, c'est bien en vertu de leur signification toujours vivante ; en tant qu'ils réfléchissent l'*usage empirique* de l'entendement, leur matière, moins encore que celle des autres concepts, ne peut être enfermée dans des limites déterminées. La force et l'originalité de la « réflexion », telle que Kant l'a comprise et mise en œuvre, réside ainsi dans cette équivocité subreptice qui sous-tend le discours critique, à travers ces concepts, dont on ne peut pas vraiment dire qu'ils sont fondamentaux, mais plutôt qu'ils sont *opératoires* – de sorte que le questionnement proprement transcendantal sur les sources et les limites de notre connaissance se trouve en permanence doublé, ou accompagné par eux, et ainsi conditionné dans sa démarche même par ce qui en lui reste toujours irréductiblement lié à l'exercice de nos facultés dans l'expérience. Au terme de cette étude, voilà donc de quoi la *réflexion* kantienne nous semble faite : de la reconnaissance de ces déterminations formelles et subjectives, aussi bien intellectuelles que sensibles, qui sous-tendent toute expérience, tout exercice de nos pouvoirs, en s'y entrelaçant subrepticement, sans que l'on puisse adopter un point de vue surplombant qui permettrait, dans une quelconque pensée pure, de s'en abstraire entièrement. Ces déterminations contaminent et orientent, pour Kant, tout usage empirique de l'entendement, toute réflexion sur cet usage, mais aussi et enfin toute réflexion sur ce qui pourrait se situer au-delà ou en deçà de lui.

BIBLIOGRAPHIE

Œuvres de Kant

Gesammelte Schriften, herausgegeben von der Königlich Preussischen Akademie der Wissenschaften, 29 tomes, Berlin, G. Reimer, 1902-1983.

Rêves d'un visionnaire, introd., trad. fr. et notes F. Courtès, Paris, Vrin, 1989.

Dissertation de 1770, introd., trad. fr. et notes A. Pelletier, Paris, Vrin, 2007.

Critique de la raison pure, introd., trad. fr. et notes A. Renaut, Paris, Aubier, 1997.

Prolégomènes à toute métaphysique future, trad. fr. L. Guillermit, Paris, Vrin, 1986.

Premiers principes métaphysiques de la science de la nature, trad. fr. J. Gibelin, Paris, Vrin, 1990.

Critique de la raison pratique, introd. et trad. fr. J.-P. Fussler, Paris, GF-Flammarion, 2003.

Critique de la faculté de juger, trad. fr. A. Philonenko, Paris, Vrin, 1993.

Réponse à Eberhard, introd., trad. fr. et notes J. Benoist, Vrin, Paris, 1999.

Anthropologie du point de vue pragmatique, trad. fr. M. Foucault, Paris, Vrin, 1964.

Les progrès de la métaphysique en Allemagne, depuis le temps de Leibniz et de Wolff, trad. fr. et notes L. Guillermit, Paris, Vrin, 1968.

Logique, trad. fr. L. Guillermit, Paris, Vrin, 1966.

Littérature primaire

ARENDT H., *The Life of The Mind*, San Diego-New York-London, Harcourt Brace & Company, 1978.

– *Juger. Sur la philosophie politique de Kant*, trad. fr. M. Revault d'Allonnes, Paris, Seuil, 1991.

ARISTOTE, *Organon*, trad. fr. J. Tricot, Paris, Vrin, 1991.

ARNAULD A., *Des vraies et des fausse idées*, dans *Œuvres philosophiques d'Arnauld*, éd. et introd. E.J. Kremer et D. Moreau, Bristol, Thoemmes Press,

2003 (rééd. à partir des *Œuvres de Messire Antoine Arnauld*, Paris-Lausanne, Sigismond d'Arnay, 1775-1783).

— et NICOLE P., *La Logique ou l'art de penser*, P. Clair et F. Girbal (éds.), Paris, Vrin, 1981.

BAUMGARTEN A.G., *Metaphysica*, Halle, 1757, rééd. dans Kant, AK XV et AK XVII.

BLUMENBERG H., *Paradigmen zu einer Metaphorologie*, Frankfurt am Main, Suhrkamp Taschenbuch, 1999.

DESCARTES R., *Œuvres complètes*, Ch. Adam et P. Tannery (éds.), nouvelle présentation, Paris, Vrin, 1964-1969 (11 volumes).

FICHTE J.G., *Doctrine de la science nova methodo*, éd. et trad. fr. I. Thomas-Fogiel, Paris, Le Livre de poche, 2000.

HEGEL G.W.F., *Glauben und Wissen*, dans *Sämtliche Werke*, H. Glockner (ed.) (Jubiläumausgabe), Stuttgart, Friedrich Fromann Verlag, 1965.

HEIDEGGER M., *Être et temps*, trad. fr. E. Martineau, Paris, Authentica, 1985.

– *Qu'est-ce qu'une chose?*, trad. fr. J. Reboul et J. Taminiaux, Paris, Gallimard, 1971, rééd. 1988.

HUME D., *A Treatise of Human Nature*, D.F. Norton et M.J. Norton (eds.), Oxford, Oxford UP, 2004.

– *Dialogues sur la religion naturelle*, éd. bilingue, trad. fr. M. Malherbe, Paris, Vrin, 2005.

LAMBERT J.H., *Philosophische Schriften*, H.-W. Arndt (ed.), Hildesheim, Olms, 1965.

– *Nouvel organon. Phénoménologie*, introd. et trad. fr. G. Fanfalone, Paris, Vrin, 2002.

LEIBNIZ G.W., *Sämtliche Schriften und Briefe*, herausgegeben von der preussischen Akademie der Wissenschaften, Berlin, 1923-…

– *Die philosophischen Schriften*, 7 vols., C.J. Gerhardt (ed.), Berlin, 1890, rééd. Darmstadt, Olms, 1978.

– *Discours de métaphysique. Monadologie et autres textes*, M. Fichant (éd.), Paris, Gallimard, 2004.

LOCKE J., *The Works of John Locke*, London, Tegg-Sharpe, 1823, rééd. Scientia Verlag Aalen 1963.

– *An Essay Concerning Human Understanding*, P.H. Nidditch (ed.), New York, Oxford UP, 1975.

– *Essai sur l'entendement humain*, livres I et II, préface, trad. fr., notes et index J.-M. Vienne, Paris, Vrin, 2001.

– *Essai sur l'entendement humain*, livres III et IV, préface, trad. fr., notes et index J.-M. Vienne, Paris, Vrin, 2004.

MAÏMON S., *Essai sur la philosophie transcendantale*, trad. fr. J.-B. Scherrer, Paris, Vrin, 1995.

MEIER G.F., *Auszug aus der Vernunftlehre* (fac-sim. de Halle 1752), rééd. dans Kant, AK XVI.

TETENS J.N., *Philosophische Versuche über die menschliche Natur und ihre Entwicklung* (fac-sim. de Leipzig, 1777), rééd. Hildesheim, Olms, 1979.

WOLFF C., *Gesammelte Werke*, Hildesheim, Olms, 1962-... ; plus particulièrement *Philosophia rationalis sive logica* (II, 1983), *Cosmologia generalis* (II, 4, 1964), *Psychologia empirica* (II, 5, 1966), *Psychologia rationalis* (II, 6, 1962).

Littérature critique

ALLISON H.E. (ed.), The Kant-Eberhard Controversy, Baltimore, Johns Hopkins UP, 1973.

– « Things in themselves, Noumena, and the transcendantal object », *Dialectica*, 32, 1978, p. 41-76.

– *Kant's Transcendantal Idealism. An Interpretation and Defense*, New Haven-London, Yale UP, 1983.

AYERS M., *Locke*, London-New York, Routledge, 1991.

BARSOTTI B., « Qu'est-ce que l'affinité transcendantale ? », *Philosophie*, 63, 1999, p. 31-54.

BECK L.W., Early German Philosophy : Kant and his Predecessors, Cambridge (Mass.), Harvard UP, 1969.

BELAVAL Y., « Sur un point de comparaison entre Kant et Leibniz », dans *Kritik und Metaphysik Studien. Heinz Heimsoeth zum achtzigen Geburtstag*, Berlin, Walter de Gruyter, 1966, p. 1-9.

– *Études leibniziennes*, Paris, Gallimard, 1976; en particulier, « La réflexion », p. 123-141, et « Doctrine de l'essence chez Hegel et chez Leibniz », p. 265-379.

BENOIST J., *Kant et les limites de la synthèse. Le sujet sensible*, Paris, PUF, 1996.

– « Sur une prétendue ontologie kantienne : Kant et la néo-scolastique », dans *Kant et la pensée moderne : alternatives critiques*, Ch. Ramond (dir.), Bordeaux, Presses Universitaires de Bordeaux, 1996, p. 137-163.

– « L'impensé de la représentation : de Leibniz à Kant », *Kant Studien*, 89, 1998, p. 300-317.

– « Les limites de l'ontologie et le sujet critique », en introduction à Kant, *Réponse à Eberhardt*, Paris, Vrin, 1999, p. 7-84.

– « Appliquer ses concepts », dans *Kant*, J.-M. Vaysse (éd.), Paris, Le Cerf, 2008, p. 91-127.

CASSIRER E., *Das Erkenntnisproblem in der Philosophie und Wissenschaft der neueren Zeit*, Hildensheim, Olms, 1991.

COHEN H., *Kants Theorie der Erfahrung*, 3e éd. 1918, dans *Werke*, Hildesheim, Olms, 1987; trad. fr. E. Dufour et J. Servois, *La théorie kantienne de l'expérience*, Paris, Le Cerf, 2001.

CURLEY Ed., « Leibniz on Locke on Identity », dans *Leibniz: Critical and Interpretative Essays*, M. Hooker (ed.), Minneapolis, University of Minnesota Press, 1982, p. 302-326.

DIETRICH A.J., *Kants Begriff des Ganzen in seiner Raum-ZeitLehre und das Verhältnis zu Leibniz*, Halle, Max Niemeyer, 1916.

FICHANT M., « "L'espace est représenté comme une grandeur infinie donnée" : la radicalité de l'esthétique », *Philosophie*, 56, 1997.

– « L'idée critique et l'histoire de la raison », *Revue de métaphysique et de morale*, octobre-décembre 1999, p. 525-538.

– « L'invention métaphysique », introduction à Leibniz, *Discours de métaphysique. Monadologie et autres textes*, M. Fichant (éd.), Paris, Gallimard, 2004.

– « Espace esthétique et espace géométrique chez Kant », *Revue de métaphysique et de morale*, décembre 2004, n° 4, p. 530-550.

– « L'Amphibologie des concepts de la réflexion : la fin de l'ontologie », dans *Recht und Frieden in der Philosophie Kants – Akten des X. Internationalen Kant-Congresses*, V. Rohden, R. Terra, G. de Almeida et M. Ruffing (eds.), Berlin, de Gruyter, 2008, Bd. 1, p. 71-93.

GOUBET J.-F., « Sur la genèse du jugement réfléchissant dans la *Critique de la faculté de juger* », dans *L'année 1790. Kant.* Critique de la faculté de juger. *Beauté, vie, liberté*, Ch. Bouton, F. Brugère et C. Lavaud (dir.), Paris, Vrin, 2008.

GRANDJEAN A., *Critique et réflexion. Essai sur le discours kantien*, Paris, Vrin, 2009.

GUILLERMIT L., *L'élucidation critique du jugement de goût selon Kant*, E. Schwartz et J. Vuillemin (éds.), Paris, Éditions du CNRS, 1985.

– *Leçons sur la* Critique de la raison pure *de Kant*, M. Fichant (éd.), Paris, Vrin, 2008.

GURWITSCH A., *Kants Theorie des Verstandes*, T.M. Seebohm (ed.), Dordrecht-Boston-London, Kluwer Academic Publishers, 1990.

HEIDEGGER M., *Interprétation phénoménologique de la* Critique de la raison pure, trad. fr. E. Martineau, Paris, Gallimard, 1981.

– *Kant et le problème de la métaphysique*, trad. fr. A. de Waelhens, et W. Biemel, Paris, Gallimard, 1953.

HEINRICH D., « Die Beweissstruktur von Kants transzendantaler Deduktion », dans *Kant – Zur Deutung seiner Theorie von Erkennen und Handeln*, G. Prauss (ed.), Köln, Kiepenheuer & Witsch, 1973, p. 90-103.

HILDEBRAND K., *Kant und Leibniz. Kritizismus und Metaphysik*, Meisenheim am Glan, Hain, 1955.

HINSKE N., *Kants Weg zur Transcendantalphilosophie. Der dreißigjährige Kant*, Stuttgart, W. Kohlhammer, 1970.

– *Zwischen Aufklärung und Vernunftkritik. Studien zum Kants Logikcorpus*, Stuttgart-Bad Canstatt, Fromann-Holzboog, 1998.

JOLLEY N., *Leibniz and Locke : A Study of the New Essays on Human Understanding*, Oxford, Clarendon Press, 1984.

KOPPER J., *Reflexion und Determination*, Berlin, De Gruyter, 1976.

KUGELSTADT M., *Synthetische Reflexion : Zur Stellung einer nach Kategorien reflektierenden Urteilskraft in Kants theoretischer Philosophie*, Berlin, De Gruyter, 1998.

KULSTADT M., *Leibniz on Apperception, Consciousness, and Reflection*, Münich, Philosophia Verlag, 1991.

LEBRUN G., *Kant et la fin de la métaphysique*, Paris, Armand Colin, 1970.

– *Kant sans kantisme*, P. Clavier et F. Wolff (éds.), Paris, Fayard, 2009.

LEQUAN M., *La chimie selon Kant*, Paris, PUF, 2000.

– « La détermination kantienne du concept de “matière subtile” », *Philosophie*, 63, décembre 2004, p. 3-12.

LONGUENESSE B., *Kant et le pouvoir de juger*, Paris, PUF, 1993.

– « Les concepts *a priori* kantiens et leur destin », *Revue de métaphysique et de morale*, décembre 2004, n° 4, p. 485-510.

– Kant on the Human Standpoint, Cambridge, Cambridge UP, 2005

LYOTARD J.-F., « La réflexion dans l’esthétique kantienne », *Revue Internationale de Philosophie*, n° 44, 1990, p. 507-551.

MAIER A., « Kants Qualitätskategorien », *Kantstudien*, n° 65, 1930.

MALHERBE M., *Kant ou Hume*, Paris, Vrin, 1980.

MALTER R., « Logische und transzendantale Reflexion. Zu Kants Bestimmung des philosophiegeschichtlichen Orts der Kritik der reinen Vernunft », *Revue internationale de philosophie*, 135, 1981, p. 284-301.

– « Reflexionsbegriffe. Gedanken zu einer schwierigen Begriffsgattung und zu einem unausgeführten Lehrstück der Kritik der reinen Vernunft », *Philosophia naturalis*, 19, 1982, p. 125-150.

MARTIN G., « Kants Auseinandersetzung mit der Bestimmung der Phänomene durch Leibniz und Wolff als verworrene Vorstellungen », dans *Kritik und Metaphysik. Studien. Heinz Heimsoeth zum achtzigen Geburtstag*, F. Kaulbach und J. Ritter (eds.), Berlin, De Gruyter, 1966, p. 99-105.

MARTY F., *La naissance de la métaphysique. Une étude sur la notion kantienne d’analogie*, Paris, Beauchesne, 1980.

NABERT J., « L’expérience interne chez Kant », *Revue de métaphysique et de morale*, Paris, 1924/2, p. 205-268.

PARKINSON G.H.R., « Kant as a Critic of Leibniz. The Amphiboly of concepts of reflection », *Revue internationale de philosophie*, 136-137, 1981, p. 303.

PERBOOM D., « Kant’s Amphiboly », *Archiv für Geschichte der Philosophie*, 73, 1991.

PELLETIER A., « La théorie kantienne de la définition dans les *Leçons de logique* », dans *Les sources de la philosophie kantienne – XVIIe et XVIIIe siècles*, R. Theis et L.K. Sosoe (dir.), Paris, Vrin, 2005, p. 175-184.

PIEPER A., « Kant und die Methode der Analogie », dans *Kant in der Diskussion der Moderne*, G. Schönrich et Y. Kato (eds.), Frankfurt am Main, Suhrkamp-Tsachenbuch Wissenschaft, 1996, p. 92-112.

REUTER P., *Kants Theorie der Reflexionsbegriffe. Eine Untersuchung zum Amphiboliekapitel der Kritik der reinen Vernunft*, Würzburg, Königshausen und Neumann, 1989.

STECKELMACHER M., *Die formale Logik Kants in ihren Beziehungen zur transzendantalen*, Breslau, Verlag von Wilhelm Koebner, 1879.

THEIS R., *Approches de la* Critique de la raison pure – *études sur la philosophie théorique de Kant*, Hildesheim, Olms, 1991.

THOMAS-FOGIEL I., *Critique de la représentation. Étude sur Fichte*, Paris, Vrin, 2000.

TONELLI G., « Leibniz on innate ideas and the early reactions to the publication of the Nouveaux Essais », *Journal of the History of Philosophy*, 12 (1974), p. 437-454.

– *Kant's* Critique Of Pure Reason *Within The Tradition Of Modern Logic – A Commentary on its History*, à partir des travaux non publiés de G. Tonelli, D.H. Chandler (ed.), Hildesheim, Olms, 1994.

VAIHINGER H., *Commentar zur Kants Kritik der reinen Vernunft*, Stuttgart, Speman, 1881.

VIENNE J.-M., *Expérience et raison : les fondements de la morale selon Locke*, Paris, Vrin, 1991.

VUILLEMIN J., *Physique et métaphysique kantiennes*, Paris, PUF, 1955.

– « Reflexionen über Kants Logik », *Kant Studien*, 52, 1960-1961, p. 310-335.

– *L'intuitionnisme kantien*, Paris, Vrin, 1994.

WILSON C., *Leibniz's Metaphysics – A Historical and Comparative Study*, Manchester, Manchester UP, 1989.

– « Confused Perceptions, Darkened Concepts : Some Features of Kant's Leibniz-Critique », dans Kant and his Influence, G. Macdonald Ross and T. Mc Walter (eds.), Bristol, Thoemmes, 1990, p. 73-103.

– « The reception of Leibniz in the eighteenth century », dans The Cambridge Companion to Leibniz, N. Jolley (ed.), Cambridge, Cambridge UP, 1995, p. 442-474.

– « Kant and Leibniz », *Stanford Encyclopedy of Philosophia, first published 2004 ; substantive revision 2008.*

ZILSEL E., « Bemerkungen zur Verfassungszeit und Methode der Amphibolie der Reflexionsbegriffe », *Archiv für Geschichte der Philosophie*, 26, 1913, p. 431-448.

TABLE DES MATIÈRES

Imprimerie de la Manutention à Mayenne (France) – Octobre 2010 – N° 000-10
Dépôt légal : 4e trimestre 2010